Comprendre l'Islam
risque ou défi ?

Ce livre vous a plu,
vous pouvez, sur notre site internet :
donner votre avis
vous inscrire pour recevoir notre lettre mensuelle d'information
consulter notre catalogue complet, la présentation des auteurs,
la revue de presse, le programme des conférences
et événements à venir ou encore feuilleter des extraits de livres :
www.editions-beatitudes.fr

ISBN 978-2-84024-390-8

Conception de la couverture : mc-design – Martin Casteres
Illustration de la couverture : © nomad – Fotolia.com

PIERRE-MARIE SOUBEYRAND

COMPRENDRE L'ISLAM RISQUE OU DÉFI ?

Préface Mgr Bernard Ginoux

2e édition

Éditions des Béatitudes

Ouvrages du même auteur
aux Éditions des Béatitudes :

Au risque de l'Esprit, 2004.
L'accueil de l'Esprit, 1998.
L'Islam en question, 1988 (épuisé).
La montagne de la Myrrhe, 1987.

« L'ignorance est la mère de toutes les dérives,
et très souvent,
la cause de nombreuses incompréhensions.
Il faudrait tout d'abord connaître,
s'informer, essayer de comprendre...
Je dirai donc que le principal objectif à atteindre,
en ce moment, est la connaissance mutuelle... »

Cardinal Jean-Louis Tauran
Président du Conseil pontifical
pour le dialogue interreligieux*

---

* *L'Osservatore romano*, mardi 12 janvier 2010, p. 16, édition hebdomadaire française, entretien de Mario Ponzi avec le Cal J-L. Tauran, sur « Liberté et réciprocité à la base du dialogue entre les religions ».

Préface

L'auteur de cette réflexion approfondie sur les origines, l'historicité, le statut de l'islam et les fondements objectifs d'un dialogue constructif entre les musulmans et les catholiques de bonne volonté s'appuie sur les textes, essentiellement le Coran et la Bible, et sur des études autorisées publiées ces dernières années.

Mais il s'appuie aussi sur sa formation au PISAI (Institut Pontifical d'Études Arabes et Islamiques) à Rome et sur son expérience personnelle de vie dans divers pays de religion musulmane.

Son travail s'inscrit dans une exigence contemporaine : se connaître et avancer dans le respect mutuel et par le moyen de la raison. C'est ce qu'exprime à plusieurs reprises Benoît XVI, convaincu de l'urgence du dialogue interreligieux qu'il définit comme « une nécessité vitale » et non comme « un choix passager » (Cologne, 20 août 2005). Le dialogue est essentiellement une connaissance mutuelle, un témoignage réciproque et, surtout, un partage spirituel.

L'ouvrage du père Soubeyrand questionne l'islam sur ses origines pour parvenir aux éléments premiers qui le constituent. Une enquête historique doit permettre de retrouver les intuitions premières, le fait religieux et son développement. Comme la foi chrétienne l'a depuis longtemps pratiqué, le monde islamique doit entreprendre un approfondissement historique, exégétique, politique, de la naissance et de la croissance de l'islam à ses débuts. Une herméneutique du Coran est aussi indispensable pour une connaissance juste de son enseignement, des moments de sa composition, de sa datation et de son statut religieux et culturel.

L'auteur de cet ouvrage montre que par de telles approches, nous pourrons trouver les chemins du dialogue. La société occidentale est en effet à un tournant où aucune loi ne pourra dispenser de la rencontre à tous les niveaux avec la religion musulmane et ses pratiquants quels qu'en soient les courants. Mais la question n'est pas seulement religieuse, elle englobe toute la vie morale, sociale et politique. Elle exige donc un effort de rationalité pour comprendre le passé et vivre le présent.

Ce livre est donc un appel à la raison pour que le dialogue islamo-chrétien fasse apparaître clairement les fondements de l'islam. L'islam ne connaît pas, comme la foi catholique, de magistère, mais voit des courants théologiques divers et des interprétations variées – voire contradictoires – du Coran. Pour l'Église catholique et la plupart des confessions chrétiennes, la recherche exégétique et le travail théologique ne manquent pas, mais ce travail rejoint-il beaucoup de fidèles de l'islam ? Et, réciproquement, sommes-nous, fidèles chrétiens, informés sérieusement sur la doctrine islamique et ses développements ? En lisant *Comprendre l'Islam, risque ou défi ?*, chacun devrait mieux saisir la problématique des origines de l'islam et de son développement : quelles données historiques ? Comment se constituent les éléments d'une religion-civilisation ? Comment peut-elle faire disparaître des communautés chrétiennes florissantes ? Quel rôle dans cette construction d'un système politico-religieux jouent le pouvoir, la guerre, la soumission aux vainqueurs ? En même temps, plus d'un milliard de fidèles aujourd'hui se reconnaissent comme musulmans. Leur présence en France est forte et nous vivons avec ces hommes et ces femmes. Cette rencontre providentielle nous amène *« à rendre compte de l'espérance qui est en nous »* (1 Pierre 3, 15). C'est là le défi. Le risque est évidemment de s'opposer avec force ou de se laisser emporter par des consensus faux. Exigence et lucidité sont donc les principes de tout dialogue. C'est ce chemin que Benoît XVI, à la suite du concile Vatican II et des papes contemporains, veut poursuivre.

Le livre du père Soubeyrand donne des repères, soulève des questions essentielles, même si toutes ne reçoivent pas des réponses ! Il s'agit d'approfondir notre réflexion de « croyants » sur la manière dont Dieu parle aux hommes, sur la révélation et le salut, la vie avec les autres, la vie éternelle et l'exercice de la charité. Il s'agit de faire la lumière non pas en occultant nos différences, mais en les regardant ensemble.

Le père Pierre-Marie Soubeyrand ne cache pas les difficultés ni la complexité de la relation islamo-chrétienne aggravée par le contexte politique. Par ailleurs, la « Demeure de l'Islam » comprend de nombreux peuples et gouvernements. L'islam a façonné leur culture, mais la diversité reste grande et si le souci de l'unité est réel chez certains responsables éclairés, il n'est pas perçu par l'ensemble et les guerres intérieures le montrent.

Face à toutes ces réalités, l'étude documentée que présente le père Soubeyrand est une invitation à travailler : approfondir notre connaissance de l'islam et être exigeant dans nos échanges. Beaucoup de sujets, sur lesquels notre société erre, mériteraient d'être repris ensemble pour ajuster notre regard : c'est par ces réalités concrètes que l'on apprend à se connaître. À travers ce livre s'ouvre un chemin de recherche de la vérité. Que son auteur en soit remercié !

† Bernard Ginoux
Évêque de Montauban

AVANT-PROPOS

Au début des années soixante-dix et au lendemain du concile Vatican II, nous vivions, dans l'Église catholique, suite à la brève Déclaration conciliaire (*Nostra Aetate*) sur les religions non chrétiennes, une forme d'euphorie. Ce document conciliaire était une surprise de l'Esprit Saint et une ouverture courageuse au monde de notre temps. Une nouvelle ère s'ouvrait, que quelques pionniers avaient déjà défrichée, en empruntant des chemins inédits de rencontre. Mais ils étaient souvent tenus pour très marginaux. Le Concile semblait avoir ouvert une porte que tout un chacun pouvait passer sans que pour autant le chemin sur lequel elle s'ouvrait soit vraiment balisé. Les continents du religieux, qu'ils soient bouddhiste, hindouiste ou islamique, sans parler du judaïsme, que la Déclaration conciliaire range d'ailleurs étrangement parmi les religions supposées non révélées (!), devenaient des destinations de l'exotisme religieux ouvert au grand public. L'aventure du dialogue ressemblait à un champ nouveau d'exploration inédit et trop souvent inconnu.

Beaucoup s'y sont aventurés sans grande préparation ni précaution, bien qu'avec les meilleures intentions du monde, et ce, malgré les premiers directoires du dialogue élaborés par le Secrétariat[1] pontifical pour les relations avec les religions non chrétiennes. Je ne pense pas que l'on ait ainsi bien servi la cause des premiers explorateurs du terrain, mais plutôt préparé ce que nous voyons aujourd'hui dans le supermarché de la religion, où chacun peut faire confusément son choix dans un relativisme généralisé. D'ailleurs, pour beaucoup, même catholiques, le grand slogan de l'époque, stigmatisé par les papes, était (et reste encore) que « toutes les religions se valent ». Et il ne fallait surtout pas que le christianisme dépasse d'une tête les autres religions. Quant à l'Église catholique, elle était priée de regagner ses sacristies et de ranger son assurance dogmatique à détenir la Vérité. De fait, les propositions religieuses envahirent l'Occident ; temples de religions extrême-orientales et mosquées, centres bouddhistes et madrasas coraniques fleurirent dans nos cités et nos quartiers. Au rayon « religions » des librairies, la foi chrétienne n'était plus qu'une proposition parmi tant d'autres. Liberté et respect obligent sous couvert de tolérance.

Durant ma formation missionnaire et ma préparation en vue de rejoindre un pays d'Islam, je passais deux années à Rome au PISAI[2]. Là, comme dans la plupart des centres de formation, avec cependant une ouverture plus grande à un dialogue authentique, nous recevions un savoir et une connaissance tout à fait classiques sur l'Islam. Très peu s'aventuraient encore dans la recherche historico-critique ni même dans une exégèse des sources islamiques, comme le Coran ou la *sîra*. Tout au plus, certains, et non des moindres, relevaient les contradictions, les

---

1. Le Secrétariat deviendra plus tard le *Conseil pontifical pour le dialogue interreligieux*.

2. Institut Pontifical d'Études Arabes et Islamiques (PISAI, sigle en anglais) se situe à Rome où je passerai deux années académiques (1970-72) avant de poursuivre à l'Institut des Langues Orientales de l'université de Strasbourg.

incohérences des textes sacrés, soulignaient que telle ou telle référence historique et géographique n'avait d'autre appui que les sources islamiques et n'était confirmée par aucune autre source antérieure ou contemporaine aux événements évoqués. Mais nous n'allions guère au-delà pour ne pas non plus entamer le climat apparemment serein d'un dialogue islamo-chrétien qui s'annonçait riche en surprenantes découvertes et comme un grand fleuve tranquille.

En effet, l'option du dialogue annonçait des possibilités de rencontres chaleureuses, mais indistinctes. Cependant, nous nous satisfaisions des nouvelles dispositions avec les ambiguïtés de la terminologie et du discours réducteur ambiant. Se dessinait une nouvelle approche pastorale de la mission où le dialogue semblait prendre progressivement la place de l'annonce kérygmatique [1]. Il devenait comme une discipline distincte de la missiologie, encore balbutiante, et appelé à se suffire à lui-même. Une nouvelle page de la mission *ad gentes* semblait s'ouvrir, moins prosélyte et agressive, plus ouverte et consensuelle. La mission laissait la place à la rencontre et au dialogue des cultures et des religions. Dans l'ivresse de la découverte de ce nouvel espace, chacune devenait comme les pièces d'un puzzle immense, appelé à dessiner une nouvelle humanité pluriculturelle de tolérance et de communion, plus émotionnelle que réfléchie, effaçant les limites et les différences. Il faudra attendre Jean-Paul II pour réintégrer le dialogue dans l'œuvre de l'annonce de l'Évangile et dans la théologie de la mission [2].

---

1. Le *kérygme* est le message qui proclame le Christ mort et ressuscité en vue de susciter la foi chez celui qui l'écoute (cf. Rm 10, 17).

2. Jean-Paul II, dans *Redemptoris Missio*, parle même de la nécessité « [d'un] "rapatriement" des *missions* dans la *mission* de l'Église, [de] l'introduction de la *missiologie* dans l'*ecclésiologie* et [de] l'insertion de l'une et de l'autre dans le dessein trinitaire du Salut… Dire que toute l'Église est missionnaire n'exclut pas l'existence d'une mission spécifique *ad gentes*… » (*RM* n° 32).

Pour l'heure, le dialogue était ce voile pudique jeté sur toute différence. Il semblait devoir à la fois sauvegarder un mystère encore caché, sous peine de perdre raison et retenue, et à la fois maintenir une apparente cohérence des aspirations religieuses convoquées dans un même combat pour le maintien de la vertu de religion dans un monde sécularisé. Le dialogue, dans bien des cas, devenait un alibi pour réconcilier l'inconciliable, supporter l'insupportable, tolérer l'intolérable et surtout donner l'illusion d'une humanité réconciliée, en donnant raison à l'*Umma d'Allah* (la communauté musulmane). Durant cette période, l'Église catholique n'est pas parvenue à un dialogue vrai ni à de réelles avancées, car elle risquait plutôt de piétiner, voire de se faire absorber dans un dialogue artificiel comme l'a montré la rencontre politico-médiatique voulue par le colonel Kadhafi à Tripoli en Libye, en 1976. Le Vatican dut d'ailleurs dénoncer le communiqué final, dès le retour de son éminent émissaire, le cardinal Pignedoli. Les instances romaines sont depuis lors devenues très prudentes dans ce qu'il est convenu d'appeler « le dialogue islamo-chrétien ». Mais l'Église a perdu alors sa place d'interlocuteur privilégié face à un Islam qui est autant politique que religieux. La déroute de Tripoli a rendu le dialogue dérisoire aux yeux de l'islam et de ses institutions politiques. Il faudra de longues années aux instances ecclésiales pour se remettre de ce revers et poursuivre un dialogue plus humble et caché des feux de la rampe médiatique, avec des personnes choisies et de qualité. L'audace d'un Jean-Paul II, et aujourd'hui de Benoît XVI, dégèlera des relations difficiles et raidies. Certains islamologues, par leur travail sérieux et rigoureux et tenu éloigné des publications à sensation, contribueront de manière décisive à une reprise plus réaliste de rencontres mieux préparées.

Il fallut bien deux à trois décennies pour sortir de l'impasse de rencontres plus rêvées que mûries, et rechercher une vraie connaissance mutuelle et la mise en place d'un cadre réaliste. En effet, le Concile lui-même fait le constat d'une longue ignorance réciproque et émet le souhait, sans en définir alors le cadre, de rencontres pour une meilleure « compréhension mutuelle [1] ». Notre formation de ce début des années soixante-dix ne consistait plus à envoyer des missionnaires en terre d'islam, considéré comme un mur infranchissable, mais de nous préparer à « vivre avec », à se fondre, voire à disparaître, comme le grain jeté en terre. Le monde musulman était une fatalité que nous devions accepter comme tel, en étant réduits à l'impuissance, tout en essayant de garder des liens d'amitiés et une convivialité « au cœur des masses ». L'horizon de l'espérance théologale était alors réduit au combat pour les peuples nouvellement indépendants, et pour la justice sociale. Faute de perspectives spirituelles, nous pensions pouvoir apporter notre pierre à la construction de sociétés plus justes. Le soulèvement de mouvements intégristes, comme ceux des Frères musulmans, semblait encore très circonscrit; le terrorisme islamiste n'avait pas encore pris l'ampleur que nous lui connaissons. C'est pourquoi, dans ce contexte, il semblait plus naturel à l'Église de travailler au développement des peuples et à leur émancipation. Le rêve sera de courte durée!

Cependant, beaucoup de chrétiens restaient insatisfaits de telles perspectives. Les Églises d'Orient elles-mêmes, au contact de l'Islam depuis des siècles, n'hésitaient plus à dénoncer des compromis et des ambiguïtés chez les Églises-sœurs d'Occident, dans leur prétention à prendre la tête d'une

1. *Nostra Aetate*, n° 3: « Si, au cours des siècles, de nombreuses dissensions et inimitiés se sont manifestées entre les chrétiens et les musulmans, le Concile les exhorte à oublier le passé et à s'efforcer sincèrement à la *compréhension mutuelle*, ainsi qu'à protéger et à promouvoir ensemble, pour tous les hommes, la justice sociale, les valeurs morales, la paix et la liberté. »

nouvelle ère des relations du monde chrétien et musulman. Quel était donc l'enjeu, dans le contexte de cette période des années soixante-dix et quatre-vingts, d'une rencontre entre ces deux mondes ? Quels risques courions-nous, les uns et les autres, à prendre ou pas le chemin du dialogue ? L'Église avait au Concile fait un choix courageux, devenu un réel défi. De même que Jean-Paul II voyait, durant les années quatre-vingts, le risque réel d'un choc fatal des blocs Est/Ouest, ce même risque, celui du fanatisme islamique, après la chute du communisme, accentue encore davantage aujourd'hui les menaces sur la paix entre les nations. Le monde entier a été ébranlé avec l'attentat terroriste contre le *Twin Towers Center* de New York. L'événement sonnait comme un avertissement, un risque irréversible et plaçait l'Occident en général, et l'Église en particulier, non seulement devant la fragilité de leur système, mais aussi devant leur méconnaissance du monde musulman.

Aujourd'hui, la rencontre de l'Islam devient une nécessité pour mieux se comprendre dans la vision que les uns et les autres peuvent avoir du monde et de son devenir. Se connaître et comprendre l'autre deviennent des choix qui engagent le devenir de nos sociétés. Il n'est plus possible d'en rester à l'enthousiasme idéaliste d'il y a quarante ans ni même aux réactions vives et passionnelles, sans prendre des risques d'implosion ou de déflagrations incalculables. Comprendre l'islam est aujourd'hui un défi qui n'est, certes, pas sans risque, mais nécessaire, car c'est un chemin de vérité. Un véritable défi pour la raison. Seule la vérité pourra libérer les relations entre les hommes. Et l'Église, « experte en humanité », a un rôle essentiel à jouer dans ces domaines, en promouvant un dialogue qui s'appuie sur le réel de l'histoire des hommes, de leur culture et de leur religion. L'approche du réel définit la vision religieuse, mais aussi l'évolution des cultures. Or, dans le cas de l'islam, n'est-ce pas sa définition religieuse qui détermine sa culture, sa civilisation et sa vision du monde et de l'Histoire ? Quant au christianisme, la Révélation viendra éclairer de façon nouvelle l'Histoire des hommes. En effet, Dieu vient historiquement s'inscrire dans l'Histoire de l'humanité et écrire l'histoire du Salut au cœur des convulsions, des hésitations, des reculs, des échecs et des réussites de notre monde.

Le défi pour les religions, et en particulier pour l'islam, comme ce le fut au XIXe siècle pour le christianisme, n'est-il pas une confrontation avec la raison ? La foi est-elle étrangère à la raison humaine ? L'Église a osé cette confrontation en sortant des oppositions stériles et nos papes contemporains ont su réconcilier foi et raison. Aujourd'hui, nous pouvons souhaiter que l'Islam fasse le même chemin, mais le pourra-t-il ?

Depuis le début des années deux mille, au moment même d'un risque réel de *choc des civilisations* [1], plusieurs travaux d'opiniâtres chercheurs sont publiés. Ils nous découvrent une autre approche que l'idéalisme idéologique dans lequel nous étions emprisonnés depuis si longtemps. Il devient possible, aujourd'hui, d'avancer d'autres explications des origines de l'Islam, que nous livrent la recherche et la critique historique, sans commettre un crime de lèse-islam, comme c'était encore récemment le cas. Ces pages voudraient nous aider à mieux comprendre l'islam, grâce à l'apport de la publication des recherches de ces dernières décennies et grâce à l'aide et à l'amitié de certaines personnes qui m'ont été très précieuses.

1. Samuel P. Huntington, *Le choc des civilisations*, Éditions Odile Jacob, nov. 1997.

Introduction

Pour l'Islam [1], les dimensions politique et religieuse restent intimement liées, ce qui, pour la pensée judéo-chrétienne et occidentale, prête à confusion et complique les relations. L'Islam fait régulièrement la une des médias, l'attention des politiques d'intégration, des enjeux juridiques, de compréhension et de dialogue social et religieux. Personne n'ignore ces difficultés, mais peu de personnes parviennent à envisager des solutions tant, aujourd'hui, le phénomène semble dépasser, non seulement l'individu dans sa vie quotidienne, mais les structures sociales, politiques, voire étatiques et continentales. D'où des crispations parfois extrêmes, des réactions inattendues et démesurées, des cloisonnements, dans un monde qui se veut de plus en plus globalisant, sous forme de communautarisme, de revendications spécifiques et de zones de non-droit. La communication ne semble même plus possible avec des bases et références communes. Les particularismes, encore plus quand on parle de l'Islam dans nos sociétés, s'imposent

1. L'islam comme religion s'écrit conventionnellement avec un « i » minuscule, tandis que l'Islam comme civilisation et politique s'écrit avec un « I » majuscule.

et revendiquent une reconnaissance de fait et parfois de droit. Le multiculturalisme[1] s'impose comme une nouvelle donnée de nos sociétés, même laïques, au risque de contradictions ingérables. Et ce ne sont pas seulement quelques évolutions normales et conjecturelles, mais des ruptures historiques dans des traditions culturelles qui ont constitué un peuple. Trop souvent, des nations renoncent à celles-ci, sous prétexte de s'ouvrir aux différences au lieu des personnes. Nos sociétés occidentales sont actuellement plus attachées à des systèmes idéologiques qu'à la reconnaissance de la personne et de l'histoire commune qui les ont édifiées. Voilà des amalgames qui servent d'épouvantail, encore plus pour nos sociétés postchrétiennes. Tant que certains découplages n'auront pas été opérés, la rencontre « des mondes », en particulier de l'Occident avec l'Islam, restera une gageure, un risque non mesuré. Car ce sont d'abord des hommes qui se rencontrent, non des systèmes.

À titre d'exemple, l'Australie, qui a plus les dimensions d'un continent que d'une nation, est une terre largement ouverte à la construction d'un avenir et hospitalière à tous ceux qui sont disposés à y participer. Cependant, son histoire récente s'est faite avec l'afflux de peuples d'origines diverses, même si les pionniers de ce grand pays arrivaient essentiellement d'Occident. L'intégration de cultures et de religions multiples ne pouvaient se faire sans, à la fois une reconnaissance de chacune de ces traditions et à la fois la reconnaissance d'un socle commun qui puisse assurer un « vivre ensemble ». C'est bien ce que le Premier Ministre, John Howard, a énoncé de manière claire, il y a

---

1. Éditorial de Marie-Noëlle Guillaume dans *Famille Chrétienne*, n° 1349, 28/11/03 : « Une société multiculturelle, cela n'existe pas. Cette chimère a tenu lieu de philosophie politique de l'État. Elle a nourri les communautarismes… et débouche aujourd'hui sur un vide dangereux où s'engouffrent les revendications identitaires. »

quelques années, en rappelant que la fondation de l'État australien s'est faite sur la foi en Dieu, selon la tradition judéo-chrétienne intégrant pleinement la raison comme l'expression la plus haute de l'homme, image de Dieu. Participer à la construction de la nation implique donc la reconnaissance de ce tronc commun à valeur universelle, pour que chaque tradition culturelle et religieuse trouve sa place et enrichisse le patrimoine commun. Sans cette exigence, reconnaît le Premier Ministre, il n'y a pas d'avenir commun ni de possibilité d'intégrer ceux qui refuseraient un tel choix de société. La seule liberté serait alors de partir. Et selon toute évidence, de tels propos visaient en particulier, mais pas exclusivement, l'implantation de plus en plus importante de populations musulmanes et leurs exigences de reconnaissance du droit islamique [1] (*fiqh*) et de la langue arabe. Alors que, suite à la Déclaration universelle des droits de l'homme (1948) par l'ONU, nombre de pays musulmans, dans les années soixante, étaient sur le point d'adopter un code de Droit civil d'inspiration occidentale, un revirement se produisit à partir des années soixante-dix. Le retour au droit musulman [2] (*fiqh*) et à l'imposition de la *Charî'a* était l'exigence nouvelle d'un nombre considérable

---

1. La *šarî'a* (littéralement signifie la *voie*, mais nous l'écrirons, dans ces pages, sous sa transcription plus commune, *charî'a*), comme loi positive divine « révélée » à *Muhammad*, est à la source du droit (*fiqh*) pénal et de la jurisprudence et trouve en lui son application. Les différentes « Déclarations des droits de l'homme musulman » (années 80 et 90) qui ne correspondent pas nécessairement à « la Déclaration universelle des droits de l'homme », considérée comme non musulmane, vont, à leur tour, puiser à cette source du droit.

2. Anne-Marie Delcambre dans *Enquête sur l'Islam*, Éd. DDB, 2004, cite, p. 91, Henri de Waël à propos du *fiqh* : « Figé depuis la fermeture de la Porte de l'Effort de réflexion personnelle (*ijtihâd*) au Xe siècle, dans un état de complet repos faisant penser à la paix des cimetières, le droit musulman pouvait sembler vers 1970 appelé à disparaître. »

de pays islamiques, dont aujourd'hui les pays d'Occident peuvent mesurer pour eux-mêmes les conséquences et les risques.

Ces exemples récents et concrets tranchent sur les politiques habituelles et confuses, qui souvent créent aujourd'hui un espace du religieux indistinct, sous prétexte de tolérance, dans un État de droit confronté au pluriculturalisme et au risque d'imbrications juridiques. Ces phénomènes préparent des chocs culturels et religieux que nous ne mesurons pas, plaçant en instance ultime, non le service de la personne et de ses aspirations, mais de l'État. Or ici, les États modernes ne peuvent ignorer l'histoire et les fondements qui ont conduit à leur établissement. Cette ignorance de l'histoire religieuse et culturelle de nos pays et de leurs traditions réelles fragilise d'autant la coexistence et les rapports entre les hommes de cultures et de traditions religieuses si différentes, qui aujourd'hui constituent nos pays.

La multiplication des moyens de communication et les échanges multiculturels exigent un effort nouveau dans la connaissance de l'autre et de ses racines, de son histoire humaine et religieuse. Le dialogue, la vie en société seront à ce prix. En rester à une connaissance superficielle ou confuse, à des stéréotypes ou à des constructions de légendes ne feront que renforcer les murs de séparation et les rancœurs, préparer des tensions insoutenables et l'éclatement de conflits à caractère idéologique et religieux.

C'est pourquoi nous souhaitons au long de ces pages aborder les relations avec l'Islam et plus particulièrement celles confusément appelées islamo-chrétiennes. Mais nous ne pourrons le faire qu'en portant un regard lucide et franc sur l'Islam, sans lequel le dialogue ne peut s'ouvrir et se poursuivre. Les recherches longues de ces dernières décennies ont conduit à apporter des éclaircissements importants et décisifs sur les origines de l'Islam. Des publications récentes éclairent des questions souvent restées, jusque-là, sans réponse et apportent des éléments nouveaux et importants pour le dialogue et la connaissance de l'autre, fût-il musulman. Certes, ce travail reste pour une grande part celui de chrétiens et d'occidentaux, soucieux de parvenir à une connaissance plus exacte et précise, permettant de réduire des ambiguïtés et des confusions qui, malheureusement, parasitent encore aujourd'hui le dialogue islamo-chrétien.

Suite à la conférence du pape Benoît XVI à Ratisbonne (Allemagne, le 12 septembre 2006) et surtout aux réactions qu'elle a pu susciter, tant dans le monde musulman en général qu'auprès de certains intellectuels musulmans, un groupe de cent trente-huit signataires a osé privilégier un dialogue de raison à travers une lettre adressée au pape. En novembre 2008, un forum catholique-musulman [1] a pu se tenir à Rome dans une écoute mutuelle et une recherche humble et vraie. On peut espérer à nouveau qu'un climat plus serein pourra contribuer à construire un authentique dialogue fondé sur des exigences.

Le prix de ce dialogue et sa progression n'iront pas sans éclaircissements et démarches de vérité réciproque. Nous tenterons, grâce aux avancées de la recherche, d'éclairer ce chemin d'une meilleure connaissance de l'Islam, certes de notre point de vue, mais corroborée aujourd'hui par de plus en plus d'intellectuels musulmans. Il s'agit de lever le voile

---

1. Le Forum catholique-musulman a été formé par le Conseil pontifical pour le dialogue interreligieux. Son premier séminaire a eu lieu à Rome du 4 au 6 novembre 2008 (D.C. n° 2414, déc. 2008). Vingt-quatre participants et cinq experts de chaque religion ont participé à la rencontre. Le thème du séminaire était : « Amour de Dieu, amour du prochain ». La discussion, qui s'est déroulée dans un esprit chaleureux et convivial, s'est concentrée sur deux grands thèmes : « Fondements théologiques et spirituels » et « Dignité humaine et Respect mutuel »

pudique jeté sur l'islam qui en fait l'égal historique, voire l'accomplissement des religions de la Bible, en particulier du judéo-christianisme. Si la Bible et l'histoire biblique ont été passées au crible de la critique historique et littéraire, au gré de découvertes archéologiques et scientifiques multiples, on ne peut en dire autant, ni du Coran, ni de l'histoire des débuts de l'Islam. Encore aujourd'hui, l'interdit demeure dans cette approche de la réalité islamique, ressentie comme un viol de l'absolu dogmatique, que même une démarche de raison ne peut enfreindre sans risque de *fatwa* ou menaces diverses. L'islam se refuserait-il à l'épreuve de la raison? Quelles peurs retiennent encore trop d'Ulémas, de juristes et de dignitaires des grandes universités islamiques? L'islam a d'ailleurs écarté le Mu'tazilisme [1] et les écoles philosophiques (*falsafa*) au profit des écoles théologiques d'interprétation (*kalâm* [2]), de commentaires et de droit (*fiqh*). Celles-ci, depuis des siècles, se limitent à une lecture stricte du Coran, du « prophétisme » de l'*Envoyé* et de l'histoire des origines selon des canons établis, rigides et intangibles. Ainsi, la lecture de l'histoire se répète comme un mécanisme enrayé totalement imperméable à la nouveauté et à « la dispute

---

1. Sous les califes abbassides souffle un vent de liberté dans bien des domaines de l'Islam. Cette période (du VIIIe au XIe siècle) est appelée « l'âge d'or » au cours duquel va se développer le courant, dit des *mu'tazilites*, qui tente de concilier foi et raison. Cette tentative sera de courte durée. Le calife abbasside, al-Mutawakkil (847-861), interdira le mu'tazilisme et brûlera ses livres. Cette décision sclérose l'islam dans la théologie (*kalâm*) et le droit et le rend méfiant à tout effort rationnel. Le dogme l'emporte sur la raison jusqu'à ce que se ferment les portes de la réflexion personnelle (*bâb al-ijtihâd*), même au niveau du droit, au XIe siècle.

2. Le *Kalâm* est devenu à l'époque 'umayyade (VIIe-VIIIe s.) la théologie islamique ou plutôt des propos sur…, non point pour entrer dans une intelligence de la foi, mais comme un rempart d'orthodoxie islamique devant tous les risques d'innovation. Elle finira par se scléroser et s'exercer uniquement dans le domaine apologétique, et même par décliner au profit des écoles de *fiqh*.

contradictoire ». De plus, de nouveaux *hadîth*-s viendront opportunément confirmer le fixisme islamique et l'ancrer dans des phases préhistoriques, voire légendaires.

*

Je me propose donc, dans une première partie, de faire une relecture de l'histoire des origines de l'Islam. Dans la seconde partie de cet ouvrage, nous pourrons d'une part avoir une évaluation du dialogue islamo-chrétien et du statut théologique de l'islam et d'autre part mieux situer les défis que pose la rencontre des croyants et aussi mesurer les risques dans le contexte d'une culture globalisante qui dilue les croyances dans le relativisme ambiant. Une connaissance plus précise de l'Islam historique, comme de l'histoire de la Révélation judéo-chrétienne [1], peut seule nous en dégager.

Qu'en est-il d'ailleurs de l'historicité de ce qu'il est convenu d'appeler les débuts de l'islam que les *sîra-s* [2] nous ont si scrupuleusement transmis ? Sommes-nous dans l'Histoire et quels éléments alors attestent l'authenticité des événements fondateurs de l'Islam ? Ou bien s'agit-il d'une récupération politique de la période 'umayyade et surtout abbasside ? Serait-ce l'élaboration d'une légende au profit d'un pouvoir en quête de légitimation face aux empires

---

1. L'approche historique du christianisme et de l'islam, surtout concernant leurs origines, n'est pas comparable. Du côté islamique, on doit combler un immense retard. Quant aux mentalités dans le monde musulman, elles ont encore un long chemin à parcourir pour combler ce déficit.

2. Ces récits constructeurs de l'histoire islamique qui, pour la majorité d'entre eux, remontent au mieux à la fin du VIIIe s, règleront l'avènement et le sort de l'islam aux IXe et Xe s. Ces récits de l'histoire présumée des origines donneront le cadre dans lequel s'inscriront, par la suite, tous ceux qui tenteront des vies de *Muhammad*, présenté comme le Fondateur de l'islam, l'Envoyé d'Allah et le Prophète.

décadents de Rome et Byzance, face à l'antique Perse dont le rayonnement et la culture ont profondément marqué ces régions du Proche et Moyen-Orient ? D'où vient l'Islam ? Telle sera notre première question : mythe ou réalité ?

L'islam ne serait qu'une dérive judéo-chrétienne, comme tant d'autres, et peut-être d'ailleurs passée dans les oubliettes de l'Histoire, s'il ne s'était progressivement élaboré autour du « Livre Saint », appelé le *Saint Coran*. Ce livre a une histoire très complexe et cependant récente. Nous l'étudierons dans notre deuxième chapitre. Quel est donc son statut au sein de l'islam ? Peut-il contribuer d'ailleurs à une meilleure connaissance de l'islam, de son histoire, de sa foi ? N'est-il pas la seule référence légitime du droit ? Aujourd'hui, ceux qui tentent d'imposer la *charî'a*, comme droit positif et alternatif à d'autres droits, comme en Occident, revendiquent pour texte fondamental le Coran [1], de même que l'Église s'appuie sur la loi naturelle commune à tous les humains [2]. En fait, faire prévaloir le droit coranique sur le droit civil ne relèverait-il pas d'une lutte religieuse ? C'est pour les mêmes raisons, non justifiées par la pensée musulmane, que, ces dernières décennies, même des instances internationales ont couvert, de leur autorité, la reconnaissance des droits de l'homme musulman.

Mais le Coran lui-même n'aurait pu obtenir sa reconnaissance actuelle s'il n'avait été « célestement » reçu par un récipiendaire sur mesure. L'Histoire retiendra le nom de Muhammad, l'Envoyé d'Allah, dont, très curieusement,

---

1. En effet, le Coran affirme (s. 7, 172) que ce droit préexiste à l'homme et se trouve inscrit déjà dans les reins d'Adam !

2. Benoît XVI, in *Deus caritas est*, 25 décembre 2005, écrit au n° 28 : « La doctrine sociale de l'Église argumente à partir de la raison et du droit naturel, c'est-à-dire à partir de ce qui est conforme à la nature de tout être humain. »

le *Saint Coran* ne mentionne que cinq fois le nom[1], soit sous celui d'*Ahmad*, soit sous celui de *Muhammad* ! D'où vient donc celui qui, aujourd'hui, est reconnu comme le Prophète de l'islam et même « le sceau des prophètes » (s. 33, 40) ? Serait-ce une reconnaissance posthume ? Mais alors, qui est le Fondateur de l'islam ? Si *Muhammad* apparaît avec les débuts historiques de l'islam au IXe, Xe siècle, quel est donc ce chef guerrier évoqué par plusieurs auteurs des VIIe et VIIIe siècles ? Y aurait-il alors plusieurs personnages aux origines de l'islam ? Et comment reconnaître le Fondateur historique de l'islam de celui de la légende ? Nous examinerons ces points dans un troisième chapitre.

Les interrogations ne manquent pas lorsqu'on aborde le sujet de l'islam et en particulier de ses origines. Plus on avance dans le temps, plus aussi les questions surgissent et brouillent l'horizon des origines, au point d'ailleurs, déclare Patricia Crone[2], que la réalité historique disparaît sous un amas de légendes. Aussi, E.-M. Gallez utilise-t-il ce néologisme de « légendologie[3] », car la légende est devenue un principe idéologique. Faut-il faire l'impasse du flou historique, de la part de légende, de création pour les besoins politiques, d'arrangements successifs, au point que les contradictions s'étalent au grand jour, non seulement dans le texte coranique, mais encore dans les débats et les justifications impossibles de la casuistique islamique ? Pourquoi inventera-t-on des procédés littéraires irrationnels et illogiques pour justifier l'insoutenable ? Comment peut-on dans un dialogue interreligieux, entre « gens du Livre

---

1. *Muhammad* : s. 3, 144 ; 33, 40 ; 47, 2 ; 48, 29 ; quant au nom de *Ahmad* (s. 61, 6), il n'apparaît qu'une fois et dans la bouche de *'Îsa* qui l'annonce comme un Messager venant après lui, alors que certains noms bibliques ou même celui d' *'Îsa*-Jésus sont cités bien plus souvent, 25 fois.

2. Voir p. 52, note 1.

3. E.-M. Gallez, *Le Messie et son prophète, aux origines de l'islam*, Éditions de Paris, 2005, t 2, 3 2, p. 179 s.

ou de l'Écrit[1] », soutenir un dialogue de raison avec des argumentations arbitraires et un mépris de l'Histoire, relue et corrigée, disqualifiant les Écritures bibliques, comme le fait le Coran qui les considère comme « falsifiées », tant par les juifs que par les chrétiens ? Sur quelles bases communes un authentique dialogue peut-il s'ouvrir sans échapper, d'une part à la vérité, parfois cruelle, de l'Histoire, et d'autre part à l'exigence d'amour et de vérité de l'autre, fût-il juif, chrétien ou musulman ? Musulmans et catholiques, ou chrétiens en général, peuvent-ils se rencontrer sans *a priori*, mais aussi sans compromis ? Et pourra-t-on dépasser les convenances, les circonstances du dialogue pour aller plus loin et plus profond dans la rencontre, dans l'écoute de l'Esprit Saint ?

Aujourd'hui, sous le pontificat de Jean-Paul II et surtout de Benoît XVI, un chemin exigeant est tracé au dialogue, tant chez les catholiques afin qu'ils ne glissent pas dans le relativisme religieux et dans les amalgames faciles, que chez leurs interlocuteurs pour que soit donné droit à la vérité et à la raison. Il faudra du courage aux protagonistes, d'une part pour oser prudemment un dialogue doctrinal, sans faux-fuyants, et d'autre part pour sortir de la période d'euphorie, suivie de méfiance, et pour enfin aller plus en profondeur vers l'identité du croyant. Nous sommes en droit d'espérer une nouvelle période du dialogue islamo-catholique (chrétien) peut-être plus féconde malgré l'aspect rude et ardu de la rencontre. Celle-ci ne pourra se faire que sous le regard bienveillant et miséricordieux du Seigneur du temps et de l'histoire, Lui qui a créé les mondes[2]. Ce sera, dans la seconde partie de cet ouvrage, notre quatrième chapitre.

---

1. C'est ainsi que le Coran appelle juifs et chrétiens, même si cette appellation est parfaitement inadéquate ; nous le verrons plus loin.

2. Cf. He 1, 2 ; 11, 3 : *« Dieu nous a parlé par le Fils par qui aussi il a fait les mondes… Les mondes ont été formés par la Parole de Dieu »* et Coran, s. 1, 2 : « Louange à Dieu, Seigneur des mondes ».

Nous ne pourrons pas clore ces pages sans porter un regard d'espérance sur l'avenir de plus d'un milliard de personnes que Dieu veut sauver et auxquelles Il veut aussi, par l'Église, révéler son plan d'amour et de salut. La tâche n'est pas aisée pour l'Église, dans sa volonté déterminée de dialogue, d'annoncer, même aux musulmans, le Christ Jésus qui est plus qu'un prophète.

> « Jésus est "l'homme nouveau" (cf. Ep 4, 24; Col 3, 10) qui appelle l'humanité rachetée à participer à sa vie divine... Cette identité divine et humaine ressort avec force des Évangiles qui nous proposent une série d'éléments grâce auxquels nous pouvons nous introduire à la "zone frontière" du mystère qu'est *la conscience que le Christ a de lui-même*[1]. »

Il est la Vérité et la vraie Lumière du monde, le seul chemin de salut qui nous montre le Père de tous les hommes. Ce Nom est encore caché aux musulmans et ils n'osent pas Le prononcer sans risquer de blasphémer. Pourtant, saint Jean écrit: *« Le Père a envoyé son Fils comme sauveur du monde...* [et pour] *que nous ayons pleine assurance au jour du Jugement... »* (1 Jn 4, 14.17.) N'y aurait-il pas là un lieu commun et fondamental pour l'avenir des rencontres islamo-chrétiennes? Ici-bas, l'Église prie: « Dans ta miséricorde, Tu es venu en aide à tous les hommes pour qu'ils Te cherchent et puissent Te trouver[2]. » Elle continue tout autant de sonder les desseins de Dieu sur les nations et de porter un regard bienveillant sur tous les hommes de bonne volonté qui cherchent, dans une quête religieuse tâtonnante et « dans les ombres et sous des images un Dieu qu'ils ignorent, Dieu [qui] n'est pas loin, puisque c'est lui qui donne à tous vie, souffle et toutes choses (cf. Ac 17, 25-28), et puisqu'il veut, comme Sauveur, que tous les hommes soient sauvés (cf. 1 Tm 2, 4) », selon le concile Vatican II (in *LG* n° 16). En

1. Jean-Paul II, *Novo Millennio Ineunte*, n° 23-24, 6 janvier 2001.

2. Prière eucharistique n° 4.

effet, les religions « constituent un défi positif pour l'Église d'aujourd'hui » (*RM* n° 56), affirme Jean-Paul II. Peut-on, alors, oser un statut théologique de l'islam ? Nous essayerons de tenter cette démarche dans un cinquième chapitre, avant de conclure sur une note d'espérance, véritable défi. Cette entreprise n'est possible, pour le regard chrétien, qu'en rapport au *Jour* de Dieu lorsque son Jugement s'exercera définitivement en toute Justice, Vérité et Charité.

Première Partie

I

D'où vient l'Islam ?

Le terme même de *al-islâm* apparaît tardivement dans l'histoire de ce courant religieux qu'il est convenu de nommer aujourd'hui sous ce vocable. Il a pour racine *slm* d'où sera tiré *salâm* (la paix). Bien souvent, d'ailleurs, les deux termes de *salâm* et *islâm* sont mis en équivalence, ce qui ne fait qu'ajouter à la confusion et mettre un peu plus d'ambiguïté. Mais *islâm* vient d'une forme dérivée de cette racine (4e forme), *aslama* qui signifie « conserver en bon état », lequel va dériver, d'après l'usage syriaque possible de la racine, vers « donner sa foi à… » soit « se soumettre », d'où le substantif *al-islâm* (la soumission) et ses dérivés, dont *muslîm* (musulman – « soumis »).

À vrai dire, dans les débuts, le terme ne désigne pas encore une religion comme sembleraient l'imposer certaines traductions, telle la sourate '*Imrân* 3, 19 : « La religion (*dîn*) aux yeux de Dieu est l'*islâm.* » Nous sommes en présence d'une interprétation récente des deux termes, *dîn* qui veut d'abord signifier « le jugement divin » mais aussi « le culte » rendu à Dieu, l'obédience. La traduction correcte de ce verset devrait être plutôt, dans son sens originel : « Le *culte* aux yeux de Dieu est *la soumission.* » Plusieurs autres passages, comme le verset suivant (20), sont traduits de la même manière, donnant valeur de religion à *islâm* et non plus de l'attitude juste requise de la part du croyant comme l'évoque le contexte général de ce passage. Cependant, les traducteurs joueront sur cette ambivalence pour rendre au mieux la compréhension des passages et interpréter le texte coranique, aujourd'hui, en faveur de la religion islamique.

C'est aussi ce qu'on fait dire à la sourate de *la table servie* (s. 5, 3) : « Et j'agrée pour vous l'islam comme religion… ». Le contexte de ce passage du Coran est celui des sacrifices, des nourritures permises et défendues, pèlerinages et œuvres pies. On peut entendre là comme la voix des prophètes bibliques qui dénoncent le formalisme d'un culte extérieur (cf. Am 5, 21-25), négligeant la justice, l'amour du prochain et la véritable connaissance de Dieu (cf. Os 6, 4-6).

Jésus, le Messie, avait repris, selon les Évangiles, avec la même force, l'interpellation des prophètes, et en appelle à la miséricorde plutôt qu'aux sacrifices sanglants qui pouvaient servir de paravent à ceux qui les offraient sans se livrer réellement (se soumettre) et entrer dans l'obéissance (cf. Mt 9, 13 ; 12, 7 et Mc 12, 33). En effet, dans son offrande et son sacrifice, Jésus réalisera la parole du Psaume 40, 7-9 dont la lettre aux Hébreux donnera la pleine intelligence. Ainsi, le sacrifice vivant du Christ (He 10, 5-10 ; cf. Ph 2, 8) dépasse ceux du *« premier régime pour fonder le second »*, celui qui purifie et sanctifie et que Dieu, le Père, agrée à cause de l'obéissance du Messie. N'est-ce pas d'abord le sens de ce qu'Allah accepte : « Et j'agrée pour vous la *soumission* (obéissance) comme un *culte* » ?

Quand l'Islam est-il né ?

Cette brève approche sémantique nous montre déjà la complexité de l'émergence originelle de l'islam qui finira par s'imposer comme la nouvelle et ultime religion qui vient d'abord historiquement supplanter les empires byzantin et perse en décrépitude et en repli significatif en cette fin du VIIe siècle. Mais rien ne prouve encore qu'au début de la période 'umayyade (vers 660), l'Islam se soit imposé comme nouveau système politico-religieux. Il faudra encore du temps pour passer de la *soumission* à l'*islam* pour qu'enfin le terme s'impose comme la désignation de « la nouvelle religion ». Car, jusque-là, la soumission ne caractérise pas le nouveau califat qui cherche à établir fermement son pouvoir.

Ces simples exemples décrivent un tout autre contexte dont les résonances sont plutôt religieuses et apparemment en lien encore proche de certains aspects qu'évoque la *Thora*[1] de Moïse. Une fracture importante se produit avec Mu'âwiyya, le gouverneur de Damas, qui l'emportera sur 'Ali, quatrième calife « bien dirigé » (*rachîd*) selon la tradition, lors de la bataille de la plaine de Siffin (en 657) dans la vallée de l'Euphrate, après plusieurs autres affrontements. Mais l'arbitrage demandé, selon la tradition, en élevant des feuillets du Coran au bout des lances, va faire éclater l'*Umma* originelle déjà bien ébranlée. Alors, s'opère la séparation (*chî'a*, le chiisme) des partisans de 'Ali dont certains le quitteront pour sa prétendue lâcheté devant Mu'âwiyya et sortiront (les *Kharijites*), tandis que le gouverneur de

1. La *Thora*, dans le judaïsme, est l'enseignement de Moïse, conservé dans les cinq premiers livres de la Bible et qui, nous le verrons, sont connus de l'islam primitif, mais comme le Livre révélé à *Mûsa*, transcrit dans le Coran par *Tôra* ou *Tawra*. Or, plus on s'éloigne des origines, plus aussi se perdent les repères et donc l'interprétation et le sens de ces Écrits qui ont pu constituer un corpus connu.

Damas face à 'Ali, cousin et gendre de *Muhammad*, revendique pour lui à la suite de son parent 'Uthmân, la Tradition (*Sunna*) conservée par les califes *rachidûn*. C'est tout au moins ce qu'il est convenu d'entendre.

Mu'awiyya peut affermir son autorité, alors que les Byzantins se sont retirés sur Constantinople et que les Perses ont regagné, très affaiblis, leurs terres montagneuses. Rien ne semble devoir gêner le nouveau pouvoir qui peut s'affermir en s'établissant à Damas qui désormais régit, non seulement cette région du Proche-Orient, mais va s'étirer, du VIIe au VIIIe siècle, jusqu'en Andalousie. Cordoue est atteinte en 711 [1]. Jérusalem demeure cependant un symbole fort pour tous les pouvoirs qui s'y sont succédé. Mu'âwiyya n'échappera pas à la règle, d'autant que les arabes de *Muhammad* n'ont cessé de convoiter la Ville sainte. C'est en 661 que le gouverneur de Damas se proclame roi de Jérusalem. Selon certaines traditions, 'Umar (634-644), le second calife après *Muhammad*, serait entré humble et monté sur un âne, comme un Sauveur (*Fârûq*) dans Jérusalem (638), rappelant ainsi la figure du Messie (cf. Za 9, 9 [2]). Aucun écrivain contemporain [3], comme le patriarche Sophrone de Jérusalem (633-639), ne corrobore ces prétendus événements ni ne cite le nom de 'Umar. La légende favorisera ou plutôt justifiera le nouveau pouvoir sur Jérusalem comme centre et objet de toutes les attentes.

---

1. La poussée des *Conquérants* les mènera jusqu'au royaume franc où Charles Martel les stoppera à la bataille de Poitiers en 732, sans les chasser définitivement puisque les conquérants séviront encore longtemps en Provence. Un califat 'umayyade perdurera en Occident, en Andalousie, de 929 à 1031.

2. A.-L. de Prémare, *Les fondations de l'islam*, Éd. du Seuil, 2002, p. 155-172.

3. Il faudra attendre le IXe siècle pour faire un lien entre Sophrone et 'Umar, selon Théophane le Confesseur, amplifiant ainsi, du côté chrétien, la légende (cf. de Prémare *op. cit.* p. 156).

Et la légende « omarienne » permettra donc d'authentifier la dimension religieuse et *a posteriori* islamique de Jérusalem, qui plus est soutenue, voire amplifiée, par le prétendu concours de juifs[1] et l'assentiment de certains chrétiens.

Jusque-là, rien ne permet encore de parler de l'islam et des musulmans qui ne sont pas cités par les contemporains de la conquête de Jérusalem. Le patriarche Sophrone, dans son sermon de Noël 634, parle d'Agarènes, de Saracènes, d'Ismaélites qui sèment « la terreur… le glaive dégainé, pleins d'une cruauté vraiment diabolique », et empêchent le patriarche de se rendre librement à Bethléem : « Il nous est interdit d'aller là-bas, d'y faire tendre notre course et d'y être effectivement présent[2]. »

Une Ka'ba à Jérusalem ?

En 635, en la fête des Saintes Théophanies, le patriarche Sophrone, toujours lui, décrit « l'abomination de la désolation[3] à nous prédite par le prophète, les Saracènes parcourent des contrées… saccagent les villes, dévastent les champs… s'alignent en masse contre nous… et se vantent de

1. La *Chronique de Sebèos* (XXXI), datée des années 660, donne une autre lecture de l'histoire du « Cube », cf. la traduction annotée de F. Macler, *Histoire d'Héraclius par l'Évêque Sebèos*, Paris, 1904, p. 102-103 : « Les juifs, trouvant de l'appui auprès des Hagarènes pendant un moment, conçurent le projet de rebâtir le Temple de Salomon… Ayant localisé l'endroit du "Saint des saints", ils construisirent là un lieu de prière pour eux-mêmes, avec des fondations et une superstructure. Mais les Ismaélites les jalousèrent, les expulsèrent de l'endroit et appelèrent le bâtiment, leur propre lieu de prière. » À propos de l'évêque arménien Sebèos, voir la notice que donne Prémare dans *Les fondations…* p. 379-380.

2. A.-L. de Prémare, *op. cit.*, p. 409-410.

3. Cf. Mt 24, 15, expression utilisée à différentes périodes de châtiment (Dn 9, 27) et ici en relation avec les événements, liés aux invasions arabes.

dominer le monde entier en imitant leur chef continûment et sans retenue[1]… ». En effet, les chroniqueurs de l'époque ne parlent pas d'une conquête pacifique, mais semant sur son passage la terreur et la mort. Contemporain, un écrit en grec[2] rapporte la bataille de Gaza[3] que les Arabes menèrent contre les Byzantins en 634 et qu'ils remportèrent. Cela fera dire à l'un d'eux, un juif dans l'attente du Messie et qui pourtant avait eu quelques espoirs que *Muhammad*[4] pouvait être le prophète qui précède le Messie[5] :

> « On disait que le prophète était apparu, venant avec les Saracènes, et qu'il proclamait la venue du Messie qui allait venir. Étant arrivé à Sykamine, je m'arrêtai chez un vieil homme bien versé dans les Écritures et lui dis : "Que me dis-tu du prophète apparu avec les Saracènes ?" Il me répondit dans un profond soupir : "Il est faux, car les prophètes ne viennent pas armés avec épée et char de guerre…"
> Et moi, Abraamès, ayant poussé l'enquête, j'appris de ceux qui l'avaient rencontré qu'on ne trouve rien d'authentique dans ce prétendu prophète : il n'est question que d'effusion du

1. Cité par A.-L. de Prémare dans *Les fondations*… p. 155 et 409 à 411. Le « chef » dont il est question pourrait bien être celui qu'on nommera, par la suite, *Muhammad* (mort en 632 ou 634) ou sa renommée qui perdure, avec cette prétention universaliste.

2. *Op. cit.* p. 148. Il s'agit de la *Doctrine de Jacob*, datée entre les années 634 et 640, écrite « à Carthage, capitale de la province byzantine d'Afrique ». C'est « un opuscule romancé d'apologétique chrétienne adressé aux Juifs », estime Prémare. Mais cette relation donne bien le climat qui entourait les événements relatés.

3. *Op. cit.* p. 146. A.-L. de Prémare cite le chroniqueur Thomas le Presbytre qui vers 640 donne une courte notice de cette bataille menée par « *des Tayayê* [arabes] de Mahomet en Palestine ».

4. Certains pensent que *Muhammad* (qui n'est pas nommé) a commandé cette bataille de Gaza, en 634 qui serait aussi l'année de sa mort. C'est peut-être aussi ce que laisse entendre cette chronique.

5. Faisant ici référence à la prophétie de Ml 3, 23, *« cet Élie qui doit venir »* et précéder la venue du Messie, Mt 11, 14 ; 17, 10-11.

sang des hommes. Il dit aussi qu'il détient les clés du Paradis, ce qui est incroyable[1]. »

Notons que cette chronique ne parle toujours pas de *Muhammad* mais du « prophète qui précède le Messie ». Aucun indice ne permet encore à cette période de parler d'une nouvelle religion et encore moins de l'islam et de l'Envoyé. Cependant, des traits caractéristiques dessinent déjà les grandes lignes de l'islam conquérant et militaire, qui promeut un type de messianisme apocalyptique se distinguant à la fois de l'attente juive du Messie et à la fois de l'espérance chrétienne, dans la personne du Prince de la Paix venant dans la Gloire pour réconcilier les hommes avec Dieu et entre eux. Cependant, la prise de Jérusalem (638), après plusieurs tentatives sans succès, va préparer le chemin à la nouvelle religion[2].

Un verset du Coran évoque *a contrario* l'une de ces tentatives de prendre Jérusalem. En effet, les premiers versets de la sourate *ar-Rûm* (s. 30, 2-4) semblent donner l'avantage aux conquérants Saracènes sur les *Rûm-s* (Byzantins) tandis qu'ils annoncent en même temps la victoire pour « dans quelques années[3] ». Il est clair que les Arabes furent alors

---

1. Cité par E.-M. Gallez, *Le Messie et son prophète, Aux origines de l'Islam*, t. 2, p. 110, Éd. de Paris, 2005. Nous y reviendrons plus loin pour évoquer le contexte particulier dont relève l'événement.

2. Certains experts situent la prise de Jérusalem au printemps 635 et durant la semaine sainte ; alors qu'elle eut lieu au plus tôt fin 637 ou en 638 avant l'arrivée de 'Umar.

3. La sourate *ar-Rûm* (30) commence par ces versets : « [2]Les Romains [c'est-à-dire les Byzantins] ont été vaincus [3]au plus proche de la Terre et eux [??? Byzantins ou Arabes] après leur victoire ils seront vaincus [4]dans quelques années. À Allah le commandement, avant et après, et en ces jours-là les croyants se réjouiront [5]du secours d'Allah… » Mais cette lecture embarrasse les traducteurs comme les exégètes à cause des incohérences dues à la voyellisation tant par rapport au sens du texte que par rapport à l'histoire. On ne sait plus qui est vainqueur et qui est vaincu. Aussi, certains

vaincus (vers 629) et non vainqueurs – c'est une question de voyellisation du texte – tout en espérant des jours meilleurs. La prophétie supposée, même *a posteriori*, sera donc réinterprétée car il ne convient pas d'imputer une défaite à l'Envoyé d'Allah. Cependant, la prise de Jérusalem avait son importance pour différents groupes juifs et proches des mouvances judéo-chrétiennes. Jérusalem demeure un symbole et sa reconquête, ainsi que celle de la « Terre », ouvre la possibilité à la venue ou au retour du Messie.

Toujours est-il que des relations, malheureusement tardives et aux garanties assez fragiles, situent cette reconquête de Jérusalem [1] avec l'arrivée de ʻUmar en 638, en même temps qu'il signe le traité de paix qu'il aurait consenti pour la reddition de la ville. C'est aussi à ʻUmar que l'on attribue la construction du « Cube », lieu d'adoration [2] (en 638) où se rassemblent tous les croyants dans une perspective idyllique

---

chercheurs ont suspecté l'interprétation idéologique ; Régis Blachère propose la traduction suivante : « [2]Les Romains ont vaincu [3]au plus proche de la Terre. [Mais] eux (donc les Byzantins), après leur victoire, ils seront vaincus [4]dans quelques années. À Allah appartient le Sort dans le passé comme dans le futur. Alors les Croyants se réjouiront [5]du secours d'Allah… » Il semble bien que cette bataille soit la seule tentative que *Muhammad* conduisit de son vivant sur la Palestine. Elle eut lieu à l'est du Jourdain, à Mu'ta (vers 629) et il fut battu par les Byzantins. Mais la revanche sera pour plus tard à Gaza en 634, comme nous l'avons vu, et l'année suivante (au plus tôt) la prise de Jérusalem (638).

1. *Îliyâ'* (Aelia = Jérusalem), nom donné à la cité après avoir été rasée par les Romains en 70, ou *Bayt al-Maqdis*, en arabe : « la sainte demeure ». Il n'y eut pas à proprement parler de prise de la ville sinon une entrée des Saracènes dès 637/38 et une remise « des clés » de la Cité à ʻUmar quelques temps plus tard, toujours en 638.

2. Ce lieu est appelé soit *Bayt* (la Maison) ou *Masjid al-harâm* (le Sanctuaire ; littéralement : « *lieu sacré de prosternation* ») dans le Coran et il ne peut s'agir que du « Temple de toujours, qui est celui de Jérusalem » (*op. cit.* Gallez, t. 2, p. 330). Voir aussi la note 1 p. 39.

très « œcuménique[1] », dirait-on aujourd'hui. Mais cette vocation largement ouverte servira la propagande d'ouverture du califat de Damas sans pour autant correspondre à une réalité sur le terrain. Quant à ce « Cube », il est une représentation symbolique de l'Univers, aux dimensions parfaites (égales), comme une réhabilitation du « Saint des saints » où Dieu a voulu demeurer au milieu de son peuple Israël. Cette restauration prend toutes les apparences de l'aube de la rédemption messianique, l'idéologie de ces groupes dont 'Umar serait la figure symbolique comme *Amir al-mu'minîn* (Commandeur des croyants ou fidèles). Le nom du calife, attaché à Jérusalem (Aelia) comme à la mosquée qui porte, aujourd'hui, son nom, sont des traditions qui datent au mieux du VIIIe siècle. Mais la figure est symbolique et va, une fois encore, servir le pouvoir de Damas.

Cependant, le témoignage d'un évêque de Gaule, Arculfe, venu en pèlerinage à Jérusalem vers 670, donc bien après la prise de la Ville sainte et la restauration du « lieu d'adoration », évoque ce lieu du Temple où les Saracènes « fréquentent maintenant une maison de prière quadrangulaire qu'ils ont construite de manière grossière sur des ruines[2]… », précise-t-il. Rien cependant, pas plus que dans d'autres témoignages, ne fait allusion à 'Umar. En effet, cette figure « historique » des débuts va être récupérée par le pouvoir 'umayyade du calife 'Abd-al-Malik (685-705) qui bâtira le Dôme du Rocher[3] et fera de ce lieu, et donc de Jérusalem, un centre de pèlerinage. Les luttes intestines pour le pouvoir, plus qu'une rivalité religieuse, semble-t-il,

---

1. À cette première *Maison* fragile succédera une nouvelle, suite à un tremblement de terre vers 661. Quant à la vocation « œcuménique » de ce lieu d'adoration, elle servira essentiellement à la propagande du régime de Damas, mais ne correspond pas du tout à la réalité vécue.

2. A.-L. de Prémare, *Les fondations de l'islam*, p. 167.

3. Pour la plupart des experts, ce ne sera pas avant 692 et une fois qu'il aura éliminé son rival de La Mecque, Ibn al-Zubayr (683-692).

conduiront à l'élimination de Ibn al-Zubayr (692) qui, lui, avait établi son pouvoir à La Mecque et autour du récent sanctuaire de la mosquée sacrée, encore très fragile.

En effet, fondée par Mu'âwiyya en cette seconde moitié du VIIe siècle, La Mecque [1] n'est pas encore au cœur de la nouvelle religion ni d'un pouvoir qui a du mal à conserver l'unité de l'*Umma*. Cependant, d'étranges correspondances montrent qu'un nouveau pouvoir se met en place et qu'il éprouve le besoin d'asseoir son autorité sur un culte qui se distingue de plus en plus de son environnement antérieur.

Mu'âwiyya a des racines dans le Hijâz, en particulier à Tâ'if, oasis prospère à quelque cent vingt kilomètres environ du site de La Mecque. La cité est peut-être bien l'un des lieux originels de l'Islam et sans aucun doute celui du clan des 'Umayyades. Par ailleurs, elle est pourvue de vallées fertiles aux eaux abondantes, à l'inverse de La Mecque. Il est légitime et compréhensible que le premier calife 'umayyade y fasse d'ailleurs édifier un barrage en l'an 58 H (de l'Hégire, c'est-à-dire 678 de notre ère) ; A.-L. de Prémare le précise : « L'inscription de fondation de cet ouvrage hydraulique se trouve sur la muraille rocheuse du barrage [2]. » L'inscription donne au calife de Damas le titre, attribué à 'Umar, ou plutôt celui qui lui sera conféré par la suite, de « commandeur des croyants », « serviteur d'Allah ». De Tâ'if au site de La Mecque, il n'y a qu'un pas, même si nous ne savons pas comment ce choix, que personne de sensé ne pouvait envier, a pu être franchi.

---

1. Nous reviendrons plus loin sur les origines « historiques » de La Mecque.

2. A.-L. de Prémare, *Les fondations...*, p. 274, où il rapporte l'inscription.

De Jérusalem à La Mecque

C'est progressivement, semble-t-il, et devant les difficultés rencontrées et les tensions internes que le site de La Mecque (*Mekka*) va devenir le point de départ de l'épopée islamique. Pour l'heure (vers 683), un gouverneur, Ibn al-Zubayr, l'administre. Cependant, le pouvoir de Damas est loin et le rayonnement de La Mecque est encore insignifiant. Aussi, les califes de Damas continuent de s'appuyer sur Jérusalem et en revendiquent l'autorité spirituelle. De même l'orientation de la prière n'est pas encore assurée. Pour établir un centre religieux proche et sous leur contrôle, les califes de Damas écrivent la légende de la conquête de Jérusalem par 'Umar, et du « voyage nocturne » de l'Envoyé d'Allah (cf. s. 17, 1) : « Et ce rocher dont on rapporte que l'envoyé de Dieu posa dessus son pied lorsqu'il monta au ciel, vous tiendra lieu de Ka'ba [1]. » Jacob d'Édesse [2] décrit d'ailleurs des *qibla*-s qui indiquent la direction [3] de la prière vers une ou plusieurs *ka'ba*-s que l'on situerait plutôt vers la Syrie ou la Palestine, voire Jérusalem. En effet, juifs et autres

---

1. *Hadîth* opportun pour justifier l'orientation de la prière et l'appropriation du lieu ; cité par Prémare dans *Les fondations...*, p. 463.

2. A.-L. de Prémare, *op. cit.*, p. 370-371, donne une note biographique de cet évêque écrivain, « personnalité marquante de l'Église monophysite », originaire d'Antioche, de la seconde partie du VIIe siècle.

3. Plusieurs versets coraniques (15) évoquent la direction de la prière et plutôt le site de Jérusalem (*al-masjid al-harâm* : le lieu sacré d'adoration, réservé au culte) que celui de La Mecque : s. 2, 144. « Nous te faisons donc orienter vers une direction qui te plaît. Tourne donc ton visage vers le *masjid* sacré. Où que vous soyez, tournez-y vos visages. Ceux à qui le Livre a été donné savent bien que c'est la vérité venue de leur Seigneur... ». Hamidullah, dans sa traduction du Coran, commente en note 3 : « *Vers la mosquée sacrée* de La Mecque (la Ka'aba). *Ceux à qui le Livre* (la Thora et l'Évangile) *a été donné :* Juifs et Chrétiens. » L'interprétation révèle la contradiction, car ni Juifs ni Chrétiens ne se tourneraient vers La Mecque pour prier, mais plutôt vers Jérusalem.

judéo-chrétiens, dont les *muhâjirûn*[1] de Babylonie, que Jacob d'Édesse confond entre eux, prient vers l'ouest tandis que ceux d'Égypte, poursuit-il, prient vers l'est et ceux du sud vers le nord. Il y a donc un problème géo-historique à résoudre: dans quelle direction est orientée la *qibla* et donc, où se trouve le véritable sanctuaire, à cette période? Certainement, l'orientation de la prière n'est pas encore tournée vers La Mecque, comme nous allons le voir.

Une religion appelée al-islâm

La nouvelle mosquée (*masjîd*) ou « lieu d'adoration » sur l'esplanade du Temple a été la première qui va identifier l'islam, d'abord parce que les nouveaux venus finiront par se l'attribuer exclusivement et l'identifieront d'abord comme un lieu abrahamique qui, pensait-on, pouvait réunir juifs, chrétiens et ces nouveaux croyants. Mais cette confusion génère plus de tensions que de rapprochements et peut fragiliser le nouveau pouvoir de Damas qui tient à garder le contrôle du culte, proche du centre politique, et le symbole messianiste de Jérusalem. Progressivement, le glissement se fait en faveur du pouvoir des 'Umayyades qui devront donner une identité plus claire encore au symbole du « Cube », rappelant le « Saint des saints », en s'appropriant l'esplanade du Temple et en construisant ensuite le Dôme du Rocher. En effet de l'édifice fragile « quadrangulaire », on passera avec le calife 'Abd-al-Malik à un bâti octogonal en dur et sur le rocher du Mont du Temple. Une inscription externe à l'édifice atteste que 'Abd-al-Malik, lui aussi appelé « commandeur des croyants, [a] construit ce Dôme

---

1. Un terme que nous comprendrons mieux par la suite car il désigne alors les proto-musulmans.

en l'an 72[1] » (c'est-à-dire en 691-92). Ce rocher garde le souvenir de la création, mais aussi du sacrifice d'Abraham, le mont Moriah (cf. Gn 22). C'est autour de ce rocher que plus tard le roi Salomon, fils du grand roi David, construisit la Demeure sacrée, le Temple de Jérusalem et son *Débir* (cf. 2 Ch 3).

Le *Dôme du Rocher*, ou encore appelé improprement aujourd'hui la *mosquée d'Omar*, annonce une perspective peut-être eschatologique et surtout désigne ce lieu privilégié comme celui du rassemblement des « Derniers Jours[2] » et « la porte du Paradis ». Les bas-reliefs du pourtour du Dôme affirment aussi clairement le prophétisme de *Muhammad*, personnage providentiel pour confirmer la nouvelle eschatologie islamique. L'Envoyé (*rasûl*) est nommé, le prophétisme affirmé et Jérusalem remise au centre de l'attente eschatologico-politique 'ummayade par la relance des pèlerinages. Le Dôme revendique sa filiation abrahamique avant qu'elle ne soit déplacée sur La Mecque et qu'alors il ne prenne une nouvelle dimension, islamique et mohammadienne. Le Coran garde la trace de cette preuve *a posteriori* de la sacralité du lieu en faisant du Rocher le point d'appui pour l'envol du Prophète de l'islam vers le septième ciel, selon la Tradition, où le Coran éternel lui sera communiqué.

Mais relisons cet étrange verset de la sourate *al-isra'* ou *Le voyage nocturne* (s. 17, 1) : « Louange à Celui qui de nuit fit voyager son serviteur [on pense ici nécessairement

---

1. Les citations coraniques qui parcourent les murs de l'édifice semblent se référer plus à des traditions qui ne seront pas toujours reprises plus tard ni même dans l'édition définitive du Coran. *Muhammad* y est dit *rasûl* (envoyé et porteur d'un message), mais il n'est ni question du « voyage nocturne », de « l'ascension » ni même « d'une descente » d'un Coran comme nous le verrons un peu plus loin.

2. E.-M. Gallez, *Le Messie et son prophète*, t. 2, p. 326-327.

à *Muhammad*[1]] de la mosquée sacrée à la mosquée très éloignée dont nous avons béni l'alentour afin de lui faire voir nos merveilles. C'est lui qui est l'Audient (Celui qui entend) et le Clairvoyant. » Même si le Prophète de l'islam n'est pas nommé, les traducteurs du Coran s'accordent pour le reconnaître dans ce serviteur de Celui à qui est adressée la louange, c'est-à-dire *Allah*. Il voyagera nuitamment, toujours selon la tradition islamique, sur la jument *Burâq*, rapide comme « l'éclair ». En effet, la distance n'est pas mince à parcourir puisqu'il s'agit de se rendre de la mosquée sacrée (*al-harâm*) qui serait, selon les commentateurs, la *ka'ba* de La Mecque, tandis que la mosquée très éloignée (*al-aqsa̱*) serait celle de Jérusalem, à l'autre extrémité. Cette dernière ne sera achevée de construire, sur une extrémité de l'esplanade du Temple, appelée aujourd'hui, dans les milieux islamiques, l'esplanade des mosquées, que vers 710, soit bien longtemps après ce prétendu voyage. Étrange justification *a posteriori*, dans l'utilisation d'un événement bien antérieur et se référant probablement à Moïse ! Ce verset, introduit ici tardivement, montre aussi les enjeux politiques et religieux du moment pour le pouvoir 'ummayade et entre Jérusalem et La Mecque, qui ne supplantera sa rivale qu'après la construction de la mosquée d'*al-Aqsa̱*. Ce déplacement du centre religieux des débuts de l'islam manifeste clairement la radicalisation politique qui correspond à l'apparition de l'*islâm* et peut-être aussi l'abandon d'une certaine vision œcuménique, voire de certains aspects messianiques

1. L'évidence du « serviteur » *Muhammad* n'est pas aussi certaine que veulent bien le dire les commentateurs. En effet, les versets qui suivent (v. 2...) nomment Moïse et même Noé et les enfants d'Israël.

E.-M. Gallez étudie ces versets (*op. cit.*, t. 2, p. 323-324) et démontre une récupération tardive en faveur de l'islam et de *son Prophète* de ce qui aurait pu être attribué à Moïse, ou le fait d'événements anciens de l'histoire d'Israël. Nous sommes bel et bien devant une manipulation historique et une réinterprétation en faveur du nouveau pouvoir politico-religieux.

et eschatologiques. Selon certains chercheurs, le terme désignant la réalité politico-religieuse (islam) ainsi que celui de *muslimûn* (musulmans) n'apparaissent pas avant 775 dans la littérature d'auteurs chrétiens contemporains. Or, c'est dans cette même période (entre 747 et 757) que sera élevé le premier minaret à La Mecque.

Le glissement de Jérusalem vers La Mecque, d'une *ka'ba* à une autre, va correspondre à l'émergence de la nouvelle religion, l'*islâm*. Malgré cela, Jérusalem ne perd pas son prestige et son rayonnement. Les califes, tant 'Umayyades (661-750) qu'Abbassides (750-1258), conservent à Jérusalem, et en particulier au Dôme du Rocher ainsi qu'à la mosquée *al-Aqsa̱*, leur place et rôle uniques pour l'islam et en font un passage obligé de pèlerinage. Le calife abbasside *Al-Ma'mun* (813-833) restaurera d'ailleurs le Dôme, en effaçant la « signature » du calife *'Abd-al-Malik* pour y mettre la sienne et donc proclamer ainsi son autorité sur le lieu.

Désormais, l'esplanade du Temple devient une terre annexée par l'islam et revendiquée jusqu'à aujourd'hui. Yasser Arafat lui-même, qui voulait mourir en « martyr » (*šahîd*), en combattant (*mujâhid*), avait demandé d'être enterré sur l'esplanade des mosquées… Seulement un peu de terre de ce lieu de prosternation (*masjîd*) sacré sera jetée dans sa tombe de la Muqata à Ramallah. De fait, le lieu va connaître progressivement une mohammadisation en même temps qu'une islamisation. Elles seront pleinement assurées dès les IXe-Xe siècles. Cependant, il reste encore aujourd'hui chez beaucoup de musulmans une attente eschatologique et messianique confuse de ce qui a présidé à la démarche des proto-musulmans sur Jérusalem et particulièrement de ce lieu où ils construisirent sur les ruines de l'ancien Temple le premier lieu d'adoration. Et aujourd'hui encore, même si l'espace est comme confisqué par l'islam, l'esplanade du Temple reste pour les juifs le lieu où Dieu doit, en son temps, manifester sa Gloire et où le Messie doit venir *« en son*

Sanctuaire », selon la prophétie de Malachie (3, 1). Quant aux musulmans, ils tiennent à investir et à tenir *l'esplanade des mosquées*, pour les mêmes raisons, même si ce n'est pas de la même manière ni selon une connaissance précise des prophéties bibliques. Mais, comme l'annonce le prophète Zacharie (14, 16), « *il arrivera que tous les survivants de toutes les nations qui auront marché contre Jérusalem monteront année après année se prosterner devant le roi Adonaï Tsevaot et célébrer la fête des Tentes (soukkot)* ».

L'islam avant l'Islam

Finalement, c'est tardivement que l'islam fait son apparition selon les traces conservées dans la littérature du temps ou parmi les restes archéologiques (pièces de monnaies 'ummayades, inscriptions et calligraphie...) à partir de la seconde moitié du VIIIe siècle. Il faudra près de trois siècles à l'islam, après la disparition de *Muhammad*, pour s'imposer comme nouvelle religion et système politico-religieux. Mais alors, qu'en est-il de la période précédente qu'habituellement on situe entre la fin du VIe siècle et la première moitié du VIIe siècle ? D'où vient l'islam avant qu'il ne se nomme sous cette appellation ?

Notre approche a déjà laissé entrevoir qu'une construction de l'Histoire de l'Islam est tardive et qu'une lecture de la période préislamique ou plutôt proto-islamique sera faite selon les nécessités et les impératifs des pouvoirs califaux qui en définiront les contours. Ainsi, les origines géographiques et patronymiques d'une part, le prophétisme de *Muhammad* et le Livre Saint du Coran d'autre part, seront affirmés comme des évidences. Mais la construction de cette préhistoire de l'islam n'est pas totalement arbitraire et sortie du néant. Depuis de nombreuses années, des chercheurs tentent de mettre à jour les *Fondations de l'islam, entre écriture et histoire*, comme l'écrit avec tant de précision et de méthode le professeur Alfred-Louis de Prémare dans son ouvrage en 2002[1]. Une thèse de doctorat d'État vient enrichir et compléter ce tableau : *Aux origines de l'Islam*, du P. Edouard-Marie Gallez en 2005, comblant un vide que la légende avait submergé et que ce chercheur déblaie avec la patience de l'archéologue pour laisser apparaître des fragments cachés de l'Histoire enfouie. Nous ne prétendons pas apporter quelque chose d'inédit, mais seulement ressaisir ces éclats de la vérité historique qui pourront alors nous permettre d'avancer, je l'espère, sans confusion ni compromis dans la connaissance réciproque pour un dialogue plus serein.

D'où vient donc l'islam ? Quelles sont ses origines, celles d'un proto-islam ? Qu'en est-il réellement de La Mecque, Médine, ces lieux saints de l'islam et de leurs origines ? Il nous faudra aussi nous poser la question du personnage de *Muhammad*, de même que nous nous interrogerons sur les origines du Coran.

La Mecque entre légende et réalité

Les origines de La Mecque, comme l'histoire le démontre, nous venons de le voir, sont plus récentes que ce que l'historiographie islamique prétend généralement, elle qui est devenue la référence obligée de toute écriture des origines de l'islam jusqu'à récemment chez les orientalistes. L'Islam n'est pas né comme un ensemble prédéterminé depuis la fin du VIe siècle avec la venue d'un homme qu'on appellera *Muhammad* ou *Ahmad* autour des années 570 dans le désert d'Arabie et dans cette contrée aride de

1. Notons aussi une autre publication de A.-L. de Prémare, *Aux origines du Coran*, Éd. Téraèdre, collection : *L'islam en débats*, juin 2004.

La Mecque. C'est sous la période ‘umayyade, donc plus d'un demi-siècle après la mort présumée de *Muhammad*, que l'histoire des origines va commencer de s'écrire au gré d'événements tumultueux de cette période et même de guerres fratricides. Reconstituer l'histoire n'est pas une mince affaire après tant de manipulations, dont d'ailleurs Patricia Crone écrit :

> « Il est supposé habituellement que les *conteurs* [c'est-à-dire les commentateurs musulmans] ont ajouté simplement quelques légendes et fables à une tradition fondamentalement valide qui existait déjà, peut-être en la déformant dans une certaine mesure, mais globalement sans causer de dommages tels qu'on ne puisse les réduire simplement. C'est une grosse sous-estimation de leur contribution… La tradition fondamentalement historique à laquelle ils sont supposés avoir ajouté simplement leurs fables n'existe pas. C'est parce que les conteurs ont joué un tel rôle dans sa formation qu'il y a si peu d'historicité en elle.
> Vu qu'un conteur en suivait un autre, le souvenir du passé se réduisait à un stock commun d'histoires, de thèmes et de motifs propres à être combinés ou recombinés dans une profusion de faits apparents. Chaque combinaison et recombinaison générait alors de nouveaux détails et, dans la mesure même où des informations fausses s'accumulaient, de l'information authentique était perdue [1]. »

Et A.-L. de Prémare d'écrire à son tour :

> « La grande majorité des premières narrations à intention historique ne nous est parvenue de façon organisée que dans des ouvrages tardifs, datant d'au moins deux siècles après 632 [11 H], date assignée à la mort du prophète de l'islam. »

Et de nouveau, il ajoute pour les chercheurs d'aujourd'hui :

---

1. Patricia CRONE, *Meccan trade and the rise of Islam*, Oxford, Blackwell, 1987, p. 225.

« Faute de données externes suffisantes et faute de vouloir considérer celles qui existent, bien des chercheurs se limitent au matériel islamique traditionnel tel qu'il se présente à eux. Ils sont contraints d'entrer dans le jeu des clercs musulmans d'autrefois ; ce sont ceux-ci, en effet, qui en ont sélectionné et compilé les éléments selon l'idée qu'ils voulaient donner des origines de leur communauté et de la vie de leur prophète. Les chercheurs tendent, par conséquent, à en épouser les méthodes de vérification, alors que celles-ci sont conditionnées par la nature du matériel mis en place [1]. »

Dans un tel contexte, que dire de cette cité commerçante en plein désert qui aurait vu naître l'islam des origines ? Les *sîra-s* [2], ces chroniques tardives qui écrivent l'histoire à rebours, évoquent une cité opulente aux mains de la tribu puissante des *Quraysh* [3], carrefour pour les caravanes commerçantes du nord et du sud qui s'y croisent et, même, point d'appui d'un port tout proche (!) donnant sur la Mer Rouge, sans compter son Sanctuaire aux idoles qui attirerait voyageurs et pèlerins… C'est là que *Muhammad* aurait vu le jour et qu'une grotte (du mont *Hirâ'*), à quelques kilomètres de la cité bouillonnante, aurait été l'alcôve, témoin de ses visions et de ses transes prophétiques au cours desquelles l'ange *Jibrîl* (Gabriel) lui faisait réciter l'Écrit (*sûra*) comme un Signe (*âya*) de son Seigneur. Les citoyens et marchands étaient plus aux affaires qu'à écouter ce jeune illuminé vaticinant ces versets tombés du Ciel.

---

1. A.-L. de Prémare, dans *Les fondations de l'Islam*, p. 12 et p. 27. Et p. 101, note 42, l'auteur précise que La Mecque est absente du texte coranique.

2. A.-L. de Prémare écrit, à propos des *sîra-s*, dans *Les fondations* p. 16-17 : « Il s'agirait de relations livrées sur la commande du pouvoir politique… recensions remaniées souvent variables et parfois divergentes… à partir du IXe siècle et au-delà » ou « un mode d'écriture qui est beaucoup plus une forme d'expression littéraire que le support de documents d'histoire ».

3. A.-L. de Prémare dans *Les fondations de l'Islam*, ch. 3 de la 1re partie : *La saga des Quraysh*, p. 57 et s.

Pourtant, les chroniqueurs nous assurent que la Ka'ba de La Mecque avait été fondée et édifiée par *Ibrâhîm* et son fils *Ismaîl*. Et même plus tard, on y situera le sacrifice d'Ibrâhîm et qui se perpétue jusqu'à aujourd'hui lors du pèlerinage annuel. Les Mecquois auraient-ils oublié le culte au Dieu unique du Patriarche, en ce lieu prétendument si chargé de mémoire ? Ainsi donc, aujourd'hui, l'Envoyé de Dieu viendrait, à juste titre, rétablir ce culte oublié et qui avait été détourné de l'adoration d'une prosternation sacrée.

La difficulté, concernant La Mecque comme cadre d'événements que nous venons brièvement de rappeler, est d'autant plus grande que son nom ne figure pas dans le Coran. La Bible, de son côté, situe les événements abrahamiques sur le site actuel de Jérusalem. Cette omission du nom de La Mecque dans le Coran n'est pas anodine. Que cache-t-elle ? Nous avons vu plus haut que c'est à l'époque 'umayyade que le site sera choisi à la suite de tensions internes chez les proto-musulmans et afin d'avoir un lieu de référence indiscutable. Mais pour authentifier le site, il fallait bien faire appel à la figure de l'Abraham biblique qui, pour les besoins de la cause, est une figure comme hors du temps, voire anhistorique, mais qui peut convenir en la circonstance et être revendiquée par l'islam. En effet, le premier *soumis* devient le premier *musulman* : dans la sourate *al-'Imrân* 3, 67 : « Abraham n'était ni un juif ni un nazaréen. Mais il était un ancien païen (*hanîf*) soumis (*muslim*). Et il n'était point du nombre des associateurs. » C'est pourquoi la ka'ba de La Mecque sera aussi appelée « le lieu d'Abraham » (*makâm Ibrâhîm*) qu'Allah appelle à relever de ses ruines (s. 2, 125) et on peut lire aux versets 127-128 : « Lorsque Ibrâhîm et Ismaîl élevaient les assises de la maison, [ils dirent] : "Ô notre Seigneur… fais de nous tes Soumis et de notre descendance une umma (matrie-communauté) soumise à Toi." » Comme pour le Dôme de Jérusalem, la *ka'ba* de La Mecque revendique une abrahamisation avant une mohammadisation du site, selon un processus historique, maintenant connu, d'un transfert d'un lieu d'adoration à l'autre et d'un personnage à l'autre.

Cet établissement progressif de l'idéologie ou de la légende explique la mise en place des différents éléments qui établiront l'*islâm* avec ses lieux de référence, ses personnages-clés, aux dépens d'une réalité historique, laquelle finit par disparaître à l'horizon de l'Histoire ou dans les sables mouvants de la mémoire. Cependant, les chercheurs ne se sont pas laissé arrêter par ces difficultés. Aujourd'hui, leur travail patient laisse apparaître des évidences et des manipulations de l'Histoire, en montrant un passé reconstruit pour les besoins de la cause à l'époque des califes qui ont retraité alors l'ensemble des données.

Selon Patricia Crone, dans son ouvrage[1] sur *La Mecque*, après avoir remarquablement passé en revue toutes les hypothèses, tant à partir des chroniques préislamiques que de celles de la période qui nous intéresse, l'évidence saute aux yeux: « La Mecque ne se situait pas sur la route de l'encens, encore moins au croisement de toutes les routes commerciales majeures en Arabie. Elle n'était pas un but de pèlerinage. Elle n'était pas un lieu saint, et si elle l'était, les Quraychites n'en étaient apparemment pas les gardiens. » Et d'ajouter (p. 185): « Le statut sacré de La Mecque a dû être islamique plutôt que préislamique. » Régis Blachère, bien plus tôt, est déjà affirmatif: « Sur le berceau proprement dit de l'Islam, sur le Hedjaz et La Mecque, sa ville sainte, au VIe siècle, nous n'avons d'autres sources que les données des logographes musulmans[2]. »

En effet, même si certaines traditions prétendent que Dieu créa la ka'ba avant la terre et qu'elle vint se poser sur

---

1. Patricia Crone, *Meccan trade and the rise of Islam*, Oxford, Basil Blackwell, 1987, p. 196.

2. Régis Blachère, *Le problème de Mahomet*, Paris, PUF, 1952, p. 14.

les lieux actuels prédestinés, désignant ainsi pour les siècles à venir la Cité future de La Mecque, et qu'Abraham la restaura, il n'empêche que l'Histoire et les témoignages attestent que, jusqu'au XVIIe siècle, il ne s'agit que d'un édifice fragile dans une région aride, impropre à la vie et à l'activité d'une cité commerçante importante. Des précipitations, comme souvent dans le désert, emportèrent plusieurs fois l'édifice et notamment en 1620. Le sultan Ottoman *Mûrâd IV* « ordonna des restaurations massives qui s'achevèrent en 1631 ». Il faudra en fait attendre le XXe siècle pour aménager cet endroit si mal choisi et pour maîtriser les eaux d'écoulement et un flot important de pèlerins.

En effet, la ka'ba se situe dans un creux de vallon où se précipitent les eaux de pluie. Le seul verset coranique qui pourrait évoquer La Mecque est celui de la sourate *al-fath* (la victoire) mentionnant un creux de vallon ou un val encaissé (*bi-bat'ni makka*)[1] (s. 48, 24), d'où « la vallée de Makka » (que l'on traduit abusivement par *La Mecque*). Ce nom est devenu celui de la ville actuelle, située dans un vallon. C'est la seule mention dans le Coran de ce substantif qui fait problème aux commentateurs, mais lu aujourd'hui comme un nom de lieu. Aucun document de la période préislamique, comme de celle antérieure aux califes, ne fait mention de La Mecque. Ce verset 24 n'y fait, sans doute, pas davantage allusion ou alors à une situation qui nous échappe[2] totalement. Mais après le repérage du site et les constructions qui demanderont plusieurs siècles

1. La traduction littérale du verset devrait être : « C'est lui qui a écarté leurs mains de vous et vos mains d'eux *par le creux makka* après vous avoir donné succès sur eux. » Le verset et le contexte de la sourate fait peut-être référence à un conflit sur un lieu dit *Makka* ! Ce n'est qu'une hypothèse parmi d'autres. Mais il est certain que nulle part ailleurs, le Coran ne mentionne ni le mot ni la cité de La Mecque.

2. Cf. E.-M. Gallez, *op. cit.*, t. 2, p. 297-305.

avant d'arriver à la Ville d'aujourd'hui, en plein désert, les interprétations et les traductions modernes reconnaissent La Mecque de toujours et veulent lire nombre de passages du Coran en induisant le contexte mecquois. C'est le cas de beaucoup de traducteurs qui éprouvent le besoin de dire qu'il s'agit de la *ka'ba* de *La Mecque*, même si le nom ne figure pas dans l'édition en arabe, comme d'ailleurs pour plusieurs autres situations auxquelles le Coran fait référence et qui n'ont pu s'y dérouler.

À moins que… De *makka* à *bakka*, il n'y a qu'un pas même s'il est difficile de les confondre. S'agirait-il une fois encore d'une étonnante confusion ? La sourate *al-'Imrân* (3, 96) évoque « la première maison (*bayt*) qui ait été édifiée pour les gens, c'est bien celle de *Bakka* bénie et une bonne direction pour l'univers[1] ». Kasimirski traduit *bayt* par Temple. Cette maison d'adoration (*bayt al-harâm*) est aussi celle qui a été détruite et sur laquelle pleurent les pèlerins qui montent vers la Maison du Seigneur. Le Psaume 84 (6-8) note ce lieu (*baka*, en hébreu) proche de l'actuelle porte de Jaffa, dernière étape avant d'atteindre l'esplanade du Temple, et qui a pris le nom de *« la vallée des larmes »* ou de *« l'arbre pleureur »* (le Baumier) car les juifs pleuraient alors sur Jérusalem et surtout sur la destruction du Temple[2], comme Jésus lui-même (cf. Lc 19, 41), prophétisant la destruction

---

1. La traduction de Muhammad HAMIDULLAH prend soin de préciser en note, sans expliquer ni justifier et sans traduire le terme, que *Bakka* (le seul passage du Coran où l'on rencontre ce mot) c'est bien La Mecque !

Mais il faut reconnaître que plusieurs expressions et termes employés dans ce passage du Coran semblent évoquer un contexte liturgique syro-araméen, confirmant l'hypothèse avancée d'un autre contexte que l'interprétation qu'en donnent aujourd'hui les commentateurs du Coran.

2. Certes, à l'époque de Jésus, le Messie, les Juifs pleurent la destruction de la première *Demeure*, en 586 avant J.-C. Mais, au VIIe s., cette lamentation se continue pour le Temple, détruit par les Romains en 70 après J.-C., par tous ceux qui aiment Jérusalem et attendent la manifestation du Messie.

du Lieu saint, en raison de son rendez-vous manqué avec le peuple juif. Si le Coran évoque *bakka*, ces pleurs ne sont-ils pas ceux des pèlerins qui montent à Jérusalem vers le Temple, aujourd'hui détruit, la Maison du Seigneur, devenue la Maison des pleurs ? En effet, elle joue aussi un rôle particulier dans l'attente et la venue du Messie. Ne serait-ce pas plutôt de ce côté qu'il faut chercher une évocation de ce terme sans signification de *makka* alors que celui de *bakka* est relié à une tradition établie et sûre à Jérusalem ? Une fois de plus, le Coran témoigne par lui-même que le centre d'intérêt, même à l'époque de sa rédaction, est plutôt Jérusalem que le site de La Mecque, qui ne prendra de l'importance que bien plus tard, lorsque l'Islam aura besoin de s'identifier à des origines indiscutables, mais qui ne peuvent appartenir à l'Histoire.

Le retour de l'Histoire

Si nous avons été tardivement égarés en regardant du côté de La Mecque qu'aucun géographe et chroniqueur, jusqu'au VIIe siècle, ne mentionne, d'où vient alors l'islam ? Vers où se tourner ? Quels événements ont-ils pu se produire pour que cette fin de VIIe siècle soit le théâtre imprévu, d'une expansion aussi rapide qu'inattendue, des armées de l'islam qui porteront la religion d'*Allah* jusqu'à l'extrême Occident, jusqu'en Inde et aux portes de la Chine ?

Aujourd'hui, la recherche[1] s'invite dans ce système réputé impénétrable et confronte l'histoire à l'Histoire, celle

---

1. Certes, la recherche est encore embryonnaire, mais elle est sortie de la frilosité des décennies passées. Les travaux de Patricia Crone et Michael Cook aux USA, d'Alfred-Louis de Prémare et Antoine Moussali, d'Édouard-Marie Gallez en France, et d'autres, au Liban, en Allemagne et en Grande-Bretagne, qui travaillent avec minutie dans l'ombre, contribuent et contribueront à éclaircir l'horizon de l'histoire des débuts de l'Islam.

que nous livrent les sources non islamiques, les découvertes archéologiques, les manuscrits oubliés, l'étude minutieuse de la langue et de son écriture, la confrontation des sources… L'histoire des débuts de l'islam a du mal à résister à ce processus quasi chimique de la critique historique, et à ne pas s'effriter comme un château de sable. Mais suffira-t-il ? En effet, le fond historique, lui-même, a du mal à émerger, tant la construction que nous connaissons depuis des siècles n'est qu'un amoncellement de contradictions, de productions multiples et complexes venues au secours de pouvoirs, qui se sont servis de l'Islam comme d'une garantie céleste, certifiée conforme aux yeux d'une opinion crédule. Même A. Charfi s'insurge : « Détournés de la réalité, les éléments historiques ont été souvent incorporés à la légende[1]. » Effectivement, qu'en reste-t-il ? Mais aujourd'hui, ces mêmes pouvoirs des pays islamiques voient cette garantie se retourner contre eux à travers le fanatisme et le radicalisme politico-religieux. Et pourtant, inlassablement, la recherche s'approfondit, espérant trouver des indices qui nous mèneront, peut-être, aux sources de l'islam ? Et si l'on y parvient, en quoi cela changera-t-il la réalité de l'islam contemporain, vécu par plus d'un milliard d'êtres humains ? Au moins, les travaux des chercheurs pourront-ils rendre aux musulmans leur histoire avec plus de vérité. Ils pourront également mettre en relief le divorce entre la réalité humble de l'histoire et le vécu historique de l'islam. Celui-ci n'est souvent plus que l'apparence du mythe islamique qui s'appuie aujourd'hui largement sur des bases insaisissables.

En fait, ne faudrait-il pas chercher, non pas en aval mais en amont, les preuves des fondements de l'histoire des débuts de l'islam ? C'est-à-dire, non des preuves *a posteriori*, comme celles des pouvoirs califaux et islamiques

---

1. Abdelmajid Charfi, *L'islam entre le message et l'histoire*, Éditions Albin Michel, dans la collection *L'islam des lumières*, 2004, p. 35.

qui avaient besoin de se justifier, mais des preuves aidant à la compréhension des origines de l'islam. Cette approche pourrait découvrir d'autres perspectives et peut-être apaiser les tensions d'un Islam durci, voire sclérosé sur ses positions politico-religieuses du passé, dans un monde moderne qui a de plus en plus de mal à maintenir cette association. Pourra-t-on alors, un jour, écrire sans tabou la véritable histoire des débuts de ce mouvement qui a conduit à l'Islam et à tout son déploiement ?

Osons le croire ! Car chercher la Vérité sera certainement libérateur. Nous allons poursuivre notre investigation, commencée de manière surprenante, avec l'histoire réelle de La Mecque qui correspond si bien à sa légende ; presque un *Disneyland* en plein désert ! Aussi, avant d'aborder le statut de Médine (*Al-Madîna*), il nous faut remonter encore plus avant. Le proto-islam ne naît pas *sui generis*. Il s'inscrit, comme le mettent à jour les recherches actuelles, dans un contexte particulier de l'évolution du judéo-christianisme des débuts de l'ère chrétienne et de bien d'autres courants, provoqués par les bouleversements de la fin de l'ère précédente et du 1er siècle de celle-ci.

Si les débuts de ce proto-islam n'ont pu se dérouler dans cette région du Hijâz, d'où vient-il ? Où donc a-t-il pu naître et trouver un appui et un contexte favorables, pour ensuite prendre un tel développement ? Les bouleversements, survenus particulièrement avec la mort du Christ, puis quelque quarante ans plus tard avec la prise de Jérusalem et la destruction du Temple par Rome en l'an 70, vont d'une part susciter, chez beaucoup de juifs et de judéo-chrétiens, le scandale, l'incompréhension et la révolte et d'autre part attiser la flamme messianiste, voire apocalyptique, comme souvent en de telles circonstances. Les révoltes juives successives, qui avaient pour modèle celle des Macchabées en 166 avant J.-C., vont se succéder jusqu'à celle de Bar

Kokhéba (*fils de l'étoile* : un titre messianique) entre 131 et 135 après J.-C. Leur anéantissement et la destruction de Jérusalem en 134, qui change de nom et devient *Aelia Capitolina* (*Iîliyâ'* dans les sources arabes), réveillent un zèle de reconquête aux élans messianistes.

Le messianisme de ces mouvements s'est éloigné de celui des prophètes et de l'attente des *anawim* ; il ressemble beaucoup plus à celui des zélotes qui se développera dans les révoltes juives. Quant à la dimension apocalyptique de ces mouvements, elle est à comprendre dans son sens étymologique. Mais comme le messianisme, les mouvements apocalyptiques recouvrent différentes réalités. D'un côté, le terme signifie dévoilement ou encore révélation comme l'indique l'écrit du même nom de saint Jean, en ce sens que Dieu se révèle et révèle son plan de salut et souvent à travers des images et des scènes propres à frapper l'imaginaire. D'un autre côté, certains, tout en accordant leur confiance à Dieu, Maître de l'à-venir, envisagent de Lui prêter main-forte pour faire advenir plus tôt son plan. Et s'il le faut, ils useront de la violence, même au Nom de Dieu, qui viendrait du même coup justifier cette « Apocalypse » que notre monde contemporain a surtout retenue. En couplant messianisme et apocalypse de cette manière, des mouvements justifieront leur radicalisme ou même la raison d'État et des formes guerrières ou terroristes.

Cependant, la force militaire a été défaite par les armées de la puissance romaine. La résistance n'est pas limitée à la diaspora orientale juive et judéo-chrétienne. Il s'agit de reconstituer les communautés autour du Message biblique et en particulier des prophètes de l'eschatologie. C'est ainsi que nombre de groupes gnostiques, hérétiques ou s'appuyant sur des écrits apocryphes ou sur les nouveaux maîtres du moment vont éclore et se développer avec plus ou moins de longévité. Certains d'entre eux vont émerger et réussir à rassembler les déçus du judaïsme traditionnel et du christianisme orthodoxe, puis à les galvaniser autour de doctrines simples et séduisantes. Ainsi, certains fidèles se reprennent à espérer et se préparent, par la reconquête de la Terre, au retour du Messie-Jésus.

Les récentes recherches et études sur Qumrân vont mettre à jour un trésor inattendu de documents, mais en même temps démythiser l'engouement que sa découverte avait suscité chez certains chercheurs depuis cinquante ans. Un foisonnement de courants de formes et de doctrines apocalyptiques et messianistes nous a laissé une documentation abondante, mise à l'abri dans ces grottes de la Mer Morte. Ces doctrines et les événements du 1er siècle conduiront certains groupes à se mobiliser autour d'une espérance messianiste et de reconquête par la force, d'autres élaboreront de nouvelles doctrines qui mixent des éléments du judaïsme et certains aspects de la doctrine chrétienne mais déviante et enfin d'autres d'inspiration gnostique. Ces nombreux courants, dont beaucoup disparaîtront dans les décennies ou siècles à venir, même s'ils réapparaissent périodiquement au long de l'Histoire et sous diverses formes, montrent l'effervescence et l'attente qui animaient cette époque troublée dont d'ailleurs les Apôtres Pierre et Paul, ainsi que Jean, témoigneront dans leurs écrits respectifs. Mais des éléments importants distingueront l'Église apostolique de ces courants. Pour ces derniers, il s'agit de prendre en main son destin soit par la force (les messianistes) soit par la connaissance accessible à une élite (les gnostiques).

Les Pères de l'Église nous laisseront, même avec parcimonie, des indications intéressantes sur les ambitions, les appuis de l'un de ces groupes qui fleurissent avec tant d'autres dans les premiers siècles de notre ère. Jean Daniélou mentionne, dans son *Histoire de l'Église*, ce courant des Ébionites, mais semble en perdre assez vite la trace. Saint Irénée (évêque de Lyon entre 177 et environ 200) est le premier à les mentionner dans son *Contre les Hérésies*. Plus tard, saint Jérôme (347-420), lors de ses échanges avec saint Augustin (355-430), décrit leur doctrine et certaines de leurs pratiques. Qui sont donc ces prétendus Ébionites dont la vie de communautés et la doctrine ont perduré, selon des études récentes, bien au-delà des trois premiers siècles et jusqu'au début du VIIe siècle ?

Prêtres et moines nazaréens

Les Ébionites, dont la racine araméenne signifie « pauvres », ne sont pas les disciples d'un certain Ébion, comme l'affirme Tertullien (157-225), mais, tout simplement, la façon dont les Nazaréens se percevaient eux-mêmes, comme un mouvement de « pauvres ». On leur a donné ou ils se sont donné cette « étiquette ». Ils s'affirment comme un courant d'ex-judéo-chrétiens qui ont réinterprété la révélation judéo-chrétienne dans un sens politico-messianiste ; ils prient tournés vers Jérusalem, s'abstiennent de vin, mais espèrent un jour, au paradis, jouir des plaisirs qu'ils se refusent sur cette terre. S'ils croient à la naissance miraculeuse de Jésus, le Messie, ils ne croient pas qu'il soit Dieu ni qu'il ait été véritablement tué... Ils prônent l'extermination des ennemis de Dieu, convaincus qu'ils sont d'être les sauveurs du monde.

Épiphane (315-403), évêque de Salamine, évoque *l'évangile aux Hébreux*, utilisé par les Ébionites, d'inspiration matthéenne, mais un « évangile » mutilé, juge-t-il. Saint Jérôme, dans une lettre à Augustin d'Hippone, écrit de ceux-ci, qu'il nomme Nazaréens, qu'ils « ne sont ni juifs ni chrétiens[1] », en dépit de leur prétention. Cependant, les auteurs ecclésiastiques

---

1. JÉRÔME, *Lettre 112 à Augustin.*

des premiers siècles utilisent indistinctement les deux appellations. Ce n'est qu'à partir du IVe siècle que l'appellation de Nazaréens s'imposera.

La recherche actuelle tente de remettre en lumière ces groupes et courants qui ont constitué l'effervescence, voire la richesse, mais aussi la complexité de cette époque (IVe au Xe siècle). Ils ne sont d'ailleurs que la résultante d'une attente messianique déjà très forte avant la venue du Christ. De nombreux manuscrits anciens, dont certains furent découverts dans les grottes de Qumrân, attestent cette fièvre messianiste. Ils serviront plus tard de référence à la dissidence messianiste des débuts de l'ère chrétienne. Or, il semble bien qu'il faille chercher parmi ces groupes, disparus aujourd'hui, les fondements premiers de ce qui deviendra plus tard l'Islam. Seules ont survécu, dans les bouleversements de cette immense mosaïque orientale, les Églises chrétiennes les mieux structurées dans leur foi, leur liturgie et leur organisation. De son côté, l'Islam s'imposera, en devenant la motivation et pour ainsi dire l'arme essentielle du pouvoir politique sacralisé par la dimension religieuse. Effectivement, toutes les mouvances religieuses minoritaires s'évaporeront, disparaîtront ou seront assimilées dans une nouvelle répartition des grandes influences géopolitiques et religieuses du moment.

Cependant, le contexte religieux du Proche-Orient, au tournant du VIe et VIIe siècle, qui est celui autour duquel apparaît la figure de *Muhammad*, est bien celui d'un monde en pleine effervescence religieuse. La christianisation marque profondément cette mosaïque du Proche et Moyen-Orient. On ne compte plus les grandes écoles chrétiennes, avec leurs bibliothèques comme Nisibe, Édesse ou Ctésiphon, et souvent des monastères comme Saint-Serge en Syrie dont le rayonnement spirituel était considérable. De grands noms marquent aussi cette période, qu'il s'agisse de moines ou d'évêques, prêtres ou diacres: Sophrone de Jérusalem [1], Maxime le Confesseur, Jean de Damas, Ephrem le Syrien ou plus tard Jacob, évêque d'Édesse, etc. Une très grande partie de la population arabe et même de tribus encore attachées à des traditions nomades a été touchée par la propagation du christianisme. Certes, l'évangélisation ne semble pas avoir progressé en profondeur autant qu'en extension. Le caractère social de la religion et son facteur de cohésion, pour une population donnée, assuraient l'unité politique d'un peuple, si bien que la différence ethnique ou l'opposition politique pouvaient s'exprimer par l'adhésion à l'arianisme, au monophysisme ou à toute autre déviance doctrinale pouvant assurer cette différenciation.

Dans ce contexte bouillonnant proche-oriental, tandis que se forment les débuts de ce mouvement des *muhâjirûn* [2] (appelé ainsi après à l'exode à *Yathrib*), apparaît une figure inattendue, mais peut-être bien révélatrice du milieu dans lequel s'est forgé le nouveau courant. En effet, la tradition conserve le nom d'un certain Waraqa Ibn Nawfal, désigné comme prêtre chez les Nazaréens [3]. Plusieurs chercheurs, tel R. Arnaldez, l'identifient comme proche parent de

1. Christoph von Schönborn (aujourd'hui cardinal-archevêque de Vienne), *Sophrone de Jérusalem. Vie monastique et confession dogmatique*, Paris, Beauchesne, 1972.

2. A.-L. de Prémare, *Les fondations de l'islam*, p. 36: « Pour désigner les Arabes musulmans, les auteurs syriaques durent alors ajouter un terme nouveau à leur vocabulaire, celui de *Mahgrâyê* ; ils distinguaient par cela ces conquérants, d'un type nouveau, des Arabes qu'ils connaissaient, qu'ils fussent chrétiens ou non. Ce vocable est probablement issu du terme *muhâjirûn* qui appartenait au vocabulaire des conquérants. »

3. Selon Joseph Azzi, dans son ouvrage paru en français, *Le prêtre et le prophète : aux sources du Coran*, traduit par Salina Morsy et édité par Maisonneuve & Larose (2001).

Muhammad [1] ou encore de la tribu des Quraysh : « Parmi les Arabes qui sont devenus nazaréens, il y a un groupe de Quraysh… parmi eux figurent… et Waraqa ibn Nawfal ibn Assad[2]. » On le dit lettré en hébreu et en arabe ; il transmit même à son parent un « évangile hébreu » qui était celui des Nazaréens. « Le prêtre Waraqa écrivait le Livre arabe. Il écrivait de l'Évangile en arabe ce que Dieu voulait qu'il écrive[3]. »

Cette secte nazaréenne a intégré, vers la fin du VIe siècle, des éléments de populations arabes, grâce aux traductions de ce prêtre Waraqa. Elle conserve l'essentiel de la *Thora* et un évangile, appelé *l'évangile aux Hébreux*, inspiré de la version araméenne de Matthieu, revue et corrigée pour les besoins de la secte, et influencée par les Ébionites[4] et des courants de type messianique et eschatologique. En effet, Waraqa aurait rejoint le groupe des « Nazaréens » avant même les commencements historiques de l'islam et se trouverait être le transmetteur d'un *coran* (lectionnaire) auprès de son parent dont il aurait célébré le mariage avec Khadîdja (*Hadîja*), sa cousine. Tout laisse donc à penser qu'à cette époque, début du VIIe siècle, celui que l'on nommera *Muhammad* adhère à la secte des Nazaréens. D'ailleurs, l'étude du Coran actuel semble bien en porter les traces qui, bien sûr, seront retravaillées et surtout réinterprétées par les « collecteurs » tardifs du Livre de l'islam, comme nous le verrons plus loin.

Les termes d'ébionites et de nazaréens ont été souvent utilisés l'un pour l'autre, mais aussi, dans le temps, ont fini

---

1. Roger ARNALDEZ, *Le Coran. Guide de lecture, Religions et culture,* Paris, 1983, p. 9.

2. AL-YA'QÛBÎ, *Histoire*, cité par J. AZZI dans *op. cit.*, p. 29.

3. MUSLIM, *Sahîh*, cité par J. AZZI dans *op. cit.*, p. 40.

4. E.-M. GALLEZ, dans *Aux origines de l'Islam. Le Messie et son prophète* – t. 1, 1.6.3., p. 268 et s., démontre que *ébionites* et *nasâra* ne sont qu'une seule et même tradition qui va constituer historiquement le proto-islam dont, non seulement, il s'inspire, mais dont il hérite fondamentalement et de manière directe.

par désigner des réalités multiples. Cependant, celui de nazaréen semble bien désigner ce mouvement messianiste, issu de celui des ébionites, et non les chrétiens comme trop souvent, aujourd'hui, nous l'entendons, induisant un glissement erroné dans l'interprétation des textes. Il sera le berceau des commencements de ce qu'on appellera plus tard l'islam. Il fleurit dans cette période des VIe, VIIe siècles dans les régions syriennes. Même si l'on ne connaît pas son importance, l'accueil de populations arabophones va donner aux communautés d'origine, souvent de langue araméenne ou syriaque, un nouvel élan que la suite des événements confirmera.

Avant de poursuivre, terminons cette évocation des nazaréens par ce que dit le Coran de ces prêtres et moines qui sont les meilleurs et les plus humbles parmi les personnes fréquentables : « Il y a parmi eux [les *nasâra*] des prêtres et des moines (*ruhbân*) et ils ne s'enflent pas d'orgueil. » (s. 5, 82c) Dans ce passage, le Coran est témoin, de manière très complexe, d'abord de la proximité des nazaréens dont des prêtres et des moines, mais aussi de conflits qui agitent l'*Umma*, quant à la position qu'elle est appelée à prendre, tant vis-à-vis des juifs que des *associateurs* (c'est ainsi que sont désignés les chrétiens) « qui sont ennemis acharnés des croyants », c'est-à-dire des nazaréens et « émigrés ». Selon ce verset, la rupture entre nazaréens et proto-musulmans n'est pas encore consommée, comme elle le sera à partir de l'instauration de l'État de Médine.

Médine ou la nouvelle Jérusalem

L'épisode de Médine, dans l'histoire des débuts de l'Islam, marque certainement une étape décisive de l'évolution de ce mouvement des nazaréens, qui, jusque-là, s'est cantonné dans les régions syriennes et, en partie, dans celles d'Anatolie et de l'Irak actuels, et, certainement aussi, dans la province de Palestine, puisque leur objectif restait de reprendre Jérusalem. Comme nous l'évoquions, avec l'arrivée des Arabes et en particulier « de leur chef » (tout laisse à penser qu'il s'agit ici de la figure de celui que l'histoire retiendra sous le nom de *Muhammad*), le mouvement messianiste des nazaréens se double d'une branche armée, prête à des actions ponctuelles de razzias ou de guérillas, pour hâter le retour du Messie et l'instauration de son autorité sur Jérusalem. Cependant, le contexte géopolitique de l'heure ne permet pas cette (re-)conquête aussi facilement que l'idéologie Nazaréenne le laissait supposer. Plusieurs tentatives semblent s'être soldées par des échecs. C'est le cas en 614, lorsque les Perses reprennent Jérusalem et en donnent l'administration cultuelle aux juifs et non aux nazaréens, qui pourtant les ont accompagnés dans cette campagne, mais ont aussi participé aux massacres de chrétiens.

Ainsi, apparaissent alors au sein du mouvement une nouvelle stratégie et son adaptation idéologique, dirait-on aujourd'hui. Pour reconquérir la Terre, il faut d'abord s'en éloigner, refaire l'exode biblique : sortir d'un monde corrompu qui tient en échec le plan divin, pour se retirer au désert et constituer la Communauté (l'*Umma*) qui accomplira le plan de Dieu. C'est cet exode (*hijra*), que firent *Muhammad* et ses compagnons nazaréens, que l'on appellera désormais les « exodés » (*muhâjirûn,* ceux qui feront l'*Hégire*), vers 622 après J.-C. En effet, à cette époque, aucun document ne mentionne encore les musulmans, mais seulement les « exodés » ou émigrés. La venue de *Muhammad* sur *Yathrib*[1], si elle ressemble fort à un *remake*

1. *Yathrib* prendra plus tard le nom de *al-Madîna*, la ville du Prophète, où il établit le pouvoir du nouveau mouvement de ceux qui ont fait la migration (*muhâjirûn*) et de l'*Umma*. Cette « ville » ou fédération de bourgades (dont *Yathrib*) devient symboliquement la base stratégique et politique en vue des

de l'Exode de la Bible, en est très différente. Cependant, le Coran garde mémoire de cette (re-)conquête de *la Terre* comme un but immanquable: « entrer dans la terre que Allah vous a prescrite » (s. 5, 21). De nombreuses autres allégations coraniques[1] viennent renforcer ces perspectives du mouvement qui se structure à Yathrib en vue d'un exode vers la Terre (de Palestine). Plus tard, ce repli sera interprété comme l'origine de l'ère nouvelle d'un salut eschatologique, toujours centré autour de la Terre, de Jérusalem et du Temple (*ka'ba* non encore reconstruite) et deviendra l'an 1 de l'Hégire[2] (*hijra*).

Cependant, les véritables raisons de ce repli sont aujourd'hui très difficiles à percevoir et tout autant ce qui aurait pu les motiver. Par ailleurs, l'identification du lieu, aujourd'hui connu comme la ville du Prophète, Médine, à quelque cinq cents kilomètres au nord de La Mecque, pose beaucoup de questions sans réponse, car aucun élément historique et géographique convaincant ne permet de retenir ce lieu de préférence à d'autres du même nom (*Yathrib*), signalés également par les chercheurs[3]. Les

---

conquêtes. L'origine du nom de *al-Madîna* reste un sujet de débat, car selon Gallez, il pourrait s'agir d'un transfert de nom biblique (*Modîn*) attribué à l'oasis de Yathrib (cf. *Le messie et son prophète*, t. 2, annexe E, p. 483).

1. Cf. s. 5, 20-26; 21, 105; 7, 128 ; 19, 40 ; 33, 27.

2. Ce n'est que sous le califat de 'Umar (entre 637 et 639) que l'on choisit l'émigration sur *Yathrib* comme l'événement inaugural du nouveau mouvement.

3. A.-L. de Prémare souligne dans *Les fondations de l'islam*, p. 101 et s., toute la difficulté de situer *Yathrib* tant au plan géographique que selon le rôle qu'elle a réellement joué dans les débuts de l'Islam. « Tout ceci, écrit-il, met l'historien dans une position bien particulière relativement à la situation géographique du lieu même où, selon la charte..., s'est constituée la première *umma* de Muhammad associée à un certain nombre de clans juifs. Il n'a pour le moment aucune possibilité de confronter les sources arabes avec une quelconque information externe », p. 102.

sources islamiques parlent de Yathrib (s. 33, 13 : seule citation du texte coranique) et non d'abord de Médine qui n'est pas davantage citée par le Coran que sa rivale La Mecque. Le Coran évoque ce lieu comme un symbole : *umm al-qura* (la mère des villes [1], s. 6, 92 et 42, 7). Mais la plupart des commentateurs musulmans y voient, en fait, La Mecque, dont nous avons démontré qu'elle n'existait pas à cette époque. En effet, les émigrés venaient non du sud, mais du nord. En fait, il s'agirait pour d'autres chercheurs d'une expression qui ne désignerait même pas Yathrib, mais Jérusalem, surnommée par la Bible : « la Mère des peuples [2] ».

Avec qui *Muhammad* a-t-il fait l'émigration-*hijra* et qui l'a rejoint pour former avec lui une confédération, comme disent les chroniqueurs ? Les communautés nazaréennes ne semblent pas avoir réussi à s'imposer, malgré certaines tentatives pour prendre Jérusalem. Dans cette période (610-627), Héraclius, l'empereur romain (610-641), reprend pied en Palestine, défait les Perses et toute tentative insurrectionnelle, comme en 621. Les mouvements messianistes, comme les nazaréens, voient dès lors reculer le jour de la victoire. Le repli d'un groupe de nazaréens, avec leur chef de guerre, vers Yathrib (en 622) où un groupe du mouvement était déjà installé depuis longtemps, semble-t-il, devait permettre de reconstituer l'idéologie conquérante du mouvement pour assurer, avec la victoire, sa pérennité.

---

1. A.-L. de Prémare, *op. cit.*, p. 101, note 42, écrit à propos de « *Umm al-Madîna*, littéralement "Mère des villes d'al-Madîna"... On dit habituellement que cette "métropole" y désigne La Mecque. Elle peut bien mieux désigner Yathrib, qui figure une fois dans le Coran [33, 13-14], alors que La Mecque en est absente. De plus, La Mecque ne pouvait se prévaloir d'être la métropole d'un ensemble de groupements habités dans une zone agricole étendue, fertile et peuplée, car aucune vie agricole n'y était possible. »

2. Cf. Ps 87 et 122 et bien d'autres passages...

Les *sîra-s* parlent de tribus juives que *Muhammad* aurait trouvées en arrivant à Yathrib. A.-L. de Prémare remarque « le silence total des sources judaïques sur des communautés juives d'une ville du Hedjâz qui serait Yathrib [1] ». Nous avons vu que Yathrib n'est peut-être pas la cité à laquelle nous pensons aujourd'hui, en évoquant Médine, et qu'elle est peut-être plus proche du point de départ d'où proviennent les émigrés. E.-M. Gallez conclut d'ailleurs que c'est vraisemblablement d'autres nazaréens que les arrivants (« judéo-arabes [2] ») retrouvent, et non des juifs, puisqu'ils sont en conflit avec eux. Le pacte de fidélité ne peut donc s'opérer avec eux.

Le Pacte de Médine

Le repli sur ce lieu de Yathrib est stratégique, car il s'agit bien de poursuivre l'objectif de la conquête de la Terre, or pour cela, il faudra bien rassembler des forces. Cette idéologie de l'Exode et du retour des émigrés semble avoir prévalu à cette période du nouveau mouvement qui s'inscrit lui-même dans un contexte à forte charge messianiste. Désormais, parmi les Arabes, ceux-ci, selon A.-L. de Prémare, sont appelés les *muhâjirûn*, autrement dit ceux qui ont fait cet exode migratoire vers Yathrib, et qui en reviendront pour conquérir Jérusalem. En effet, « dans le vocabulaire islamique, *muhâjirûn*, associé à l'expression "sur le chemin de Dieu", signifie "ceux qui ont quitté leur pays/qui ont émigré (afin de combattre) pour Dieu". L'expression s'en trouve déjà dans la charte de fondation du mouvement à Yathrib, en Arabie, dans un contexte de combat [3] ».

---

1. A.-L. de Prémare, *op. cit.*, p. 102.

2. E.-M. Gallez, *op. cit.*, t. 2, 3.3.2.2.3, p. 285 et 3.6.2, p. 375 et note 1471.

3. A.-L. de Prémare *op. cit.*, p. 36.

La *hijra* n'est pas un événement anodin, il marque peut-être même une rupture dans le mouvement nazaréen, qui se confirmera par la suite. Désormais, les « émigrés » recomposent le mouvement nazaréen dont ils sont les héritiers directs. Mais ils vont, à Yathrib, redéfinir le cadre des alliances qui lient les groupes ethniques et religieux entre eux pour constituer une nouvelle *Umma*, dans laquelle les *muhâjirûn* prendront une place particulière, formant ainsi ce que l'on pourrait dès lors appeler les proto-musulmans.

Arrêtons-nous maintenant à ce document qui mentionne les *muhâjirûn*, la *Charte* (*sahîfa*) de Yathrib [1], mise sous l'autorité de *Muhammad* et dont, selon les chercheurs, la première strate constitue l'une des pièces les plus archaïques de l'histoire de ce mouvement. Autour du prophète (*nabî*) *Muhammad*, vont se grouper des « croyants ou affidés » (*mu'minûn*), défendant un intérêt commun et se fédérant pour mener ensemble les conquêtes, dans un effort de guerre permanent, contre les « réfractaires » ou « infidèles [2] » (*kâfirûn*). Ces croyants forment une « *Umma* unique (mâtrie commune) à l'exclusion des autres hommes ». La Charte organise les rapports, comme un *Pacte*, entre tous ceux qui vont être ainsi fédérés, aussi divers soient-ils. Même si on

---

1. Le nom (*Yathrib*) de cette cité du désert apparaît trois fois dans le document, alors que ni celui de *Médine* et pas davantage celui de *La Mecque* n'y figurent une seule fois. Ne serait-ce pas une nouvelle confirmation de l'inexistence de *La Mecque* à cette période et pour *Médine*, une désignation plus tardive de la ville du Prophète, à moins qu'il ne s'agisse de deux lieux distincts ? Les chercheurs soulignent cependant la complexité de ce document qui sera remanié au gré des conflits entre ceux que la Charte devait unir et fédérer dans une même foi, un même combat.

2. *Les réfractaires (kâfirûn)* à l'union sacrée pouvant désigner ici tant les ignorants *(jâhilyyun)* dont des polythéistes et des opposants que les associateurs chrétiens *(mušrikûn)*, selon le témoignage de saint Jean de Damas. Mais le vocabulaire coranique semble être témoin de glissements que nous verrons plus loin.

ne peut encore parler d'État, « c'est une confédération de nature politique, soudée par l'adhésion au prophète d'Allah. Elle se définit par le fait qu'elle est "exclusive" de tous ceux qui n'y ont pas adhéré (*min dûni l-nâs*) [1] ».

Ce qui caractérise le projet politique de cette nouvelle fédération est bien l'effort de guerre (*jihâd*) en vue de la conquête « sur les chemins d'Allah ». La Charte inscrit clairement cet objectif et le *jihâd* comme un combat (*qitâl*). « Cette expression deviendra familière dans le Coran, où alternent également les verbes synonymes correspondant au *jihâd* et au *qitâl* », écrit Prémare[2]. C'est aussi ce que A. Moussali écrit dans un article paru peu avant sa mort, dans *Nouvelle Revue d'Histoire*[3] :

> « Dans le premier sermon que le Prophète a prononcé à Médine, le premier vendredi de l'Hégire, en 622, il dit : "*Je confesse qu'il n'est de dieu si ce n'est Allah seul qui n'a pas d'associé* [4]... *Je tiens pour ennemis ceux qui le nient*[5]". Aussi le Coran engage-t-il à combattre les non musulmans, "*ces ennemis de Dieu*" (s. 41, 19) et à "*supprimer ceux qui ne déclarent pas illicite ce que Dieu et son prophète ont déclaré illicite*" (s. 2, 191). Il précise même qu'on doit "*leur faire subir le supplice de la croix, leur couper les mains et les pieds alternés, les chasser de leur pays*" (s. 5, 33). »

---

1. A.-L. de Prémare, *op. cit.*, p. 94.

2. A.-L. de Prémare, *op. cit.*, p. 95. Il ajoute en note des références au texte coranique pour illustrer son propos : pour *jihâd* s. 2, 218 ; 3, 142-144 ; pour *qitâl* s. 2, 190-191 ; 4, 74-76 ; 61, 4.

3. Dans n° 4 de *N.R.H. Islam et violence*, janvier/février 2003.

4. Nous avons ici la première formulation de la « confession de foi » proto-musulmane. Ce n'est que bien plus tard que la deuxième partie sera ajoutée : *et Mohammad est l'Envoyé d'Allah*. La formulation du « témoignage » connaîtra toute une évolution depuis certaines gnoses anciennes, avant de parvenir à ce que nous connaissons aujourd'hui. Voir E.-M. Gallez, *op. cit.*, t. 1, 2.6.1, p. 484-501, l'étude très documentée que l'auteur présente de la *šahâda*.

5. Réf. donnée par A. Moussali dans son article : Tabari (IXe siècle), *Histoire des nations et des rois*, t. II, Éd. Al-kutub al-'ilmiyya, Beyrouth, p. 7

Dès 624, selon A.-M. Delcambre, « désormais on ne parlera plus de razzia, mais de guerre sainte (*jihâd*) contre les ennemis d'Allah [1] ». Cette marque d'origine qualifie définitivement, même après tous les remaniements postérieurs, les développements et l'expansion de l'Islam tout au long de son histoire. C'est pourquoi le texte coranique n'occulte pas non plus cet aspect guerrier et violent que revendiquent les pouvoirs successifs comme un trait marquant du fondateur de l'Islam. Il n'est donc pas étonnant que les mouvements fondamentalistes musulmans d'aujourd'hui s'honorent du *jihâd* quand ils pensent que l'existence même de l'Islam le justifie. Car il s'agit bien de « combattre sur le chemin d'Allah » (s. 2, 190 ; 218) et donc de faire valoir une volonté divine dont les décrets sont inscrits depuis toujours pour que l'homme s'y soumette [2]. C'est l'identité même de l'*Islâm* (soumission) que nos mentalités modernes et occidentales ont tant de mal à percevoir ou même à imaginer.

Pouvons-nous conclure cet épisode qui constitue aujourd'hui pour l'*Umma* musulmane le point de départ de toute l'histoire de l'Islam ? Dans l'état actuel des recherches, il n'est pas possible de connaître les événements précis, excepté l'intervention d'Héraclius en 621, qui entraînera un groupe complexe (de juifs et d'Arabes) à ce repli sur le désert. Quant à l'idéologie qui les anime, c'est bien celle des

---

1. Anne-Marie Delcamre, *L'Islam*, Éditions la Découverte, 2001, p. 10.

2. Certes, Bruno Étienne dans son livre : *Islam, les questions qui fâchent*, Bayard, 2003, p. 149, écrit : « Le mot *jihad* n'apparaît pas en tant que tel (guerre) dans le Coran où il a toujours le sens d'effort, de combat pas nécessairement guerrier. » Bien sûr, courtoisie oblige de ne vouloir citer que les versets qui ne fâchent pas, ce que fait B. Étienne. Il rejoint le commentaire en note (s. 2, 218) de la traduction du *Saint Coran* de Muhammad Hamidullah bien que les versets guerriers dans cette sourate ne manquent pas et que le Coran y encourage (cf. s. 2, 154 et note). En effet, pour clore ce débat, le Coran conclut : *nulle contrainte en religion !* (s. 2, 256).

groupes messianistes qui pensent être les choisis de Dieu pour la manifestation et la révélation de la venue terrestre du Messie, « Allah va faire venir un peuple qu'Il aime et qui L'aime… qui lutte dans les sentiers d'Allah[1] » (s. 5, 54). On peut également y voir une analogie avec Moïse et le peuple d'Israël, car la sourate *al-A'râf* atteste : « Et les gens qui étaient opprimés, nous les avons faits héritiers de la *Terre* de l'Orient à l'Occident et l'avons bénie. » (s. 7, 137)

Pourtant, Yathrib, aujourd'hui « dominé par le nom de Médine (*al-Madîna*) et confondu avec lui pour désigner le lieu de l'hégire du prophète de l'islam[2] », fait discussion pour certains, à des périodes antérieures. Cependant, si la *hijra* est avérée, elle constitue le nouveau cadre idéologique d'une *confédération* de plusieurs ethnies et courants religieux déjà rassemblés autour de la tradition ébionite-nazaréenne et de son idéologie messianiste, qu'E.-M. Gallez appellera *judéonazaréenne*[3]. Le « Pacte » qui va lier les membres de cette nouvelle *Umma* est stipulé dans une Charte qui engage, tant vis-à-vis de *Allah* que de son Envoyé *Muhammad.* Le caractère sacré de la Charte constitue une obligation religieuse stricte et engage les *affidés* sur le « chemin d'Allah » pour y mener son propre combat. Ainsi, Yathrib devient la base de départ d'expéditions guerrières vers la Palestine pour reprendre Jérusalem et, à la suite des succès et circonstances géopolitiques, pour s'étendre bien

1. Cette sourate (5) de *La table servie* semble être témoin des enjeux et tensions qui se révèlent à Yathrib.

2. A.-L. de Prémare, *Les fondations de l'islam*, lire sur cette question p. 99-100 : *Une Yathrib antique ?* « À vrai dire, il semble que Yathrib et l'origine de ses juifs étaient, à la fin du 8e siècle, davantage l'objet de discussions et de polémiques que d'un accord tranquille. »

3. E.-M. Gallez, *Le Messie et son prophète*, t. 1, 1.6.3.7, p. 291 et s. ; l'auteur justifie ce néologisme pour sortir de l'ambiguïté des termes utilisés qui ne recouvrent pas toujours la réalité historique et idéologique appropriée de ces courants ainsi désignés.

au-delà. C'est donc l'affermissement et les succès militaires de ce courant des *muhâjirûn* qui les conduiront à travers encore bien des soubresauts jusqu'au temps de l'Islam, comme forme d'une nouvelle dimension politico-religieuse au temps des califes ʿumayyades.

La prise de Jérusalem (638) sera l'occasion d'une nouvelle crise au sein du mouvement nazaréen ou plutôt judéonazaréen, entre les nazaréens eux-mêmes et ceux des tribus arabes qui étaient devenues leurs alliés, constituant la branche armée du mouvement. La prise de Jérusalem ne fera pas pour autant advenir le temps du Messie. Les différends se multiplieront et s'aggraveront au point que le courant arabe, peut-être devenu dominant et probablement le plus fort, s'octroie le pouvoir, en éliminant progressivement les judéonazaréens du groupe des *muhâjirûn*, avant qu'eux-mêmes ne soient écartés du milieu des proto-musulmans. L'Islam des califes fait son nid parmi les groupes arabes qui pourront ainsi, une fois détachés des judéonazaréens, s'identifier à un pouvoir politique et religieux, ce dernier est représenté par le calife, *lieu-tenant* de Dieu sur la terre, et pourquoi pas *al-fârûq* (titre attribué à ʿUmar), un rédempteur-messie (terrestre) puisque l'espérance messianiste ne s'est pas concrétisée avec la prise de Jérusalem. Certes, les sources musulmanes tardives situeront ce divorce à Yathrib, attribuant à *Muhammad* le massacre de tribus juives de l'oasis, comme si les nouveaux maîtres avaient besoin pour asseoir leur pouvoir et le justifier, *a posteriori*, de cette authentification du Ciel, en passant par celui que l'Islam proclamera le Prophète, *Envoyé d'Allah*.

A.-L. de Prémare éclaire l'évolution de ce courant parti d'une énorme ambiguïté[1] :

1. A.-L. de Prémare, *Les fondations de l'islam*, p. 86.

> « *Islâm* fut, dès le départ, un terme équivoque… À lire la littérature biographique autour de *Muhammad* et de ses compagnons, en tout cas, on en arrive à définir l'*islâm* des origines de la façon suivante : c'est le ralliement ou la soumission à un pouvoir nouveau instauré par un prophète qui en définit les lois au nom de Dieu, et dont les assises politiques sont appuyées sur une action militaire permanente. »

L'équivoque est levée… et l'histoire ne laissera plus de doute sur l'exigence de départ qui s'impose désormais comme un système clos et globalisant à prétention universelle. D'un appel à la soumission, généreuse et certainement vécue par beaucoup de musulmans, le pouvoir politique a comme confisqué et détourné le terme, *islâm*, comme un emblème, une bannière ou un slogan capable de rassembler et galvaniser des foules, une *umma*cratie [1], et maintenir ainsi l'équivoque et l'ambiguïté d'un terme dénaturé qui n'est plus qu'un concept sociopolitique et religieux au service d'ambitions multiples et contradictoires.

---

1. Ce néologisme peut tout-à-fait décrire, à l'instar des démocraties populaires du communisme, le devenir et l'utilisation des populations musulmanes, sous couvert de l'*Umma*.

II

Le statut du Coran

Au premier chapitre, nous avons vu l'approche délicate et difficile de tous ces événements qui ont préparé l'apparition historique de l'Islam. Un travail immense reste à accomplir par les chercheurs dans bien des domaines et selon plusieurs approches disciplinaires. Cependant, aujourd'hui, un peu comme dans un travail de fouilles, le passé ressurgit, au moins par bribes, permettant de recomposer un puzzle, non seulement disparu, mais arrangé selon toute une idéologie faite de légendes (légendologie). Leurs invraisemblances et leurs contradictions discréditent totalement le discours officiel et la connaissance de l'Islam et avec eux le dialogue. Sans un retour à la réalité, à la vérité historique, la compréhension de l'Islam et le dialogue sont aujourd'hui menacés de graves malentendus. L'effort fait pour sortir des ambiguïtés et des équivoques ne peut qu'apporter plus de lumière, de raison et de paix dans les rencontres.

Le parcours accompli pour reconstituer l'histoire des origines de l'Islam va de pair avec une nouvelle approche du *Livre Saint* dont l'élaboration a connu une histoire parallèle.

On ne peut pas dire que le Coran ait été expertisé, situé historiquement, même si aujourd'hui, le *Livre*, connu comme *le Coran généreux*, se présente, de façon arbitraire, sous un ensemble de cent quatorze sourates qui se lisent de la plus longue à la plus courte (exceptée la sourate de *l'ouverture*); même si la majorité des commentateurs présentent une partie des chapitres les plus courts en général comme appartenant à la période dite mecquoise, et ceux plus longs et souvent à tonalité juridique relevant de la période médinoise; même si aujourd'hui encore, on adopte ce schéma de façon conventionnelle; même si les commentaires, selon les écoles juridiques depuis le Xe siècle, ne manquent pas, mais tentent des interprétations multiples avec des applications variées au niveau du droit et en particulier de la *Charî'a*... En effet, la complexité d'un ensemble aussi disparate en décourage l'approche, tout au moins en profondeur, si l'on ne veut pas en rester à l'anecdotique.

D'où vient le Coran et comment s'est-il composé? Il apparaît comme un *Livre*, un ensemble, certes composite, qui prétend rivaliser avec la Bible, selon des éditions aussi volumineuses, bien que le texte soit plus court et d'un contenu non comparable avec les deux Testaments de la Sainte Bible. Le serait-il? Mais à quel titre? L'histoire du *Livre* nous permettra peut-être de mieux comprendre aussi son statut dans l'islam et de distinguer les niveaux d'approche.

Pour s'imposer comme le Livre de l'islam, le Coran revendique être l'authentique version des livres bibliques, pour l'essentiel (*Tôra*, *Psaumes-zabour*, *Évangile-Injîl*), ce qui, aujourd'hui, l'inscrit d'office au box des livres révélés et de ceux des grandes religions et l'introduit dans le cercle réduit de ces privilégiés qu'il nomme les « gens du Livre » (*ahl al-kitâb*). Cette expression coranique[1] est fréquente dans le texte, mais

---

1. *Ahl al-kitâb* signifie littéralement *tente de l'Écrit*. L'expression apparaît 31 fois dans le texte coranique.

absente de la vie courante. Elle est utilisée aujourd'hui dans un sens et un contexte différents de celui du Coran, mais de façon ambiguë par certains tenants du dialogue, comme un point de départ commun. En quoi, d'ailleurs, apporte-t-elle un sens particulier, voire nouveau pour l'islam ? Est-elle pour autant recevable, sans examen, dans le dialogue interreligieux ? Quel statut et quel sort le Coran réserve-t-il aux gens du Livre ? Historiquement, l'expression semble avoir évolué et connu des applications variables selon les époques, mais toujours en faveur de l'islam, si l'on en croit Bat Ye'or, d'origine juive, née en Égypte et de nationalité britannique, à travers ses nombreux écrits, en particulier sur la *dhimmitude*. Le Coran comme l'islam viendrait-il au terme de tout un processus divin de la *Révélation* et de l'œuvre du Salut ? Cela les placerait-il au-dessus du judaïsme et du christianisme, sans parler de quelques autres religions comme le zoroastrisme, ainsi que leurs livres ? Bien entendu, nous touchons là à certaines questions théologiques qui peuvent ou pourraient faire partie du dialogue. Nous verrons cela aux quatrième et cinquième chapitres.

Aborder l'étude du Coran n'est donc pas seulement historique, mais comporte un certain nombre de conséquences à d'autres niveaux, tant théologiques, anthropologiques que juridiques et éthiques. La recherche actuelle progresse beaucoup, grâce à l'étude linguistique et à celle de l'écriture sur les manuscrits anciens. Nous retiendrons seulement quelques éléments qui pourront appuyer notre approche du Coran lui-même, tel que nous le connaissons aujourd'hui. Car l'édition officielle actuelle est contemporaine. « C'est maintenant la version égyptienne, imprimée au Caire en 1923, qui sert de référence dans le monde entier[1]. »

---

1. A.-L. de Prémare, *Aux origines du Coran*, Éd. Téraèdre, 2004, p. 12, poursuit ainsi en relevant une question majeure pour la recherche : « En dépit de la qualité de son impression, ce n'est pas une “édition critique”. Elle a été réalisée sur la base d'une seule des sept “lectures” traditionnelles faisant

Quel Coran avant le Coran ?

La présentation habituelle du Coran est ordonnée selon un modèle simpliste et arbitraire. Le découpage du *Livre de l'islam* en chapitres de la période mecquoise et ceux de la période médinoise ne correspond à aucun élément objectif, mais seulement à un consensus formel et idéaliste. Aucune chronologie historique ou thématique n'impose de dispositions particulières pour le Livre et chacune de ses sourates. S'entremêlent des anecdotes à consonance biblique, des injonctions et leçons de morale avec quelques élans spirituels. L'ordonnance actuelle du Livre est purement arbitraire et son but difficilement perceptible. La sourate du *voyage nocturne* (*al-isrâ'* 17,106) pourrait donner une explication, s'il s'agissait de l'actuel Coran « descendu graduellement » et par fragment pour une meilleure récitation, mais certainement pas pour une intelligence du texte et une meilleure compréhension de la raison de son apparition. S'il y a une volonté divine, elle est bien cachée et difficile à reconnaître.

Il est convenu que *Muhammad* en soit le récipiendaire dans sa totalité et il n'aurait fait que réciter[1] ce qu'il aurait

---

autorité, celle de Kûfa, ce qui renforce la clôture unitaire du texte reçu. La diffusion et l'utilisation commune de cette version, en effet, réduisent d'autant la possibilité d'une ouverture aux problèmes de la recherche sur l'histoire du texte. »

1. Réciter ou lire en public *(qâra')* donnera le terme même (Coran) de *qur'ân* (la récitation publique). Plusieurs sourates (p. ex. s. 96) commencent par l'injonction au messager d'Allah : « *Iqra' (récite) par le nom de ton Seigneur.* »

Il n'est pas inutile aussi de noter que le terme habituel de *sourate* (*sûrah*) n'est pas arabe, mais vient de l'hébreu du Targum (*šurâ'*) et signifie *section à réciter* plutôt qu'un chapitre donné, comme *sourate Maryam* ou *sourate de la vache*… Et ce n'est qu'à l'époque des califes de Damas que ce terme va s'imposer avec la signification de « chapitre ».

reçu de l'ange Gabriel (*Jibrîl*). Même si la chose en l'état apparaît impossible et même incompréhensible de quelque façon que l'on prenne le Coran, il est reçu dans son entier, voire tel quel, par l'*Envoyé*. Saint Jean de Damas qui travaillera au service des califes de Damas affirme (vers 746) que *Muhammad* a reçu le Coran durant son sommeil. Déjà à cette époque, tout indique une lourde entreprise de refonte, d'organisation, pour ne pas dire de manipulation des sources scripturaires. Ont-elles d'ailleurs jamais existé ? Tout semble avoir été écrit, sans ordre ni cohérence, pour servir et asseoir un pouvoir qui ne pouvait être reconnu qu'à travers un Écrit au label divin. Même sans lien direct avec l'événement et le réel, la nature du Livre (*Kitâb*) rassurait le pouvoir califal, tout en donnant un statut unique au Prophète chargé de le faire connaître, et qui lui est commis d'office.

De même que l'histoire des origines de l'islam s'édifie entre la fin du VIIe siècle jusqu'au Xe siècle, de même la composition du Coran actuel s'étirera sur une longue période allant du VIIIe siècle jusqu'au Xe siècle et non sans de graves heurts au sein de l'*Umma* et surtout des cercles de scribes et de savants. « Le processus de canonisation du Coran s'étendit jusqu'au Xe siècle de notre ère, c'est-à-dire jusqu'à la proclamation définitive, en 936, des variantes de "lectures" autorisées dans l'utilisation d'un texte reçu unique[1]. »

Tout cela n'est pas sans poser de questions aux contemporains et même aux musulmans de cette période, héritiers du Coran « inimitable[2] ». En effet, le Coran lui-

1. A.-L. de Prémare, *Aux origines du Coran*, p. 26-27.

2. La notion d'*inimitabilté* (*i'jâz*) du Coran est venue *a posteriori* (début du IXe s.) justifier (cf. s. 10, 38 ; 11, 13 ; 17, 88) un texte remanié et composite, comme étant le « miracle » de *Muhammad* et qui va avec l'impeccabilité du Prophète ! E.-M. Gallez, *Aux origines de l'Islam. Le*

même témoigne de ces controverses, vraisemblablement tardives, mais resituées à l'époque de *Muhammad* et dans un contexte anachronique tel que celui de La Mecque. Or, la prédication coranique proto-islamique ne pouvait concerner qu'un public au fait des *Livres* et récits bibliques, comme les judéonazaréens, et non des païens comme le laissent entendre, bien plus tard, les compositeurs de légendes.

La sourate *al-furqân*[1] (*le discernement* 25, 4-5) illustre, par ses contradictions, l'étrangeté des contestations et certainement des polémiques internes au mouvement judéonazaréen et avec d'autres croyants, taxés de « dissimulateurs », comme nous le verrons plus loin. Quant à Al-Kindî[2], arabe chrétien et apologète, il considère que les versions coraniques en circulation manifestent des variantes considérables. Il écrivait vers 830 :

Messie et son prophète, t. 2, p. 116, écrit à la note 1060 : « De cette prétention à la clarté et à l'inimitabilité (ou "*insupérabilité*", *i'jâz*) d'un Coran qui serait intégralement arabe, l'Arabe chrétien AL-KINDÎ s'était déjà gaussé vers 830. Il faisait remarquer que le texte coranique emprunte aux langues non arabes nombre de termes – ce qui attesterait plutôt sa pauvreté –, et ajoute : "Si tu dis qu'ils [les hommes et les jinn-s] ne pourraient pas produire un livre aussi bien composé et assemblé, on te répondra en te citant des poètes connaissant mieux l'art de composer, la sublimité des rythmes et le sens précis des mots, et on te dira que tout ton livre n'est que sa'a décousu, propos divers et exaltation de significations cachées là où il n'y a en réalité pas de sens" cité par B. LANDRON *Attitudes nestoriennes vis-à-vis de l'Islam* p. 255 ».

1. *Furqân*, littéralement, signifie « *rédemption* » (*Fârûq* signifiant « *libérateur-rédempteur* ») et finira par désigner *Le Livre* en tant qu'il apporte un *discernement eschatologique* (voir p. 92, note 2). Il est vraiment difficile de comprendre la dérive sémantique des mots et de saisir leur signification sinon celle d'une islamisation forcée, revendiquée et confisquée.

2. *Les fondations de l'islam*, p. 282, à propos d''Abd-al-Masîh al-Kindî et de sa critique du Coran dont Prémare assure qu'il « était bien informé ».

« Montrez-moi une preuve ou un signe quelconque d'une seule œuvre merveilleuse réalisée par votre maître Muhammad qui certifie sa mission et prouve qu'il commit ses massacres et pillages sur ordre divin… La conclusion de tout ceci [la fabrication du Coran par les responsables musulmans] est évidente à qui a lu et a vu comment, dans ce livre, les récits sont assemblés n'importe comment et entremêlés ; c'est une évidence que diverses mains – et nombreuses – s'y sont mises et ont créé des incohérences, ajoutant ou enlevant ce qui leur plaisait ou déplaisait. Est-ce donc les conditions d'une Révélation envoyée du Ciel[1] ? »

Et si le Coran n'était pas de Muhammad ?

La lecture du Coran laisse perplexe le lecteur qui s'y aventure. Que cache le texte actuel ? D'où provient-il ? L'embarras gagne tout autant les universitaires musulmans qui préfèrent se réfugier dans des explications confuses ou des commentaires qui ressemblent à de véritables exercices de voltige. Récemment, un contemporain, universitaire et croyant musulman, le professeur Mohamed Talbi, a tenté de tenir une position apparemment médiane entre une lecture figée du Coran et une lecture actualisée. En effet, les fondamentalistes, plus particulièrement « salafistes », soutiennent une lecture bloquée par les écoles juridiques depuis le Xe siècle, en particulier hanbalite, alors que les « novateurs ou nouveaux penseurs », parmi lesquels Mohamed Talbi, accepteraient l'apport des sciences humaines[2]. Le paradoxe

---

1. Cité par Bénédicte Landron, dans *Attitudes nestoriennes vis-à-vis de l'Islam*, Paris, Cariscript, 1994.

2. Interview de Mohamed Talbi dans *Écritures*, n° 60, juillet-août-septembre 2004, p. 10 et 11. M^d^ Talbi est un historien, ancien recteur de l'université de Tunis. Cet intellectuel musulman est un esprit ouvert, y compris au dialogue interreligieux, mais comme d'autres musulmans, il semble aujourd'hui se raidir face aux contradictions dans lesquelles l'islam

tient, dans la position de Talbi, en ce que le Coran est un texte atemporel et anhistorique[1], qu'il est cependant « la seule source de lumière » et, ajoute-t-il, qu'il est possible de le lire « en adéquation avec notre temps ». L'historien ose affirmer, en se démarquant là d'autres croyants musulmans, qu'à propos du Coran, « l'islam ne parle pas de révélation. Selon le Coran lui-même, il s'agit d'une "descente" de l'amont qui est Dieu vers l'aval qui est le messager, le prophète Mahomet… Il y a donc une histoire de la descente du Coran. Mais il transcende l'histoire en ce sens qu'il est une parole "théandrique", c'est-à-dire une parole où le divin et l'humain se rejoignent… Pour les musulmans, le Coran est tel qu'il est descendu. L'histoire de cette descente est inscrite dans le Coran lui-même. C'est pour les musulmans le seul document fiable. » En définitive, le Coran ne peut s'expliquer que par lui-même, toute autre tentative serait vaine et ne peut lui convenir. Ce serait l'extraire de son « milieu divin », sa seule justification, ou l'exposer à un processus indigne et outrageant, voire blasphématoire. Mais alors, quel est le statut de ce Livre hors du commun si « le lecteur non musulman ne dispose pas de cette capacité d'émotion religieuse qui demeure le moyen le plus sûr de recevoir le Message[2] » ?

---

contemporain se débat. À preuve sa réaction inattendue dans *J.A./l'Intelligent* n° 2180/81 du 21/10/02 au livre du P. Borrmans, *Dialogue islamo-chrétien à temps et à contretemps*, Éd. Saint-Paul, 2002.

1. *A posteriori*, les intellectuels, tant du côté musulman que des occidentaux, font la part belle à la gnose, idéalisant l'islam. De fait, il n'y a pas de comparaison entre le message coranique et l'enracinement historique du christianisme, fondé sur la doctrine du mystère de l'Incarnation. M[d] Talbi lui-même, alors qu'il dénonce la position de certains intellectuels, se prend à son propre piège et sort de la contradiction par un artifice intellectuel. Son positionnement fait la démonstration *a contrario* du manque d'historicité des sources scripturaires de l'islam.

2. Mohammed Arkoun dans sa préface à la traduction du Coran de Kasimirski, Garnier-Flammarion, 1970.

Un épisode étonnant vient illustrer les manipulations survenues dans la rédaction progressive du Coran, tout en essayant de le justifier comme une « révélation » descendue d'en haut, constituant une totalité reçue par *Muhammad.* Mais la plupart des exégètes s'accordent à dire que le verset de la sourate *al-isrâ'* 17, 1 est tardif. Il est une justification apportée, sous la période 'umayyade, à la descente (*tanzîl*) telle quelle du Coran éternel. Cette descente est l'affirmation indiscutable du privilège divin dont jouit le Coran, ce que le mu'tazilisme n'a pu contester en définitive, même par les voies de la raison. Cette revendication en fait une Écriture « divine », comme le note Prémare, et pas seulement un Écrit saint; et « le messager... n'en est que le transmetteur passif[1] ».

Les traditions islamiques parlent d'un « voyage nocturne » (s. 17, 1), dont on fait mémoire lors de la vingt-septième nuit du mois de *ramadhan* (s. 44, 3), durant laquelle *Muhammad* s'envole, en compagnie de l'ange Gabriel, sur une jument ailée, nommée *burâq*, rapide comme « l'éclair ». Il aurait parcouru ainsi la distance de La Mecque à Jérusalem où il rencontrera d'autres prophètes : Abraham, Moïse et *'Îsa* (Jésus), et les conduira dans la prière avant de s'élancer du rocher, qui conserve l'empreinte du pied, tant l'élan fut vigoureux et puissant pour gravir les sept cieux... accompagné d'une kyrielle d'anges[2]. Là, *Muhammad* approchera la présence divine et recevra le *Livre*, qu'il aura tôt fait d'oublier d'ailleurs, une fois revenu sur terre. Aussi, Gabriel[3] le lui susurrera-t-il à nouveau à

---

1. A.-L. de Prémare, *Aux origines du Coran*, p. 27.

2. Ceci fait penser au songe de Jacob (Gn 28, 10-17) auquel Jésus fait allusion en ce qui concerne le Fils de l'Homme, escorté d'anges (Jn 1, 51).

3. Traditionnellement, l'archange Gabriel est dans la Bible le porteur des messages importants (du Salut) de la part de Dieu. La tradition biblique et plus tard rabbinique fait jouer un rôle important aux anges dans la transmission des messages (cf. Ga 3, 19). Notons aussi que la Bible et les traditions rabbiniques évoquent des « ascensions » comme celles de Hénoch, Moïse et Élie, mais qui

l'oreille. La sourate *al-insân* (*l'homme* 76, 23) explique : « Nous avons fait descendre sur toi le coran d'une manière répétée », contredisant ainsi ce qu'affirme le voyage nocturne (s. 17, 1) de cette nuit de ramadhan. Et ainsi le Coran est-il reçu, par l'entremise du Messager, comme un livre préexistant dans les cieux et délivré périodiquement à des prophètes, chacun confirmant d'ailleurs le précédent, jusqu'à son ultime édition qu'est le Coran. En définitive, le Coran devrait contenir tous les écrits bibliques qu'il prétend rappeler dans son édition céleste et originale. Autrement dit, si nous tentons de retrouver quelques versets ou récits bibliques dans le Coran, nous devrions avoir normalement la confirmation que celui-ci est bien d'origine divine et en droite ligne des Écrits antérieurs. Mais la démarche islamique est inverse : la véritable *Bible* avec la *Tôra* et l'*Injîl* est dans le Coran. Il ne faut donc pas les chercher ailleurs ; le Coran et la tradition islamique en déduisent donc que les Écrits de l'Ancien Testament [1], comme « l'Évangile », ont été falsifiés, puisqu'ils ne correspondent pas à leur dernière édition, celle du Coran [2].

---

n'ont pas pour objectif de justifier leur ministère ou prouver l'authenticité du message. C'est pourquoi les *soufis* et l'Occident donneront une signification « mystique » au voyage de Mohammad, détournant ainsi le sens premier pour créer de toute pièce un non-événement.

1. Le Coran ne connaît pas d'ailleurs l'ensemble des Écritures (A.T.) mais évoque le plus souvent sans les citer la *Tôra*, les Psaumes et quelques noms bibliques et de prophètes, omettant d'ailleurs ceux que la Bible considère comme les plus importants, sauf peut-être ce verset allusif de s. 33, 7.

2. Ce type d'interprétation est très actuel dans les milieux musulmans, mais ne semble pas correspondre à une interprétation (exégèse) précise des versets coraniques concernés (s. 2, 75 ; 29, 46-47 ou encore s. 10, 94-95) qui font référence à des Écrits et des récits connus, mais qui n'ont pas été écoutés et suivis ni par les juifs ni par les nazaréens. À cette période, les chrétiens ne semblent pas être visés ; bien plus tard, juifs et chrétiens seront accusés de la même erreur. Saint Paul affirme cependant à son époque : *« Nous avons répudié la dissimulation de la honte, nous ne nous conduisons pas avec*

C'est donc le Coran qui vient donner la norme correcte et toute *Écriture* doit s'ajuster au nouveau *Livre récité*. Il ne s'agit plus d'accomplir les prophéties que le Coran ne cite pas d'ailleurs. Mais le Coran, qui est la dernière mise en forme du *Livre incréé*[1], vient confirmer les livres qui l'ont précédé, *Tôra* et *Injîl*, en les ajustant à cette ultime version. L'étrangeté du processus, c'est que, finalement, le Coran se confirme lui-même et par lui-même, puisqu'il ne peut le faire à partir des Écrits bibliques et des prophéties. Cependant, comme nous le verrons plus loin, il fait bien allusion à un autre *Qur'ân*.

Des commentateurs de plus en plus nombreux s'accordent à penser que « le voyage nocturne » sur la jument ailée, dont les représentations iront de plus en plus dans le sens de la fiction, est une invention. Ne serait-ce pas tout simplement une validation d'une mohammadisation de ce que l'on appelle aujourd'hui « l'esplanade des mosquées » (*al-harâm*) ? D'ailleurs, cette fiction date de la fin du VIIIe siècle et devrait trouver pour le moins la mention d'un souvenir aussi important que cet événement, en ce lieu, de la descente[2] du Coran incréé. Or, aucune mention de ce voyage n'est faite dans les bas-reliefs de la mosquée dite de 'Umar[3] ou

---

astuce ; et nous ne falsifions pas la parole de Dieu. » (2 Co 4, 2)

1. En effet, « l'Écriture primordiale est auprès de lui », s. 13, 39.

2. Habituellement, on parle, dans l'islam, de la descente (*tanzîl*) du Coran du Ciel sur la terre. Or la légende évoque plutôt et paradoxalement la montée de Mohammad au Ciel pour y recevoir le Coran incréé.

3. A.-L. de Prémare, *Les fondations de l'islam*, p. 171, évoque le mont du Temple et « le Rocher qui s'élevait à quelques pouces au-dessus du niveau de la terrasse… », lieu du Temple, « rénové par Hérode le Grand », « lieu de la création ou de la tombe d'Adam et le nombril de la terre… où Abraham avait sacrifié son fils Isaac… ». Le premier appel à la prière rituelle sera lancé, selon certains récits, par un juif passé à l'islam : « *Allâh akbar* étant aussi le cri de guerre des combattants sur la voie de Dieu, la nouvelle prière est essentiellement politique ».

Dôme du Rocher, reconstruite par ʽAbd-al-Malik (692) et restaurée encore plus tard par Al-Ma'mun. Au cours des visites, les guides ne manquent pourtant pas de conduire à l'endroit, bien protégé, d'où *Muhammad* s'est élancé vers le Ciel, laissant l'empreinte de son pied dans la roche. À l'évidence, le pouvoir ʽummayade qui fit ériger le Dôme du Rocher, avec toute sa décoration, avait tout à la fois besoin pour asseoir son autorité d'une mohammadisation du lieu et d'une authentification incontestable en ce qui concerne l'édition du Coran, venu directement du Ciel. Et le verset coranique (s. 17, 1) n'est peut-être que la première version d'une légende qui par la suite se développera et finira par s'imposer dans la tradition islamique.

Mais si alors ce « voyage nocturne » n'est qu'une invention tardive (vers la seconde moitié du VIIIe siècle) au service d'un pouvoir, non seulement nous avons en clair une manipulation de l'histoire, dont *Muhammad* est la victime « honorée » *post-mortem*, mais, de plus, l'édifice coranique, qui a déjà subi plusieurs traitements d'édition, ne tient plus la route. Il n'est certainement pas alors un Livre incréé, ni même une version créée d'un prototype céleste, selon les disputes des théologiens et commentateurs musulmans, et en conséquence d'autant moins le Coran révélé à *Muhammad*. Tout simplement, le Coran ne serait-il pas le résultat de collectes multiples, diverses et retravaillées à la solde de pouvoirs en quête de légitimité ?

Les traditions islamiques sont elles-mêmes témoins de cette manipulation des sources, d'un travail de collecte, de rédaction et de disparition ou destruction pour de nouvelles éditions. Nous sommes devant une manipulation gigantesque, dont l'itinéraire historique est même difficile à reconstruire, tellement les pistes sont brouillées et difficiles à exhumer.

A.-L. de Prémare déclare que les sources de l'information remontent au IXe siècle, voire postérieurement, et qu'il s'agit le plus souvent de compilations diverses de *hadîth-s*[1], que certains détruiront pour les remplacer par les leurs, pensant ainsi réduire les contradictions internes entre les collections, alors qu'ils ne feront qu'aggraver la complexité du texte. La collecte primitive de l'époque des premiers califes jusqu'aux 'Umayyades reste difficile à tracer. Les déchirements internes qui conduisirent à plusieurs assassinats de califes, dont celui de 'Umar et de 'Uthmân puis de 'Ali, dénotent une contestation pour assurer, non seulement une traçabilité, mais l'authenticité des sources.

> « Il y eut, écrit Alfred-Louis de Prémare, toute une période, dont il est difficile de déterminer la limite dans le temps, où la distinction entre *Hadîth* et Coran n'avait pas encore le caractère tranché et absolu qu'elle prit par la suite, à savoir que le Coran est Parole de Dieu et le *Hadîth* est parole de *Muhammad*[2]. »

Il ne reste aucune trace directe d'un Coran de cette période proto-musulmane. C'est finalement le pouvoir sunnite des 'Umayyades, qui arrêtera un *codex*, lequel, pendant longtemps encore, fera l'objet de suspicions avant de s'imposer.

> « De quelque manière que cela se soit produit, il y a donc eu une sélection et une répartition des données provenant de sources diverses dans les deux grands groupements de textes que l'on désignera sous les noms distincts de *Coran* et de *Hadîth*[3]. »

Au long d'un tel processus, il reste bien difficile de déterminer ce qui remonterait, de manière sûre, à *Muhammad* lui-même. Paradoxalement, les islamologues ont longtemps

---

1. Le *Hadîth* est une collection de *hadîth-s*, « un récit ou un propos » du Prophète, selon A.-L. de Prémare, *Les fondations de l'Islam*..., p. 318.

2. A.-L. de Prémare, *Les fondations de l'Islam*..., p. 318. Avec une majuscule, le terme *Hadîth* désigne l'ensemble des *hadîth*-s.

3. *Op. cit.*, p. 321.

perdu raison devant l'islam et ont admis la fiction comme vérité. M. Rodinson ose affirmer : « Rien ne nous permet de dire jamais : cela remonte incontestablement au temps du prophète [1]. » Et donc rien, aujourd'hui, ne nous permet d'affirmer que *Muhammad* soit l'auteur, comme récipiendaire, d'un Livre (*mushaf* [2]), appelé finalement *Qur'ân*.

> « D'une façon générale, la question que se posent les chercheurs contemporains face à l'ensemble des traditions relatives à l'histoire du Coran… est la suivante : avons-nous affaire à des traditions solides, ou bien à des inventions de commentateurs, de philologues ou de juristes tardifs, destinées à conférer une autorité ancienne à des textes qu'ils étaient en train d'établir, ou à justifier l'appareil légal qu'ils mettaient en place dans leur contexte propre [3] ? »

Un autre Coran ?

La difficulté à remonter jusqu'aux origines d'un Coran, tel que nous le connaissons aujourd'hui, tient donc à de multiples manipulations : celles-ci sont dues, tout d'abord, aux tensions, divisions (*fitna* [4], tentation ravageuse plus grave que de tuer, s. 2, 191) des premières heures jusqu'aux abords du IXe siècle. Elles sont dues également aux difficultés d'écritures, soulignées par les paléographes. En effet, après 790, est élaborée une écriture koufique commune qui se généralise. Elle écarte les

---

1. Maxime RODINSON, *Mahomet*, Paris, (1962) 1967, p. 13 et p. 67.

2. *Mushaf*, terme d'origine éthiopienne qui signifie *Livre* et qui fut donné à ces premières collections d'éléments qui formeront un recueil *codex*, ensuite appelé *Furqân* (cf. p. 84, note 1) lorsque « la "rédemption" devient "écriture" » cf. Patricia CRONE et Michael COOK, *Hagarism…*, Cambridge University Press, 1977, p. 17, 19-20.

3. A.-L. de PRÉMARE, *Aux origines du Coran*, p. 65.

4. Le terme peut avoir plusieurs acceptions dans le Coran : celui de tentation (s. 2, 193 ; 8, 39) ou encore de séduction tentatrice (s. 64, 15).

nombreuses interprétations[1] d'une multitude de transmetteurs qui se jouaient de « l'abrogeant et de l'abrogé[2] », principe totalement irrationnel, et qui perdurera. Cela dit, nous ne sommes pas encore renseignés sur ce Coran des origines. S'il n'est pas incréé, si un *qur'ân* préexiste au Coran, quel est-il ?

En effet, le Coran lui-même parle d'un autre *qur'ân* et qui n'est pas celui qui est auprès de Dieu, ce Coran divin qui vient au secours, comme nous l'avons vu, d'un pouvoir califal qui le façonnera à sa mesure. Quel est donc cet autre Coran ?

---

1. *Op. cit.*, *Les fondations...*, p. 135-136. En conclusion de *Aux origines du Coran, l'Islam en débats*, A.-L. de PRÉMARE écrit encore ceci : « Le Coran est en grande partie un livre opaque... Ceci est dû d'abord aux aléas de la graphie défective et incertaine dans laquelle ces textes ont été mis originellement par écrit. L'opacité est due également aux difficultés présentées par une langue archaïque qui était déjà difficile d'accès aux lecteurs et aux commentateurs musulmans du IXe siècle et au-delà. Enfin, pour des textes "engagés" dans des décisions d'ordre social et légal ou des situations de conflits et de polémique, l'opacité peut être due à la volonté des compositeurs de les abstraire, autant que possible, de tout cadre historique précisément désigné, en raison des guerres civiles, des schismes ou simplement de divergences, qui constituèrent souvent la toile de fond de leur composition. »

2. Comment résoudre les contradictions du texte coranique ? « Les docteurs de la Loi en vinrent à trouver une solution à ces contradictions en postulant qu'un verset pouvait en abroger un autre (*naskh*) : un verset faisant partie d'une Révélation récente l'emporte sur un verset plus ancien », selon A. MOUSSALI, dans *Judaïsme, christianisme et islam*, p. 413.

Voir aussi, à propos de « l'amnésie subite du Prophète redescendant du Ciel », selon certains versets coraniques aménagés d'étonnantes inclusions, censées éclairer l'incompréhension du texte par le lecteur musulman, l'analyse qu'en donne E.-M. GALLEZ, dans *Le Messie et son prophète*, t2, annexe D5, p. 477-481. Ces subterfuges d'écriture, comme aussi pour bien des principes juridiques, deviennent habituels dans les éditions successives du Coran. Ils ne clarifient pas la lecture, mais la rendent plus complexe et difficile à comprendre.

Après la dispersion de 70, puis celle de 135, les juifs se regroupèrent dans leurs synagogues, dont certaines deviendront de grands centres intellectuels du judaïsme, où se développeront les *Targumim* et les *Midrashim*. Si l'hébreu reste la langue de l'*Écrit*, les commentaires sont souvent en araméen et plus tard en syriaque. Comme nous l'avons déjà décrit, le Judaïsme, en particulier oriental, va, sous le choc de l'anéantissement de la résistance juive, pour une bonne partie s'émietter en de multiples courants messianistes, apocalyptiques et gnostiques. Ces courants juifs eux-mêmes rencontrent les dérives judéo-chrétiennes de chrétiens déçus et influencés par les milieux messianistes et gnostiques. Nous avons déjà souligné l'importance du courant *nazaréen*, appelé aussi *ébionite*, aux premières heures de l'ère chrétienne, et de son influence jusqu'aux abords du VIIe siècle sur ceux que E.-M. Gallez appelle les *judéonazaréens*. Certains courants gnostiques, comme les *Manichéens*[1], marqueront les débuts de l'islam ; nous y reviendrons. D'autres influences gnostiques, comme celles des *Elkhasaïtes*[2], resteront anecdotiques. Tous ces courants se sont forgés autour des *Écritures* juives et chrétiennes

---

1. Mani, fondateur du *manichéisme* au IIIe siècle, considère le monde créé sous l'influence égale de deux principes contraires. De plus, il se présente comme le « sceau des prophètes » (cf. s. 33, 40 ; 61, 6) et le Paraclet annoncé par Jésus. En souvenir de sa mort, ses disciples pratiqueront un jeûne diurne de trente jours mais festoyant la nuit. Certains aspects du manichéisme se retrouvent dans le vécu de l'islam dès les débuts, ce qui laisse à penser que ce courant eut quelques influences au moins dans ses commencements (selon PRÉMARE, dans *Les fondations*..., p. 252) et qui ressortent aujourd'hui dans les courants extrémistes.

2. Secte hétérodoxe du début du IIe siècle, « sous le règne de Trajan... Les Elkhasaïtes prient tournés vers Jérusalem. Elxaï [le fondateur] venait du judaïsme et "pensait à la juive". Par ailleurs, il connaît le Christ. Mais son christianisme rappelle par bien des traits l'ébionisme. Le Christ est un prophète. Les *Épîtres de Saint Paul* sont rejetées (*H.E.*, VI, 38). » Dans *L'Église des premiers temps* de Jean DANIÉLOU, Éditions du Seuil, 1963.

et sont aussi les héritiers de ces traditions messianistes et apocalyptiques du bas judaïsme dont l'arbre *Essénien*, dossier complexe, selon la vaste étude de E.-M. Gallez[1], « a longtemps occulté la forêt messianiste ».

En effet, la destruction du Temple en 70 après J.-C. a, non seulement profondément atteint la communauté juive, mais aussi ceux qui, parmi eux, s'étaient attachés au Messie, le Fils de Dieu. Cependant, selon Eusèbe de Césarée[2], jusqu'en 130, les « frères du Seigneur » Jacques et Simon eurent des successeurs hébreux comme évêques de Jérusalem. « L'Église entière de Jérusalem était alors composée d'Hébreux fidèles: il en fut ainsi depuis les apôtres jusqu'au siège que subirent ceux qui vivaient alors. » (HE IV 5, 2) Lors de la révolte de Bar Kokhba en 135, pris un moment dans le monde juif pour le Messie, l'empereur romain interdit aux Juifs « d'approcher même des environs de Jérusalem… Ainsi la ville fut réduite à être totalement désertée par le peuple juif et à perdre ceux qui l'avaient habitée autrefois. Elle reçut des habitants de race étrangère. La ville romaine, qui la remplaça, changea de nom et fut appelée Aelia en l'honneur de l'empereur Aelius Hadrien. L'Église de la ville fut elle aussi composée de Gentils. » (HE IV 6, 4) Ainsi les juifs, devenus disciples de Jésus, comme tous les autres juifs n'avaient plus de statut et de visibilité dans un monde qui les rejetait. Ces tragédies ne sont certainement pas pour rien dans l'émergence de groupes messianiques, qui tentent de se reconstituer, non seulement à Pella, mais dans tout le Proche-Orient. Et les ébionites, à propos desquels Eusèbe de Césarée ironise:

1. E.-M. Gallez, *Le messie et son prophète, aux origines de l'Islam*, Éd. de Paris, 2005, t. 1 : *Le dossier « essénien » : une forêt que cache un arbre*, p. 39 à 305.

2. Eusèbe de Césarée, *Histoire Ecclésiastique*, Livres III et IV,

« Ils ont reçu le nom d'ébionites qui met en relief la pauvreté de leur intelligence : car tel est le mot par lequel les pauvres sont appelés chez les Hébreux… » (H III 27, 6), ces ébionites donc, autrement appelés nazaréens, tout en continuant de pratiquer le judaïsme, croient en Jésus, le Messie. Mais la chute de Jérusalem et la destruction du Temple accentuent chez eux la dimension eschatologique et messianique de l'heure où le Messie viendra rétablir toute chose, en particulier le droit à Jérusalem. De leur côté, Justin ou Origène semblent considérer ces groupes comme chrétiens à cause de leur attachement à Jésus de Nazareth, le Messie de Dieu. Mais les Pères de l'Église des IIIe et IVe siècles, comme Irénée de Lyon, déjà au IIe siècle, Épiphane de Salamine ou Jérôme de Bethléem et Eusèbe de Césarée stigmatisent leur attachement au judaïsme. Cependant, ces groupes ne retiendront qu'un seul évangile d'inspiration matthéenne, l'*Évangile aux Hébreux*, dit aussi *aux Nazaréens*[1] et rejettent en particulier les lettres de Paul et même les écrits de Jean. Les dispositions et coutumes, la doctrine, l'espérance de ces groupes semblent bien avoir fait le lit du grand fleuve d'abord des *muhâjirûn*, puis de l'Islam.

Dans les assemblées juives, on *récitait*, dans la lecture publique, le lectionnaire-*miqr'a*. Ce lectionnaire prendra en araméen le nom de *Qery'n*. Or, chez les *nazaréens*

1. Dans *Nouvelle Histoire de l'Église*, t. 1, de J. Daniélou et H. Marrou, Éd. du Seuil, 1963 : « Nous avons des fragments d'un *Évangile des nazaréens*, qui était écrit en araméen et que Jérôme a lu en Transjordanie. Épiphane voit en eux des judéo-chrétiens chassés de Palestine après 70… Cette communauté portait le nom de nazaréens… » Eusèbe de Césarée, dans *HE* III, 27.6, évoque aussi à propos des ébionites : « Ils se servaient uniquement de l'Évangile appelé selon les Hébreux et tenaient peu de compte des autres. »

(ou judéonazaréens), le lectionnaire-*qery'n* rassemblait le Pentateuque, c'est-à-dire la *Tôra*, et l'*Évangile* dit *aux Hébreux* ou *aux Nazaréens*. Le Coran actuel en conserve les traces, lorsqu'il évoque deux Écrits en un seul *kitâb* (*livre*-lectionnaire). La sourate *al-qasas* (*le récit*) affirme : « Dis-leur : "Apportez donc un Livre qui guide mieux que ces deux-là [Écrits] que je le suive. » (s. 28, 49) Il s'agit en fait des deux Écrits de la *Tawrâ* (l'enseignement) de Moïse et de l'*Injîl* de Jésus [1] (l'Évangile aux Hébreux). Tous deux sont considérés comme des Envoyés (*rasûl*) selon les traditions judéonazaréennes qui perdureront jusqu'au Coran de l'islam. Et très curieusement, on ne parle ni d'un autre *rasûl* ni d'un troisième Écrit. Le texte du Coran renvoie donc ici à ce lectionnaire en usage chez les nazaréens.

C'est ce lectionnaire que Waraqa Ibn Nawfal [2], après avoir rejoint le courant des Nazaréens, s'appliquera à traduire du syro-araméen en arabe, pour les nouveaux adeptes arabophones venus rejoindre le courant judéo-nazaréen. Ainsi, le lectionnaire en arabe sera désormais le *Qur'ân*, transcription du terme araméen [3]. Mais ce terme, désignant tout d'abord le lectionnaire liturgique de la communauté nazaréenne, s'appliquera, plus tard, lors de la collecte de la période des califes, au *Livre Saint* de l'islam. Le terme (*qur'ân*) subira donc le même glissement sémantique

---

1. L'*Injîl* est attribué à *'Îsa*-Jésus dans le Coran, selon plusieurs sourates : s. 3, 48 ; 5, 46.110 ; 19, 30 ; 57, 27.

2. Ce personnage *nazaréen*, d'origine arabe et parent de *Muhammad* et de Hadîja, « avait embrassé le *nazaréisme* avant l'apparition de l'islam », selon le commentateur Al-Buhârî (m. 870) cité par J. Azzi, *op. cit.*, p. 40. Il poursuit : « Il savait écrire l'hébreu et avait copié en hébreu toute la partie de l'évangile que Dieu avait voulu qu'il transcrivit », cf. p. 66, note 1.

3. Le *lectionnaire* liturgique en araméen (*Qery'n*) des textes sacrés des *judéo-nazaréens* ; cf. s. 17, 106 qui vraisemblablement parle de cet autre « qur'ân que nous avons fragmenté pour que tu le lises lentement aux gens et nous l'avons fait descendre graduellement ».

que celui de *al-islâm* durant cette période où s'élabore la nouvelle religion. En effet, ce *Qur'ân* en arabe (cf. s. 41, 3 ; 43, 3) est facile à lire (s. 73, 20), dénué de complication (s. 39, 27), clairement évident pour le lecteur arabophone du groupe des nazaréens. Ce *Livre* contient les deux *Écrits* et leur traduction en arabe (s. 15, 1 ; 43, 2-4).

Qu'est donc devenu ce *Coran* dont parle le Coran d'aujourd'hui ? Les recherches et les investigations sur le texte coranique actuel, composé d'une multitude d'adjonctions successives et de suppressions, mettent en évidence l'existence d'un lectionnaire liturgique propre aux judéonazaréens. Ce *Qur'ân*, aujourd'hui disparu, fut certainement un lectionnaire commun aux nazaréens et à leurs alliés Arabes qui feront l'émigration-*Hégire* (*hijra*) à Yathrib avec *Muhammad* et qui prendront le nom d'émigrés (*muhâjirûn*). Il n'est autre que le Coran des ébionites-nazaréens et hagarènes (fils de Hagar) ou Arabes émigrés.

Comment en est-on arrivé au Coran actuel ? Que sont devenus les deux *Écrits* de ce lectionnaire des judéo-nazaréens ? Pourquoi le Coran de l'islam ne porte-t-il pas plus de traces, de citations de cet Écrit-mère ?

Le Coran de la rupture

Les déçus de la reconquête de la Terre qui n'est pas aussi rapide qu'espérée, de la venue ou du retour annoncé, mais retardé du Messie, sont précipités dans des querelles et dissensions internes. À Yathrib, se serait déroulé le massacre de plusieurs tribus juives, selon la version officielle du pouvoir 'ummayade, justifiant ses propres crimes et créant ainsi sa propre légende, pour mieux asseoir le pouvoir arabe et récupérer le Prophète arabe. Il n'est pas impossible, malgré le *Pacte*, qu'à Yathrib, la fédération autour des

Arabes-*émigrés* de *Muhammad* et, déjà, la mise en place du mouvement des proto-musulmans[1], germent des litiges qui conduiront à se séparer des nazaréens (ou judéo-nazaréens). Ainsi, les *muhâjirûn* revendiqueront l'initiative de la conquête, en se distinguant, non seulement des juifs et des chrétiens, qu'ils avaient déjà exclus respectivement comme « recouvreurs » (falsificateurs de la Tôra) et *mušrikûn* (associateurs[2]), mais aussi des judéonazaréens « qui avaient été si liés à *Muhammad* ». Cette déchirure se consomme, en effet, lors de la reconquête de Jérusalem, non pas sur l'autel inexistant du Temple détruit, mais par l'édification du *cube*, sur l'esplanade du Temple, et la prétention des proto-musulmans à une « troisième Révélation », venant parachever celle faite à Moïse et celle de Jésus, le Messie.

Ce qui avait pu constituer pendant toute une période l'idéologie messianiste et l'élan des *muhâjirûn* et de leurs alliés va donc laisser place sur la fin de la période du proto-islam à tous les éléments constitutifs de l'*islâm*. Et la constitution progressive du Coran est l'affirmation de la prééminence de ce courant qui finit par emporter le pouvoir politique par la force militaire et l'esprit de conquête. L'héritage judéonazaréen est retraité, si bien que le Coran devient le témoin d'un ensemble inorganique et sans lien historique portant cependant les traces du premier *qur'ân*, d'événements de cette période, auxquels sont ajoutés des *hadîth*-s circonstanciels, dont certains, mais très peu, peuvent peut-être remonter à l'enfance du chef des *muhâjirûn* ou

---

1. E.-M. Gallez, *Le messie et son prophète*, t. 1, p. 476 : « Le proto-islam, c'est-à-dire un judéonazaréisme adapté aux Arabes. » L'auteur démontre que cette « purification ethnique » n'eut pas lieu à l'époque de *Muhammad*, mais au plus tôt sous la fin du règne de 'Umar (m. 644).

2. Originellement, *mušrikûn*, « ceux qui associent », désigne les chrétiens, mais progressivement, par un jeu de glissement sémantique, « les associateurs » finiront par désigner les polythéistes et le terme *nasâra* désignant d'abord les *judéonazaréens* s'applique aujourd'hui aux chrétiens.

de ses compagnons. Mais la plus grande partie du texte, bien que l'étude du Coran reste encore à faire presque entièrement, n'est qu'une compilation désordonnée avec des ajouts de circonstance que l'on justifie en les rapportant à *Muhammad*, lui-même, et à la légende que les conteurs dessinent. L'idéologie messianiste qui prédomine alors et va donner force aux émigrés, c'est « la conviction d'être choisi par Dieu pour diriger le monde[1] ».

Qui sont les gens de l'Écrit ?

Le Coran renvoie souvent aux *ahl al-kitâb*[2], ce qui aujourd'hui est source de confusion en donnant une apparence œcuménique très approximative. Ici joue à plein le relativisme qui permet de regarder le passé ou simplement le texte coranique avec une illusion d'optique caractérisée. Qui le Coran désigne-t-il en parlant des « gens du Livre » ou de l'Écrit ?

La sourate de *l'araignée* (29, 46-47) laisse entendre aujourd'hui qu'il y a des *gens* très proches des soumis (*muslimûn*), ceux sur qui le *Livre* est descendu et qui y croient. D'ailleurs, dans un raccourci saisissant qui plaide en faveur d'un dialogue œcuménique des plus courtois, les traductions du Coran donnent « notre Dieu et votre Dieu est le même[3] ». François Jourdan démasque l'ambiguïté des traductions :

---

1. *Op. cit.*, t. 1, p. 480.

2. Sourate *de la Table servie* 5, 65-66 mais aussi sourate *al-'Imrân* 3, 64-65.69-75... 110.113.199 dont certains versets décrivent l'admiration portée aux *Gens de l'Écrit ou Tente de l'Écrit*, expression qui manifeste le caractère de proximité de ceux qui se réfèrent à *l'Écrit*.

3. Littéralement s. 29, 46 : « Notre divinité et votre divinité est unique et nous lui sommes soumis ».

« … "même" est valable pour une partie seulement du champ sémantique du mot, au sens de "unique" : l'unicité divine. Mais il n'est pas valable pour l'autre partie du champ sémantique, au sens d'"identique" : en ce sens que nous n'avons pas le "même" Dieu [1] ».

Ici, comme avec d'autres versets, le Coran parle de façon univoque. Peut-on convenir sans examen que le *Livre* de l'islam évoque ainsi les *gens de l'Écrit*? Si aujourd'hui, globalement, on s'accorde pour reconnaître que cette expression désignerait les juifs et les chrétiens, parce qu'ils ont en héritage des Écritures communes, que d'ailleurs l'islam ne reconnaît pas et qui n'ont pas de lien évident avec le Coran, il paraît abusif d'utiliser cette expression pour rassembler sous un même vocable : juifs, chrétiens et musulmans. Qu'en était-il à la période primitive du proto-islam lorsque cette expression, *ahl al-kitâb*, a été utilisée ? Qui désignait-elle ?

Dans la période du proto-islam, l'expression : *les Gens de l'Écrit* désignait essentiellement les juifs et les judéo-nazaréens. L'*Écrit*-Livre, ou lectionnaire, ne pouvait être que celui qui était récité (proclamé) dans les assemblées de ces milieux judéo-chrétiens et nazaréens. Il s'agit donc du lectionnaire-*miqr'a* ou *qery'n*, qui, en arabe, prendra le nom de lectionnaire-*qur'ân*, mais qui n'est pas encore le Coran que nous connaissons. La plupart de ces communautés font référence au même livre de Moïse, la *Tôra*. Les courants messianistes ont conservé l'Évangile-*Injîl aux Hébreux* et l'ajouteront à l'*Écrit* du Pentateuque. Il est évident que les Chrétiens, bien qu'ils aient gardé les Écrits de la première Alliance (la Thora, les Psaumes et les Prophètes auxquels s'ajoutent les écrits apocalyptiques et de sagesse), ne les ont pas reçus selon la théorie musulmane de la descente. Ils

---

1. François Jourdan, *Dieu des chrétiens, Dieu des musulmans*, p. 33, Éd. L'œuvre, 2008.

s'appuient essentiellement sur le canon des Écrits reconnus de la Nouvelle Alliance. Ce n'est donc pas d'eux qu'il s'agit dans ces premières générations. Et il ne s'agit pas davantage de ceux qui récitent l'Écrit-Coran non encore constitué. Le *Coran* dont parle le Coran actuel est donc celui des judéo-nazaréens et non celui des musulmans qui commenceront de rassembler beaucoup plus tard ce qui constituera l'actuel Coran.

Cependant, plusieurs termes, que rapporte le Coran, sont révélateurs des tensions qui existent déjà au sein de cette *umma* (communauté clanique) primitive qui se constitue à Yathrib. Cette unité, utopique ou idéale de la communauté primitive, éclatera, nous l'avons vu, lors de la reconquête de Jérusalem. L'exclusion des juifs puis des judéonazaréens se fait aussi par Écrit interposé et avec des reproches qui distingueront progressivement la nouvelle *Umma*. Le Coran dénonce ceux parmi les Enfants d'Israël qui « falsifient » (s. 2, 75) ou encore dissimulent en recouvrant ! Toute cette terminologie deviendra réprobatrice et indiquera nettement la ligne de partage entre ceux qui croient non seulement en Dieu (*Allah*), mais en son Envoyé-Messager, que la tradition musulmane tardive désigne sous le nom de *Muhammad*. Dire des juifs, puis des judéonazaréens qu'ils ont falsifié le Message, c'est en même temps rejeter le Moïse-Envoyé qui n'a pas été suivi, écouté et obéi pour autoriser un nouveau *rasûl*, d'ailleurs annoncé, et qui recevra et dévoilera le véritable *Écrit-qur'ân*.

L'expression, « ceux qui recouvrent » (*kafirûn*), devient récurrente et méprisante dans le Coran. Aujourd'hui, elle signifie plutôt *ceux qui rejettent...* La racine de ce mot vient de l'hébreu (*kfr*) qui signifie recouvrir pour dissimuler, cacher. Dans la Bible, Dieu *« couvre la faute »* (cf. Ps 32, 1 et 65, 4), c'est-à-dire la pardonne. Ici aussi, se produit un glissement sémantique et désormais, c'est l'homme qui cache. Pour plusieurs chercheurs [1], ce que stigmatise le Coran, c'est l'importance que prit pour les juifs l'autorité de la *mišna* (répétition), comme une autre révélation à côté de la *Tôra*, et celle des commentaires eux-mêmes. Par la suite, mais pour d'autres raisons, le Coran dira aussi des chrétiens qu'ils recouvrent parce qu'ils disent de *'Îsa̱*-Jésus ce qui n'est pas permis.

Cependant, on peut se demander si l'expression n'est pas le résultat d'une polémique à l'intérieur même de l'*Umma*, entre ses différentes composantes. Car le Coran est témoin de dissidences et de ceux qui refusent de croire à l'*Envoyé*, le traitant de menteur, de pratique de sorcellerie. Finalement, chaque partie n'aurait-elle pas retourné l'argument contre l'autre ? Le Coran ne serait-il pas, tout compte fait, l'anti-révélation, face aux Écrits juifs, nazaréens, voire face aux Évangiles chrétiens ? Il est étonnant de voir comment le Coran est placé après les différentes *descentes* du Livre sur les prophètes. En effet, l'islam revendique une antériorité, en remontant comme au-delà de l'histoire, en étant reçu comme un Coran « incréé », donc antérieur à la Tôra et à l'Évangile. Finalement pour exister, l'Islam des califes crée un non-événement, avec tout son cortège de fioritures, pour qu'il soit plus vrai que vrai et que ce big-bang de la révélation soit l'événement invisible, mais apparu sous la forme d'un *Qur'ân inimitable*[2], *glorieux* (s. 85, 21), *miraculeux en arabe clair* (s. 16, 103).

Plus profondément et ici, nous touchons déjà à certains aspects d'un dialogue à entreprendre, mais qui reste ardu, car l'islam se pose comme antérieur à la Révélation judéo-chrétienne, ce que n'était pas le judéonazaréisme durant cette période du proto-islam.

---

1. E.-M. Gallez, *op. cit.*, t. 1, 2.4.2.2, p. 411.

2. Cf. p. 83, note 2 ; la doctrine islamique du *'ijâz* est totalement arbitraire et n'apporte aucun justificatif de raison à une affirmation aussi gratuite et qui doit être accueillie comme telle.

Cette notion de couvrir ou recouvrir n'a pas du tout les mêmes résonances en islam et dans la Révélation chrétienne, pour ne pas parler du judaïsme et de la Révélation biblique. La notion de péché n'est pas la même en islam et dans les religions bibliques, ce qui, par voie de conséquence, donne aussi une approche et une connaissance de Dieu totalement différentes avec les conséquences que cela entraîne. La notion de péché qui s'inscrit, selon le livre de la Genèse (ch. 3), dans cette fracture originelle (le péché originel) atteint non seulement l'homme dans son être profond en le fragilisant, mais aussi dans sa relation intime avec Dieu et par voie de conséquence avec son semblable et toute la Création. Un tel état, pour ne pas conduire au néant, appelle une Rédemption, dont les éléments seront progressivement révélés tout au long de l'Histoire, en particulier du Peuple d'Israël jusqu'à la réalisation de la Promesse et sa manifestation dans le « Rédempteur de l'Homme », Jésus le Messie. Le judaïsme et le christianisme désigneront tout ce processus comme l'Histoire sainte du Salut. Et l'Église porte cette espérance, déjà réalisée et commencée, *« jusqu'à ce qu'Il vienne »* (1 Co 11, 26). Ainsi Dieu couvre-t-Il le péché de l'homme *« supprimant en sa chair* [de Jésus] *la Haine »* (Ep 2, 14) sur la Croix en promettant la Vie immortelle dans la Résurrection du Christ.

Le Coran ne se situe pas du tout à ce niveau. Les notions islamiques du Salut sont fixées pour toujours et par un dieu (*lah*) qui crée le bien comme le mal, « qui fait miséricorde à qui il veut » (s. 29, 21). En Islam, l'être humain n'a pas fondamentalement besoin de salut. Il n'y a pas de relation, surtout pas une relation d'amour, avec Dieu ; l'homme est précipité en ce monde dans l'arbitraire, fût-il divin. Le péché est avant tout une désobéissance formelle à une loi, mais qui n'est pas intérieure à l'homme. Il doit, comme *soumis* (*muslim*), croire dans les décrets de Dieu, même si sa vie est désordonnée. La foi, en Islam, ne saisit pas existentiellement l'homme total pour le rendre juste ; quant aux désobéissances, elles ne touchent pas Dieu ni n'affectent l'être humain. D'ailleurs, selon la sourate *Muhammad* (47, 2-3) : « Et ceux qui ont cru… en ce qui a été descendu sur Muhammad – et c'est la vérité venant de leur Seigneur – Il leur *couvre* leurs méfaits… et ceux qui ont *recouvert* (les mécréants), ils ont suivi le faux et ceux qui ont cru ont suivi la vérité… » Bien entendu, nous touchons ici à un risque non négligeable d'ambiguïté dans le dialogue, si l'on ne définit pas d'avance clairement le sens des notions premières, que nous pouvons supposer communes. Nous y reviendrons dans la seconde partie de ce livre.

En guise de conclusion

Nous avons essayé, au long de ces pages, de rejoindre les racines premières du Coran sans pour autant aborder de manière exhaustive l'ensemble des questions que soulève, à plusieurs titres, le *Coran généreux*. Un constat est clair, le remaniement profond et multiple rend difficile une approche du Livre de l'islam et laisse perplexe le lecteur qui s'y aventure sans un guide de lecture difficile à se procurer. Depuis quelques années, des études, non seulement historiques mais linguistiques et comparatives, permettent de creuser et, comme dans des fouilles minutieuses, de retrouver des strates plus anciennes, mais souvent reprises, déformées et arrangées par les nouveaux scribes. Il est évident que le Coran actuel ne nous permet pas de rejoindre les premières productions, *hadîth*-s, qui d'ailleurs ont été détruites, au moins à partir de 'Uthmân et ce jusqu'à la fin du VIIIe siècle. Il est constitué comme un assemblage disparate, opéré par des collecteurs et des informateurs qui ne travaillaient pas nécessairement pour une œuvre commune, mais parfois avec des intérêts « claniques » voire « politiques » opposés ou divergents, dirait-on aujourd'hui, ce qui en fait un texte très fragmenté et parfois contradictoire.

Un tel état de la composition du Livre ne permet pas de lui attribuer un statut formellement rationnel. Même, en poursuivant de manière plus précise et approfondie l'étude du texte, encore généralement refusée dans le monde musulman, il sera très difficile de dégager une cohérence interne au Coran et par là, *a fortiori* en relation avec les Écritures judéo-chrétiennes. Au plan du dialogue interreligieux, il peut être possible de s'arrêter sur certains thèmes communs, mais prendre ceux-ci à partir des *Écrits* des uns et des autres, c'est entrer dans la polémique d'exégèses inconciliables et discordantes.

Le Coran actuel ne peut être considéré non plus comme un lectionnaire liturgique (*qur'ân*), ce qu'a été le *qur'ân* des nazaréens avec ses *deux Écrits* ou la Bible hébraïque et ensuite les Évangiles, les Actes des Apôtres et leurs lettres. La composition des Écrits comme leur but affiché, particulièrement dans l'action liturgique juive ou chrétienne, n'est pas comparable à celle du Coran, dont la fonction liturgique n'apparaît pas au premier abord. Le seul usage du Coran, apparenté à une lecture liturgique, pourrait être la cantillation durant les veillées du mois de ramadhan. Plusieurs passages du Coran gardent trace du Livre des Psaumes[1], ce qui ne suffit pas à justifier un usage liturgique, mais plutôt à rappeler des substrats d'un autre *qur'ân* disparu dont certaines parties auraient pu être psalmodiées. « Cette tradition nous renforce dans l'idée que de nombreux textes coraniques étaient destinés à remplir une fonction liturgique », écrit Prémare. Mais il ajoute aussitôt :

1. A.-L. de Prémare, *Les fondations*..., p. 305 et la note 9 : Ps37, 29// Coran 21, 105 ; Ps 107, 23-30//Coran 10, 22 ; Ps 121, 4//Coran 2, 255.

> « On ne peut cependant pas réduire le Coran à une sorte de lectionnaire. Constater qu'il ait été amené à remplir une fonction liturgique dans la communauté islamique ne signifie pas que tous ses textes aient été produits et composés initialement dans ce but[1]. »

En effet, seule la sourate de *l'ouverture*[2] est habituellement incluse dans la prière rituelle (*salât*).

Si le Coran n'a ni une fonction liturgique ni une raison historique affichée, s'il n'est pas davantage une « Révélation », alors qu'est-ce qui peut expliquer son poids emblématique ? Il me semble que l'histoire du Coran pourrait nous renseigner, ce que plusieurs experts tentent de faire. Ce travail de fourmis dégage certains indices que, pour l'heure, nous pourrions résumer ainsi. Tout d'abord, l'existence d'un *lectionnaire-qur'ân* de tradition ébionite-nazaréenne est évidente et fut le milieu primitif dans lequel va s'élaborer la doctrine judéonazaréenne, puis proto-musulmane. Ensuite, après les ruptures internes et durant la phase préislamique, le souci majeur de la collecte de *hadîth*-s et de traditions (*sunna*), qui puissent confirmer l'émergence du nouveau pouvoir de Damas, paraît essentiel, bien que la collecte fût tumultueuse. Cependant, la nouvelle religion, l'*islâm*, avec son Livre, le *Qur'ân*, ne peut exister et poursuivre son parcours qu'en se différenciant de son environnement culturel, cultuel et religieux et par conséquent politique. La longue tradition juive et chrétienne, avec leurs centres

---

1. A.-L. de Prémare, *Aux origines du Coran*, p. 46.

2. « En effet, la *Fatihah*, qui est le chapitre le plus important du Coran, selon une lettre (13-10-07) de 138 Lettrés musulmans, commence par la louange… [Elle est] récitée au moins dix-sept fois par jour par les musulmans dans les prières canoniques. » Dans *D.C.* n° 2394, *Une parole commune entre vous et nous*, p. 71, lettre adressée à Benoît XVI et aux responsables chrétiens pour le premier anniversaire de la lettre ouverte, faisant suite à Ratisbonne.

culturels et religieux, marquait le pas sur l'Islam naissant. À mon sens, les collecteurs, voire les transmetteurs musulmans, ont surtout servi leurs maîtres, sans avoir toujours le souci précis d'exactitude ni sans chercher à confronter et vérifier leurs sources, en particulier auprès de ces communautés dont ils revendiquaient l'héritage scripturaire et dont ils devaient, en même temps, se distinguer en marquant pleinement leur différence. L'idéologie aurait donc primé ; l'outillage d'assemblage manquait nécessairement de précision pour l'époque ; et les nouveaux scribes devaient encore manquer cruellement d'une culture assez large, similaire à celle que proposaient les grandes académies juives ou chrétiennes de l'époque. C'est d'ailleurs ce que semble reprocher le polémiste Al-Kindî :

> « La conclusion de tout ceci [la fabrication du Coran par les responsables musulmans] est évidente à qui a lu et a vu comment, dans ce livre, les récits sont assemblés n'importe comment et entremêlés ; c'est une évidence que diverses mains – et nombreuses – s'y sont mises et ont créé des incohérences, ajoutant ou enlevant ce qui leur plaisait ou déplaisait [1]. »

Historiquement, le Coran semble aussi en témoigner, le messianisme ainsi que l'élan apocalyptique des courants qui ont conduit jusqu'au *judéonazaréisme* glissent vers une forme plus politique, dans laquelle « l'effort au combat pour tuer », c'est-à-dire le *jihâd*, associé au *qitâl*, « sur le chemin d'Allah » (s. 2, 190), prendra de plus en plus d'importance, au point de caractériser l'Islam. Le Coran est le témoin d'un messianisme guerrier, glissement qui s'est opéré progressivement aux dépens des judéonazaréens, à la faveur des nouveaux maîtres du pouvoir, jusqu'à s'inscrire dans le texte comme un soubassement idéologique. La justification du *jihâd/qitâl* par le *Saint Coran* lui donne un poids qui

1. Bénédicte Landron, dans *Attitudes nestoriennes vis-à-vis de l'Islam*, Paris, 1994.

en fait une obligation religieuse du croyant. L'ordonnance n'est plus de raison, mais religieuse, une soumission à l'ordre divin qui retire à la conscience, dans sa quête de vérité, son jugement moral. Dans plusieurs domaines, le Coran s'impose comme un droit divin, aux dépens même de la raison et en conflit avec elle, réduisant la liberté de conscience à se soumettre à un impératif moral absolu et absurde.

Faut-il porter un jugement sur l'histoire du Coran et de sa composition ? Certes, l'histoire reste l'histoire. Mais le Coran se présentant comme un vis-à-vis des autres Écrits, même si rien ne le justifie, nous ne pouvons pas en rester sur des positions inconciliables, sans rechercher, d'une part, la vérité historique et, d'autre part, l'enjeu spirituel du Salut final et universel. Ne pas « critiquer » le Coran ni entrer dans un vrai débat entre croyants serait laisser droit à l'imposture, à la déraison et à l'impossibilité du lien entre foi et raison. Paradoxalement, cette dernière rupture, que l'Occident accrédite, fait le sillon de tous les obscurantismes, négationnismes et fanatismes de tous bords. Et de ce fait, l'Islam se donne, face au laïcisme, au relativisme, à l'athéisme et à l'a-théologie, le droit et l'autorité de la seule religion universelle porteuse d'un rêve messianiste sanglant. Si le judéo-christianisme n'est plus porteur de la véritable espérance de la Venue du Messie-Jésus, il laisse alors place à un messianisme politique arbitraire et violent, comme l'actualité en fait trop souvent la démonstration.

Ainsi, d'un mouvement libérateur aux dimensions eschatologiques, le proto-islam glisse plus tard vers une autre forme, celle de l'Islam, avec sa révélation et son prophète. Dès lors, le *Livre Coran* se présente comme la parole révélée, descendue d'En-haut, et devient la référence obligée pour la nouvelle *Umma*, en lieu et place des autres Écrits. Si le Coran conserve quelque chose de l'héritage judéonazaréen, même remanié, il ignore la majorité des écrits néotestamentaires.

Ainsi, la rédaction et l'interprétation tardives du Coran actuel font aussi bien des amalgames en jetant le manteau pudique de « l'ignorancité » (*jâhilîya*) sur toutes les périodes ayant précédé l'islam primitif[1] et son Prophète.

Violence et religion ne peuvent aller ensemble, comme le laisse penser le Coran, régressant en cela par rapport à ce que les Évangiles disent du message et du ministère de Jésus de Nazareth. Et Dieu ne peut justifier la violence[2], pas plus qu'on ne peut L'invoquer dans ce but. La folie meurtrière ne peut engager une partie de l'humanité, au nom d'une religion, à avoir raison contre l'autre partie. R. Arnaldez, cité par Benoît XVI dans son discours de Ratisbonne, « note que Ibn Hazm va jusqu'à expliquer que Dieu n'est pas même tenu par sa propre parole et que rien ne l'oblige à nous révéler la vérité. Si tel était son vouloir, l'homme devrait être idolâtre ». Or, nous sommes aujourd'hui comme pris

1. A.-L. de PRÉMARE, *op. cit.*, p. 24 : « Nous n'avons aucun document archéologique sur les religions du Hedjâz à la fin du VIe siècle et au début du VIIe siècle… nous en sommes réduits au matériel islamique tardif. Ce matériel est, au demeurant, contradictoire et englobé dans ce que J. Wansbrough appelle "l'histoire islamique du salut". Lorsqu'on étudie attentivement, il s'avère que les auteurs musulmans du IXe siècle, y compris Ibn al-Kalbî dans son *Livre des idoles*, ne connaissaient sur le sujet que ce qu'ils en recomposaient eux-mêmes à deux ou trois siècles de distance. Soucieux de souligner la radicale nouveauté de l'islam, ils voulaient plutôt illustrer littérairement la polémique coranique contre "ceux qui donnent à Dieu des associés" (*al-mushrikûn*). »

2. Il faut ici se référer au discours du pape Benoît XVI à Ratisbonne (12-09-06), *D.C.* n° 2366, p. 924 et s. : « Elle (la violence) est contraire à la nature de Dieu et à la nature de l'âme. » Il fait aussi parler le professeur Théodore Khoury : « "Ne pas agir selon la raison est contraire à la nature de Dieu." L'éditeur du texte commente à ce sujet : "Pour l'empereur, byzantin nourri de philosophie grecque, cette affirmation est évidente. Pour la doctrine musulmane, au contraire, Dieu est absolument transcendant. Sa volonté n'est liée à aucune de nos catégories, fût-ce celle qui consiste à être raisonnable." »

dans cette spirale vertigineuse et dans le risque mortel d'une terrible imposture.

C'est bien cette imposture que dénonce le *Catéchisme de l'Église catholique*[1] :

> « Avant l'avènement du Christ, l'Église doit passer par une épreuve finale qui ébranlera la foi de nombreux croyants. La persécution qui accompagne son pèlerinage sur la terre dévoilera le "Mystère d'iniquité" sous la forme d'une imposture religieuse apportant aux hommes une solution apparente à leurs problèmes au prix de l'apostasie de la vérité. L'imposture religieuse suprême est celle de l'Anti-Christ, c'est-à-dire celle d'un pseudo-messianisme où l'homme se glorifie lui-même à la place de Dieu et de son Messie venu dans la chair.
>
> Cette imposture anti-christique se dessine déjà dans le monde chaque fois que l'on prétend accomplir dans l'histoire l'espérance messianique qui ne peut s'achever qu'au-delà d'elle à travers le jugement eschatologique : même sous sa forme mitigée, l'Église a rejeté cette falsification du Royaume à venir sous le nom de millénarisme, surtout sous la forme politique d'un messianisme sécularisé, "intrinsèquement perverse[2]".
>
> L'Église n'entrera dans la gloire du Royaume qu'à travers cette ultime Pâque où elle suivra son Seigneur dans sa mort et sa Résurrection. Le Royaume ne s'accomplira donc pas par un triomphe historique de l'Église selon un progrès ascendant, mais par une victoire de Dieu sur le déchaînement ultime du mal qui fera descendre du Ciel son Épouse. Le triomphe de Dieu sur la révolte du mal prendra la forme du Jugement dernier après l'ultime ébranlement cosmique de ce monde qui passe[3]. »

Certes, ici, le *Catéchisme* évoque essentiellement les systèmes de pensée athée et ceux du national-socialisme

---

1. *CEC* n° 675 à 677.

2. Cf. Pie XI, encyclique *Divini Redemptoris* condamnant le « faux mysticisme » de cette « contrefaçon de la rédemption des humbles », et *Gaudium et Spes*, n° 20-21.

3. Cf. 2P3, 12-13.

qui ont été à l'origine de régimes politiques totalitaires qui, tel le communisme, ont prétendu redonner le pouvoir au peuple en installant des démocraties populaires, véritables « dictatures du peuple », par oligarchie interposée. Ce pouvoir du peuple a été pour beaucoup un messianisme de substitution. À cet égard, l'Islam présente les mêmes risques de dérives, comme une constante depuis ses origines, lorsque Muhammad établit la *Charte de Yathrib*. Mais, dans l'Islam, l'idéologie est religieuse, véritable décret divin, et menée comme « un combat sur le chemin d'Allah ». Quant à l'*Umma*, elle est cette force populaire de la masse des croyants qui détient le salut de l'humanité et se manifeste aujourd'hui comme nouveau peuple messianique, qui se doit d'instaurer le règne de la soumission (*al-islâm*) à Allah, où règne la paix (*as-salâm*) dans l'obéissance à la Loi (*Charî'a*) et son application [1]. Ce n'est pas Dieu qui sauve, mais l'adhésion à l'Islam et à la pratique islamique. C'est un renversement de toute la Révélation biblique, ce que les Écritures chrétiennes dénoncent comme un risque de déviance grave, mettant en péril l'œuvre du Salut en Jésus-Christ. Jésus annonce d'ailleurs que certains viendront en se faisant passer pour Lui (Mt 24, 4) ; saint Jean les nomme l'Anti-christ (1 Jn 4, 2-3). Ces mêmes Écritures bibliques parlent de sa domination sur des peuples nombreux, mais aussi du jugement de Dieu lorsqu'Il précipitera sa chute.

---

1. Les sévices corporels, les lapidations, les amputations font partie des peines prévues par la *Charî'a* à l'encontre de ceux qui y contreviennent. Une loi anti-blasphème existe au Pakistan, depuis 1991 ; elle peut infliger des peines allant de l'emprisonnement à la peine capitale. Toute « profanation » du Coran, « insulte » au *Prophète* ou non-observance de la loi islamique entraîne, aujourd'hui, devant les tribunaux islamiques de certains pays (Iran, Pakistan, Arabie saoudite, Nigeria et Soudan...), de tels verdicts et parfois des exécutions publiques ou une « vindicte populaire » violente et haineuse, comme le montrent les derniers événements de l'année 2009.

Le défi du dialogue islamo-chrétien est immense et la responsabilité de l'Église, quant à son être au cœur du monde comme « sacrement universel de salut » et témoin du Règne qui vient, est capitale. Le dialogue ne peut avancer pour le plus grand bien de tous les hommes sans une recherche inlassable de la Vérité de foi. Dieu ne veut-il pas le Salut pour tous ? Or il passe par la connaissance de la Vérité, affirme l'Apôtre Paul à Timothée (cf. 1 Tm 2, 4).

III

Un Prophète nommé Muhammad

Le Coran a-t-il trouvé son Prophète ? Ou bien est-ce le Prophète qui a transmis le Coran ? Aujourd'hui, le Prophète et le Coran semblent indissociables et personne n'oserait remettre en cause ce qui ressemble à une évidence en ce lien qui les unit. Et pourtant, tout cela ne semble pas aller de soi aussi aisément. L'approche que nous venons de tenter du Coran révèle la complexité de l'entreprise et la difficulté de se frayer un chemin dans cette forêt touffue de propos attribués à l'*Envoyé* « prophète » avec toutes les garanties supposées *a posteriori*, sans compter toutes les situations et « gestes » que de dévoués transmetteurs et collecteurs d'informations lui prêtent. Celui que la tradition finira par nommer *Muhammad* se prête, *post-mortem*, plus à un rôle de théâtre qu'à celui d'une figure historique, même controversée, à moins qu'il ne serve de doublure à d'autres acteurs de l'histoire.

Le personnage, quand on s'en approche, ressemble plus à une figure de légende qu'il est bien difficile de surprendre dans le vif de son existence et de son action. Le Coran lui-même ne nous aide pas à tracer les grands traits de cette figure aujourd'hui exceptionnelle. D'ailleurs, « les textes coraniques se caractérisent par l'absence de tout cadre narratif », explique A.-L. de Prémare. C'est pourquoi, poursuit-il, « leurs *akhbâr* sont souvent des récits-cadres qui, par une sorte de rétroprojection, sont destinés à historiciser ces textes en les situant dans le cours de la vie du prophète de l'islam [1] ».

Nous ne connaissons aucun récit biographique du Fondateur de l'Islam, venant de l'époque préislamique, soit pas avant la fin du VIIIe siècle. Son nom apparaît seulement à cinq reprises sur l'ensemble du Livre de l'islam, ce qui est sans comparaison avec ces envoyés ou prophètes qui l'ont précédé, comme *Ibrahîm*, *Mûsa* ou *'Îsa*. Le Coran aurait-il oublié son Prophète ? Ou celui-ci se serait-il tellement effacé devant le *Message* dont il était porteur, comme Jean le Baptiste devant Jésus ? Avons-nous les moyens aujourd'hui de le retrouver, comme pour un tableau ancien dont l'original aurait disparu derrière de multiples retouches et couches successives ? Nous allons tenter de rejoindre le *Muhammad* de l'histoire, pour autant que les recherches contemporaines le permettent. En effet, il s'agit d'examiner les origines de l'histoire de l'Islam et du Coran et de dessiner une figure devenue emblématique pour l'Islam et combien sensible dans le contexte actuel. Il n'est que de rappeler « l'affaire des caricatures ». Mais combien d'autres situations sont considérées, dans le monde musulman, comme blasphématoires envers le Prophète, et peuvent conduire à l'émission de *fatwa-s*, prétendant laver le crime par l'assassinat ou des condamnations à mort, pour le simple fait d'avoir prononcé de manière inconvenante ou sans être musulman le nom du Prophète de l'Islam. Depuis

1. A.-L. de Prémare, *Aux origines du Coran, op. cit.*, p. 104 et 108. « *Khabar* "récit" ou "information" dont le pluriel est *akhbâr*… [lesquels] sont, à l'origine, des "histoires" au sens restreint et banal du terme : des récits de circonstances, des anecdotes », explique l'auteur, p. 48.

plusieurs siècles maintenant, le personnage est tellement mis hors du commun que son visage ne peut même plus être représenté dans l'iconographie, sinon caché derrière « un voile » blanc, à l'instar de Moïse qui dissimulait le sien en le couvrant d'un voile, afin que les enfants d'Israël ne soient pas éblouis par la Gloire divine qu'il irradiait. Souvent d'ailleurs, les représentations placent, au lieu du cercle d'or qui nimbe le visage des saints ou du Christ dans l'iconographie chrétienne, une flamme au-dessus de la tête du Messager d'Allah. Autant le Christ prend visage humain dans l'art, y compris dans les films, autant *Muhammad* reste un personnage mystérieux, énigmatique, évanescent et caché aux regards. Peut-on s'aventurer à en dessiner le portrait? Commençons simplement, avec respect, par quelques traits qui nous le décrivent selon des critères et des convenances que nous livre l'histoire officielle, mais tardive.

Le Prophète de l'Islam

Muhammad n'apparaît vraiment comme Envoyé (*rasûl*) et Prophète (*nabî*) qu'assez tard dans tout le processus d'islamisation, vers la fin du VIIe siècle. Sur les frises du Dôme du Rocher (autour de 692), le nom apparaît, non comme celui de prophète, mais seulement d'« envoyé », venu intercéder pour sa communauté, au même titre que *'Îsa ar-rasûl* (l'Envoyé Jésus) intercède pour la sienne. Cependant, le nom de *Muhammad* apparaît à l'époque 'umayyade, dans la deuxième partie du VIIe siècle, sur des pièces de monnaie ou chez certains chroniqueurs du mouvement et chez quelques autres. L'orthographe est d'ailleurs hésitante dans ces débuts, puisqu'on retrouve l'éponyme de *Ahmad* [1] ou parfois celui

1. Cf. s. 61, 6. Nous y reviendrons car ce nom apparaît, une seule fois dans le Coran, dans un contexte coranique très particulier

de *Mahmet*, selon certains manuscrits. Cependant, il est identifié comme le chef des « émigrés » (*muhajirûn*), mais pas encore des musulmans. Le *Pacte* de Yathrib mentionne *Muhammad* et cette fédération qui s'organise autour de lui, dont il semble être l'initiateur ; mais ce nom est peut-être plus tardif et ajouté au *Pacte*. Il n'y a aucun doute qu'avant l'*Islam*, les émigrés, et tous ceux qui constitueront le courant proto-musulman, même à l'époque antérieure des judéonazaréens, sont conduits par un chef de guerre qui a su les rassembler et les motiver dans l'élan de la reconquête de la Terre. Tous les témoignages, et nous en avons évoqué quelques-uns au premier chapitre, concordent dans ce sens, sans pour autant le désigner par son nom [1].

À la fin du IXe siècle et ensuite, les *sîra-s* [2] vont écrire la vie légendaire et officielle de *Muhammad*, que les chroniques jusqu'aux biographies du Prophète, au XXe siècle, reproduisent fidèlement. Or, en écrivant la vie de *Muhammad*, on réécrit l'histoire des commencements. *Muhammad* vient au monde dans cette cité « inconnue » du *Hijâz*, La Mecque, en 570, l'année de l'éléphant [3], et

1. Certains voient, aujourd'hui, dans ce chef des saracènes, voire des *muhâjirûn*, et derrière l'éponyme de *Muhammad*, le nom d'Abu Bakr (mort en 634) qui semble être, en effet, le principal et réel chef du nouveau mouvement et de la conquête, un rôle qui lui convient parfaitement. Mais l'histoire « officielle » en fait le premier calife qui disparaît assez vite de l'histoire au profit de récits légendaires et tardifs, mettant en avant les noms de Muhammad et de 'Umar.

2. La *sîra* du Prophète, c'est-à-dire sa vie et ses expéditions sont essentiellement relatées par un certain Ibn Hishâm (mort vers 830) lequel a recueilli celle de Ibn Is'hâq (mort vers 767). Cette œuvre est la première conservée et qui fait référence surtout en milieu sunnite. Ibn Hishâm travaille à la commande des princes abbassides et désigne le prophète de l'islam déjà sous le nom de *Muhammad*. Voir Prémare, *les Fondations*... p. 16-17 et 361 (cf. p. 53, note 2).

3. Ibn Hishâm, *As-Sîra an-nabawyya*, vol. 1, Dâr al-jîl, Beyrouth, 1975 (édition en arabe), p. 294.321.

déjà marqué par le Ciel du sceau de la prophétie. L'homme est présenté comme un être timide, voire maladif, presque immature, lorsqu'il reçoit les premières « révélations » des premiers versets (*âyât*) que lui communique l'ange Gabriel durant « ses extases » dans la grotte de *Hirâ'*, proche de La Mecque. Elles ressemblent plus d'ailleurs, selon les descriptions qui en sont données, à des transes ou à un délire. Il aurait alors une quarantaine d'années! Comme pour donner plus de poids à la *récitation du Rappel* [1], on ira jusqu'à penser qu'il était inculte, ne sachant ni lire ni écrire. Marié sur le tard (!) à *Hadîja* (*celle qui avorte*[2]) dont il aurait eu plusieurs enfants, mais aucun garçon ne survivra, seule *Fâtima*, parmi les filles, lui donnera une descendance; telle est décrite la vie de l'*Envoyé* à La Mecque. *Hadîja*, qui est plus âgée que lui et parente du prêtre nazaréen Waraqa [3], est présentée comme une femme de tête et conduisant une entreprise commerciale. Quant à *Muhammad*, il semble plus réduit au rang de commis que d'époux. Cependant, ce mariage est présenté comme exemplaire, le premier et le

---

1. C'est ainsi que la Tradition musulmane retient l'émission des premières récitations, comme un *rappel* (s. 29, 45) du Message préexistant, mais de fait il vise les Juifs et *ceux qui rejettent* (*kafirûn*). Seulement plus tard, le soufisme fera du *dhikr* une prière sans cesse reprise, comme un *rappel*, une mémoire du cœur. En s. 21, 105 (cf. p. 69, note 1) ce terme aura même le sens d'*exhortation* à propos de l'héritage de la terre.

2. Notons au passage que *Hadîja* ou *Khadîdja*, pas plus qu'une autre des neuf épouses de la période médinoise, qui pourtant jouent un rôle important dans la tradition posthume du Prophète de l'Islam, ne sont mentionnées dans le Coran. La seule femme dont le nom apparaisse (34 fois) dans le Coran est *Maryam*, mère de *'Îsa* (mentionné seulement 25 fois).

3. Ibn Hishâm, dans la *Sîra* (*op. cit.*, vol. 1, p. 319), présente le prêtre nazaréen Waraqa, témoin esseulé du monothéisme, comme un Siméon attendant la venue d'un nouveau prophète (vol. 2 p. 6), exerçant alors à La Mecque. Et toujours, selon Ibn Hishâm, Waraqa, le *hanîf*, déclare à Hadîja, « Certes, Muhammad est le prophète de ce peuple » (vol. 2, p. 73-74).

seul qui fût monogame. *Hadîja* l'aurait même encouragé sur cette voie « mystique ». Tout ceci ne ressemble guère aux sociétés arabes du temps où l'homme avait un ascendant social sur la femme. Elle décède avant que Muhammad et ses premiers compagnons ne quittent La Mecque.

Toujours selon la *sîra*, ne pouvant rallier autour de lui les gens de La Mecque, *Muhammad* se serait enfui et aurait fait un exode (*hijra*) sur Yathrib en 622, appelée déjà *al-Madîna*. Et là, soudainement, un autre homme apparaît, un politique, un chef militaire en même temps qu'un guide religieux. Il serait même devenu l'organisateur et le législateur de la nouvelle société théocratique, l'*Umma*, et le « modèle », par excellence. Allah vient d'ailleurs au secours de son prophète, quitte à justifier l'injustifiable, selon le Coran. L'idéal de la société islamique apparaîtrait à Médine avant de s'imposer ensuite à La Mecque et, de là, dans le monde entier. Les chroniqueurs font mourir *Muhammad* à Médine (632-634) où les pèlerins vénèrent toujours son tombeau.

Hors de la légende et de cette reconstitution tardive, l'histoire vraie ne conserve aucune mémoire de l'homme ; il s'évanouit dans l'oubli… Les conteurs l'en feront sortir quelques dizaines d'années plus tard et la légende s'en emparera.

Vraies ou fausses batailles ?

Avant de poursuivre sur le personnage lui-même, nous évoquerons les batailles qu'aurait menées *Muhammad* de son vivant ou plutôt celui à qui est prêté le nom prestigieux. En l'an 2 de l'Hégire (624) et au mois de *ramadhan* selon la *sîra*[1], *Muhammad* et ses partisans tentent un *rezzou* sur

1. Ibn Hishâm dans la *Sîra* (*op. cit.*, vol. 3, p. 175).

une caravane mecquoise, mais il s'avère que les prétendus commerçants sont une armée trois fois supérieure, ou davantage encore, à la troupe venue de Yathrib. Cependant, le « puits de *Badr* » s'inscrit dans la mémoire de l'islam comme la victoire significative qui, finalement, conduira à la soumission, les Quraychites de La Mecque.

L'événement prétendument historique[1] est plus qu'improbable; il sera, cependant, retenu par le Coran comme la victoire obtenue à *Badr*[2], qu'aucune autre source, sinon tardive, ne mentionne[3]. Ainsi s'écrit la légende mohammadienne. Pour Prémare, il n'y a là que des « relations livrées sur la commande du pouvoir politique » ou « un mode d'écriture qui est beaucoup plus une forme d'expression littéraire que le support de documents d'histoire[4] ».

L'année suivante (625), une nouvelle bataille remet face à face les musulmans de Yathrib et les Mecquois. La vengeance est invoquée comme motif et raison de ce nouvel affrontement. Désormais, le pas est franchi, la razzia devient *jihâd*. Toujours selon les sources musulmanes tardives et

---

1. A.-L. de Prémare dans *Les fondations...*, p. 12 : « La grande majorité des premières narrations à intention historique ne nous est parvenue de façon organisée que dans des ouvrages tardifs, datant d'au moins deux siècles après 632 [11 H], date assignée à la mort du prophète de l'islam. »

2. Sourate 3, 123 : « Allah vous a secourus à la pleine lune (*bi-badrin*) tandis que vous aviez été humiliés » (traduction possible selon Antoine Moussali). Toutes les traductions, en général, traduisent en chœur *bi-badr^{in}* par : *à Badr*, ajoutant ainsi à la confusion.

3. Prémare, dans *op. cit.*, p. 12-13 : « Ce que nous possédons, sur papyrus (trouvé dans la région de Qumrân), se réduit pour cette époque à un fragment de huit lignes daté du début du VIIIe siècle. Il comporte quelques détails de dates et de noms de personnes relatifs à la bataille de Badr, la première victoire qui est relatée des partisans de Muhammad sur les Mecquois. Le nom de Muhammad y figure deux fois, et aucune formule de bénédiction ne l'accompagne. »

4. Prémare, *op. cit.*, citations de p. 16 et 17. Cf. p. 53, note 2.

malgré une savante stratégie de *Muhammad*, les fédérés seront mis dans une terrible déroute[1] au mont *Uhûd*. L'oncle de *Muhammad*, Hamza, sera même tué et dépecé par vengeance sur ordre de Hind, épouse d'Abû Sufyân, l'un des chefs mecquois résistant à l'islam. Muhammad lui-même s'en tirera avec de sérieuses blessures. La déroute est imputée à la désobéissance des archers, attirés par l'appât du gain d'une victoire annoncée, mais qui tourne court.

Une nouvelle aventure guerrière des Mecquois sur Yathrib serait menée en 627. La bataille est connue comme celle « du fossé » et tournera à l'avantage des musulmans. Une fois de plus, l'impensable se réalise: « un fossé » pour la défense de Médine, œuvre titanesque, est creusé en quelques jours, avant l'arrivée des adversaires. Mais, selon la *sîra*, le désaccord de certains membres de tribus alliées entraînera leur chute. Ici, la tradition retenue par l'islam et l'histoire officielle veulent que *Muhammad* ait fait massacrer la dernière tribu juive. Il semble bien, comme nous l'évoquions plus haut, que des désaccords profonds entre *muhâjirûn* et judéonazaréens, et non pas avec des Juifs, préparent un tournant décisif de la suprématie arabe du proto-islam pour mener la conquête de la Terre[2].

L'ultime bataille, la plus vraisemblable que semble avoir conduite *Muhammad*, nous rapproche effectivement du véritable théâtre des opérations guerrières de cette période, qui se situe à *Mu'ta*, à l'est du Jourdain, où les proto-musulmans furent battus en 629. Comme nous l'évoquions plus haut au

---

1. Sourate 3, 152-159; Hamidullah situe le contexte de ces versets comme étant celui de la bataille d'*Uhûd*. Mais ce lieu n'est pas plus authentifié que celui de *Badr*.

2. A.-L. de Prémare, dans *Les fondations de l'islam*, p. 131, affirme que « Muhammad fut l'initiateur de la conquête en Palestine ».

premier chapitre, le Coran (s. 30, 2-5 [1]) mentionne, dans une interprétation ubuesque, la défaite, tournée en victoire, des musulmans de *Muhammad* face, cette fois-ci, aux Byzantins. « Quelques années plus tard… les croyants se réjouiront du secours d'Allah » et peut-être *Muhammad* était-il encore de ce monde, à moins qu'il ne s'agisse d'Abu Bakr auquel sera attribué ce surnom providentiel qui le fait passer dans la légende ? Ou bien lui a-t-on simplement attribué l'exploit de cette victoire, lorsque les émigrés saracènes l'emporteront lors des terribles et violents affrontements contre les Byzantins, cette fois-ci à Gaza, en 634 ?

Ces différents exploits guerriers, même s'ils ont pu tourner en déroute, veulent d'abord grandir le personnage de *Muhammad* et en faire un être d'exception, dont a besoin, comme caution, l'Islam des califes. Ils traduisent aussi la tournure que prend le mouvement des *muhâjirûn* à la suite de son chef de guerre qui n'est pas encore nommé. L'idéologie du *jihâd-qitâl* « sur le chemin d'Allah » prend forme durant cette période. Et, la mort au combat assure le pardon et le paradis (s. 3, 133). Fort de certaines victoires, ou prétendues telles, l'Islam des califes les proclame comme les gloires du mouvement naissant, ce qui ne fait qu'amplifier le rêve messianiste et l'assurance de ceux qui suivent cette figure emblématique de l'Envoyé. Désormais et bien après la mort du Prophète, les soumis (*muslimûn*) aux ordres d'Allah seront appelés, selon un processus maintenant habituel, « musulmans ».

Un Nom ou un symbole ?

Revenons à l'Envoyé d'Allah. *Muhammad*, ce nom s'inscrit désormais dans chaque appel à la prière [2] et tout

---

1. Cf. p. 41, note 3.
2. Et au plus tôt vers la fin du VIIe siècle.

musulman pieux qui le prononce le fait suivre de cette formule rituelle: *sur lui la prière et le salut ou la paix*[1]. Ce nom, inexistant avant l'Islam, n'apparaît, au plan historique, que tardivement sous les 'Umayyades d'abord, puis comme prophète de l'islam, pas avant 775, à la période des Abbassides. Le Coran lui-même ne le mentionne que quatre fois (s. 3, 144; 33, 40; 47, 2; 48, 29). La plupart de ces occurrences sont des incises tardives, comme le reconnaissent d'ailleurs les commentaires musulmans eux-mêmes. Alors, d'où ce nom surgit-il? Comment a-t-il pu s'imposer, alors que le nom du *Muhammad* historique ne nous est pas connu?

Plutôt que d'entrer dans une étude fastidieuse, recueillons les données actuelles de la recherche[2]. Comme nous l'avons déjà souligné, ce nom apparaît tardivement dans l'histoire de l'Islam et est inconnu durant toute la période du proto-islam, y compris par les manuscrits ou épitaphes contemporains. C'est la collecte du Coran qui semble le faire surgir aux dépens d'autres *Messagers-envoyés* et comme le nom symbolique, sorti de l'obscurité du passé pour rallier une communauté et un pouvoir menacés d'être dispersés. La collecte difficile des feuillets coraniques fut une entreprise rocambolesque et désormais, il était impossible de rattacher le Coran à des Écrits antérieurs ou à des Prophètes-envoyés. Le Coran appelle donc un nouveau Messager.

Le nom de *Muhammad* est considéré comme un surnom, attribué tardivement au chef des *muhâjirûn* et après sa disparition. En effet, ce prénom est inexistant à l'époque du personnage historique. Si la racine *hmd* est certaine, la signification du nom, « celui qui est loué », fait discussion. Ne serait-ce pas dans le contexte judéonazaréen et l'idéologie

1. Ou encore: « sur lui la Paix et les bénédictions divines. »

2. E.-M. Gallez, *Le messie et son prophète*, t. 1, 2.6.2., p. 491 et s. et t. 2, 3.5., p. 335 et s.

messianiste, que nous avons évoqués plus haut, qu'il faille chercher d'autres origines à ce nom ? Certes aujourd'hui, le musulman ordinaire ne fait plus le lien avec ces racines messianistes et eschatologiques, comme beaucoup de chrétiens ne font plus le rapport entre le nom de Pierre et l'image symbolique qu'évoque Jésus en donnant à Simon ce nouveau nom (cf. Mt 16, 18). En outre, autant dans la période biblique que durant celle dont nous parlons, les noms étaient presque toujours porteurs d'une signification plus ou moins élaborée, pouvant désigner leur état, leur mission ou une vocation prédestinée. Alors qu'en est-il des origines du nom de *Muhammad* ?

Selon E.-M. Gallez, « la racine *hmd* se rencontre quarante-deux fois dans la Bible, et le sens est toujours autre que celui de "louer" : il tourne autour de l'idée de "désirer, convoiter" [1] ». Trois de ces occurrences[2] se retrouvent chez le prophète Daniel et « se rapportent à un personnage unique et bien précis : Daniel, qui est également le livre lu dans la mouvance messianiste ». L'influence de ce *Livre de Daniel* sur les courants messianistes et hérétiques, au début de l'ère chrétienne, se prolongera assez tard, puisque les nazaréens identifieront « l'homme des prédilections » (en hébreu : *iš-hamudôt* attribué à Daniel 10, 11) avec celui qui doit préparer la venue du Messie, « le Fils d'Homme ». En effet, Jésus dit de lui-même, empruntant l'expression au livre de Daniel : *« Alors apparaîtra dans le ciel le signe du Fils d'homme et on verra le Fils d'homme venant sur les nuées du ciel avec puissance et grande gloire. »* (Mt 24, 30) Or ces courants messianistes, dont les judéonazaréens et parmi eux les Arabes du proto-islam, espéraient la « re-conquête » de la Terre et de Jérusalem, pour hâter la venue ou le retour et le règne du Messie-Jésus (*'Îsa̱*) sur la ville sainte. Pour

---

1. E.-M. Gallez, *Le messie et son prophète*, t. 2, p. 337 et s.

2. Dn 9, 23 ; 10, 11.19.

cet accomplissement, la venue d'un prophète, Homme de prédilection, doit d'abord s'accomplir. Selon Kurt Hruby [1], il y aurait une équivalence entre les deux assertions *iš-hamudôt* et *mu-hammad* qui peut aussi signifier à partir de la racine hébraïque et en arabe : *Celui qui désire [plaire à Dieu]*. Le chef de guerre du courant judéonazaréen devient, *post-mortem*, le personnage idéal eschatologique et emblématique de la prise de Jérusalem, puisque c'est sous l'un de ses *lieu-tenants*, 'Umar, qu'elle se réalisera. Et ce surnom, donné à l'inconnu des émigrés, s'il pouvait avoir une signification symbolique, va en fait connaître un glissement de sens sous la période califale et une récupération utile et « apologétique » à l'établissement de l'Islam des califes.

Le Paraclet annoncé !

« L'Homme de désir » devient *Celui qui désire [plaire à Dieu]* et la légende va en faire le Très-loué (*Muhammad*). Le glissement sémantique continue et découvre en même temps l'idéologie qu'il renforce et immortalise sous ce nom incomparable, puisqu'il n'appartient pas à l'Histoire, mais à un au-delà que rien ne pourra jamais retrouver. C'est aussi le sort qu'a réservé l'islam à Abraham… Le symbole, la représentation, l'idéal deviennent dans l'islam la réalité historique, la justification de l'histoire réelle. La réalité fait place au rêve qui, à son tour, se mue en réalité. La fiction que personne n'osera appeler mensonge, pourtant si proche, est assénée comme une évidence, si bien qu'elle devient constitutive du vécu, du réel et l'ordonne. Certes, la raison a ses limites, et l'Histoire ses zones d'ombre. L'Islam bouscule les repères d'une pensée rationnelle et objective, tout comme peuvent le faire, différemment toutefois, certains courants

1. Cité par E.-M. Gallez, *op. cit.*, t. 2, p. 338.

des sagesses extrême-orientales. Cela montre une difficulté supplémentaire pour établir un dialogue entre la pensée biblique et chrétienne et la pensée islamique, et donc entre les hommes qui en sont représentants.

À quelles autres manipulations s'est prêté le nom du Prophète de l'islam ? Que cherche-t-on à faire valoir à travers ces annonces et différentes occurrences ? Nous n'avons pas fini d'être surpris par les incohérences et les insignifiances que le Coran et sa tradition de hadiths tardifs viennent ajouter par ce nom de *Muhammad*, qui doit à tout prix surpasser les Messagers qui l'ont précédé, afin de valider le Livre de l'islam. Même s'il vient en dernier dans la chronologie, après l'Ancien et le Nouveau Testament, il les a précédés, il était avant eux, le *Qur'ân incréé*, référence ultime. Bien entendu, une telle perception de la « révélation » appelle un Prophète-Messager unique, qui seul peut récapituler l'Histoire, la recentrer en sa personne et lui redonner sens à partir de lui-même. Même si *Muhammad* n'a jamais été présenté comme le Messie, lequel n'a pas du tout, en islam, la charge eschatologique que lui donne la Bible, il est à l'instar des autres *rasûl-s*, en particulier du *rasûl 'Îsa*, l'Envoyé d'Allah et le dernier.

Venons-en à un verset étonnant, fort tardif, peut-être intégré au Coran vers le IXe siècle ou au plus tôt à la fin du VIIIe siècle. Ibn Hishâm (mort aux environs de 830), en effet, n'évoque même pas cette interprétation plus tardive de s. 61, 6. Il s'agit de la sourate[1] *le rang [pour la bataille]* (*as-saff*) qui met en scène *'Îsa*-Jésus :

> « Et quand *'Îsa* fils de *Maryam* dit : "Ô enfants d'Israël, je suis vraiment le messager-*rasûl* d'Allah [envoyé] vers vous, confirmant ce qui, dans la Tôra, est antérieur à moi,

---

1. Le titre de la sourate se trouve au verset 4 : « Allah aime ceux qui combattent [pour tuer] (*yuqâtilûn*) sur son chemin en ordre [de bataille] (*saffan*) comme un édifice renforcé. »

et annonçant à propos d'un messager-*rasûl*
qui vient à partir de moi :
son nom est *Ahmad*."
Quand celui-ci vint à eux avec des preuves évidentes, ils dirent :
"C'est une magie manifeste." »

La partie du verset, mise en retrait, qui annonce le messager-*rasûl*, ne peut être qu'une interpolation dans la rédaction du verset en brisant son rythme et sa pensée.

Or, le verset précédent (5) est une plainte de *Mûsa̲* envers son peuple qui le maltraite... mais il n'annonce rien. En effet, dans le Deutéronome (18, 15), Moïse annonce que *« le Seigneur ton Dieu suscitera pour toi, parmi tes frères, un prophète comme moi que vous écouterez »*. Et les Apôtres et les chrétiens, jusqu'à aujourd'hui, reconnaissent en Jésus[1] celui que Moïse annonçait. Cependant, Moïse annonçait un prophète et non un envoyé. Même s'il ne le nomme pas, Moïse voit et annonce déjà les temps messianiques où *l'Esprit sera donné sans mesure sur toute chair* (cf. Jn 3, 34 et Jl 3, 1). Et les Pères de l'Église verront, d'ailleurs, dans la figure de Jésus (*le Salut*) qui, par sa mort et sa résurrection, nous introduit dans la *Terre nouvelle et les Cieux nouveaux* (cf. Ap 21).

L'interprétation des commentateurs du Coran de s. 61, 6, devenue commune actuellement, est d'entendre que le *'Îsa̲*-Jésus, coranique, a annoncé la venue de *Muhammad*. M[d] Hamidullah, dans sa traduction du Coran, officiellement reconnue, éprouve le besoin de mettre en note du verset 6 : « Ahmad en arabe a presque la même signification que Muhammad, c'est pourquoi les deux termes sont utilisés dans le Coran pour désigner la même personne : le prophète de l'Islam. » Or, c'est la seule fois dans le Coran où *Ahmad*

---

1. Cf. Ac 7,37 : Étienne, dans son long discours, rappelle ce passage du Deutéronome et cette parole prophétique de Moïse.

est ainsi nommé et identifié avec le Prophète de l'islam. Il est donc intéressant de connaître la signification de ces paroles mises sur les lèvres de *'Îs͟a*-Jésus. Habituellement, *Ahmad* est traduit comme « le loué », celui à qui est attribuée la louange par excellence : le Très-loué. Et *Muhammad* subira le même sort, mais nous avons vu que la racine renvoie à une autre signification. Alors que se cache-t-il derrière ce nom ? Quelle nouvelle interprétation est mise ici sur les lèvres de Jésus ? Et quel est cet autre envoyé qu'il annonce pour l'avenir ?

Les glissements de sens sont habituellement fréquents, nous l'avons vu, dans le traitement des textes et des sources musulmanes. Le Très-loué (*Ahmad*) fait penser, mais de très loin, à celui que la liturgie en araméen, voire dans les textes nazaréens, nomme le Consolateur (*paraqlita*, en syriaque *m^enahh^emânâ*). On connaît en hébreu ce nom de *Menah͟em* (« le Consolateur », Lm 1, 16) dont Jésus parlera lorsqu'il annoncera la venue d'un autre Paraclet-Avocat-Défenseur (en grec, *Paraklètos* ; Jn 14, 16) qu'il enverra de la part du Père (cf. Jn 15, 26). Les commentateurs musulmans lisent dans le nom d'origine syriaque la transcription très approximative dans celui de *Muhammad*. Et donc, « pour les arabophones… seules les consonnes comptent ; ainsi en arabe, le mot *paraklètos* se transcrit avec les mêmes lettres que le mot *périklutos*… [qui] signifie littéralement “celui dont on entend parler autour”, c'est-à-dire quelqu'un de *renommé*, donc de *très loué* [1] ». Les assonances proches, malgré tout, ne suffisent pas pour convaincre. Aucune explication d'un tel transfert n'est donnée, sinon que, finalement en annonçant *Ahmad* (ou *Muhammad*, puisque c'est du pareil au même), *'Îs͟a*-Jésus aurait parlé du Paraclet. Comment en est-on venu à de telles méprises et à une telle confusion ?

---

1. E.-M. Gallez, *Le messie et son prophète*, t. 2, p. 343 et note 1425.

Dans les premiers siècles de l'ère chrétienne, plusieurs courants hérétiques préparent l'ère nouvelle de l'Esprit et en particulier le manichéisme proclame son fondateur, *Mani* (216-274), comme le Paraclet annoncé[1]. Certains chercheurs pensent que le manichéisme a influencé certains aspects de l'islam et, en particulier, celui d'identifier le *Paraklètos* à *Muhammad*. De là à affirmer que Jésus ait annoncé le Paraclet dans la personne de *Muhammad*, la distance est vite franchie, et l'évidence est proclamée avec assurance, même si les commentateurs musulmans, comme les gens simples, ne fournissent aucune explication. Hors de tout contexte, même de celui des Écrits, il ne fait plus aucun doute pour les musulmans que *Muhammad* vient sceller la prophétie.

Le sceau des prophètes ?

Une autre référence manichéenne[2] vient interférer dans l'interprétation du nom de *Muhammad*. Non seulement il serait le *Paraclet*, en dehors de toute signification, annoncé par Jésus selon les Évangiles, mais encore « le sceau de la prophétie », annoncé par le prophète Daniel (9, 24). Dans le désarroi après la mort du Christ, et la dispersion consécutive à la chute de Jérusalem et à la destruction du Temple, les sectes s'emparent de titres prophétiques et apocalyptiques (révélateurs) pour maintenir et surtout relancer l'espérance meurtrie. Souvent, les fondateurs-prophètes se présentent alors comme l'ultime intervention divine qui vient sceller la prophétie.

---

1. Eusèbe de Césarée, *Hist. eccl.*, VII, 31.1 assure que Mani s'est autoproclamé le Paraclet, ce que Montan avait aussi fait avant lui…

2. Cf. Antoine Moussali, *Musulmans, juifs et chrétiens, au feu de la foi*, Éd. de Paris, 2002, *Mani et Mahomet*, p. 181 et s.

Pour les exégètes du Coran, le verset 40 de la sourate 33 (*les coalisés*) a été manipulé, et à plusieurs reprises, comme les versets précédents que nous venons d'évoquer. En effet, il parle de plusieurs choses et *Muhammad*, « sceau des prophètes », apparaît comme un ajout qui tombe mal et hors contexte.

> « Muhammad n'a jamais été le père de l'un de vos hommes,
> mais bien le messager-*rasûl* d'Allah
> – et le sceau (*ḫâtam*) des prophètes –
> tandis qu'Allah est en toute chose savant. »

Que *Muhammad* n'ait pas eu de fils, c'est plutôt surprenant ! Malgré un nombre impressionnant d'épouses et de concubines que les traditions lui attribuent, tout le monde en convient sans hésitation… même le Coran ; mais, en définitive, Dieu seul le sait ! Cependant, la tradition musulmane le situe dans la chaîne des envoyés de Dieu. Très tardivement, le titre de prophète (*nabî*) lui sera donné, car non seulement il fait partie d'une chaîne d'envoyés, mais il en est le sceau, celui qui achève et mène la prophétie à sa perfection et à son point ultime. Désormais, *Muhammad* est placé au faîte et écarte, d'une certaine manière dans la pensée musulmane, les autres prophètes qui, finalement, lui sont redevables. Même si le texte du Coran reconnaît les prophètes (s. 33, 7), selon une tradition qui lui est antérieure, celle des judéonazaréens, et nomme certains d'entre eux (toujours en s. 33, 7), tout concourt, par de multiples retouches qui laissent apparaître des contradictions et des incohérences, à faire de *Muhammad* le sceau des prophètes. Pourtant, aucune autre Écriture ni tradition n'accréditent cette affirmation et, en dehors des *fioretti* de la *sîra*, aucune signification importante et appuyée ne permet d'accorder de crédit à cette affirmation totalement gratuite.

Le rêve islamique, une réalité ?

Au point où nous sommes arrivés, nous devons souligner quelques évidences que font ressortir nos investigations, particulièrement entre le Coran et celui auquel il est traditionnellement attribué, à savoir *Muhammad*. Notre enquête, qui s'est appuyée sur les recherches contemporaines, soulève peut-être plus de questions qu'elle n'en résout. Mais au moins peut-elle nous aider à poser de bonnes questions pour avancer sur ce terrain des origines de l'Islam, qui s'avère plus complexe que ne le laisse percevoir la présentation habituelle et officielle. C'est l'avantage de la recherche et des nouvelles publications que de permettre la mise en lumière voire l'explication des contradictions, des incohérences. Elle rend possible, surtout, de donner à l'Islam des racines en amont de l'histoire des califes laquelle nous est, aujourd'hui, mieux connue. En faisant commencer arbitrairement l'Islam avec l'Hégire (622 du calendrier grégorien), on a effacé le passé, ce qui se produit souvent en pareille circonstance[1] et qui marquera la conquête arabo-islamique à l'heure de l'Hégire, balayant parfois des siècles d'histoire et de culture pour les peuples dominés et passant sous la protection de l'Islam.

Ce retour à l'Histoire vraie, pour autant que les éléments du passé nous permettent de la recomposer, met en évidence, non seulement les recompositions, arrangements divers et par là des contradictions multiples, mais aussi la légende à partir de laquelle va se construire le développement futur et le justifier. Ce qui caractérise cette période du début de l'Islam, c'est-à-dire la période des dynasties califales

---

1. Déjà, le nouveau décomptage des calendriers de notre ère s'est fait aussi arbitrairement et approximativement à partir du Christ, sans remettre en question ce qui avait précédé, mais plus récemment le calendrier révolutionnaire prétendait, lui aussi, tourner la page…

qui dureront jusqu'au premier quart du XXe siècle, c'est l'utilisation de la période proto-islamique pour dresser cette légende, qui va durer jusqu'aux abords du troisième millénaire. Le proto-islam sera traité indépendamment de son enracinement judéonazaréen et comme un surgissement *ex nihilo* dans un environnement obscurantiste et soi-disant polythéiste, d'où jaillit la lumière de l'Islam, et ce, au mépris de la réalité chrétienne de cette période. Les éléments que l'Islam empruntera à cette période seront totalement retravaillés, qu'il s'agisse des débuts de ce courant inscrit dans la mouvance messianiste ou du Coran qui devra dès lors lui correspondre. Les personnages, ceux de la Bible elle-même, sont islamisés ainsi que le contexte biblique auquel le Coran et la *Sunna* peuvent se référer. Les notions fondamentales de la Révélation biblique et chrétienne, comme l'élection, l'Alliance, etc. disparaissent, pour laisser place à l'anecdotique. L'Histoire s'efface au profit de récits édifiants ou d'histoires approchantes. L'Histoire et Dieu n'ont plus rien en commun, et l'humanité est détachée d'un projet d'amour divin qui se jouerait à travers les événements de son histoire. On ne peut plus parler, au sens biblique, de révélation, mais de « diktats divins ». Même le meilleur du Coran n'est plus inscrit dans l'histoire de Dieu avec son Peuple, mais d'un Maître dictant des ordres arbitraires à ses serviteurs.

L'amour divin est d'ailleurs impensable en islam. *Allah* y apparaît comme un Être froid, puisqu'aucun anthropomorphisme ne lui convient, ce qui d'ailleurs posera un certain nombre de questions dans le dialogue, dans la vie et dans les rapports entre les humains. La Création et l'Histoire ne sont pas non plus pour Dieu le « milieu divin » où Il vient rejoindre sa créature ; leurs orbites sont indépendantes, même si le créé a un devoir d'adoration plus proche de l'idolâtrie que du culte en *« esprit et vérité »* (Jn 4, 24). Finalement, en se distançant de ses origines, l'islam s'impose comme une nouvelle religion universelle, reprenant à son compte certains accents retravaillés, tantôt du judéo-christianisme et tantôt de valeurs universelles de l'humanité. De même va-t-il aussi s'approprier, en les distordant encore un peu plus, certains axes constitutifs du judéonazaréisme.

La dimension messianiste et eschatologique de ces mouvements, qui ont constitué le terreau du proto-islam, va être récupérée au profit d'un pouvoir qui cherche à s'imposer et se déleste en grande partie de la charge symbolique et de l'attente spirituelle du retour du Messie, pour uniquement conserver la dimension humaine, voire violente, de cette aspiration judéonazaréenne. En s'éloignant de ses origines et en faisant tout pour les oublier et les trahir, l'islam s'impose par la force et par le glaive (*bi-sîf*) afin de régir le monde et de le rendre à la soumission (*al-islâm*).

Cette perception dominatrice du monde, qui était déjà présente chez les émigrés (*muhâjirûn*), perdure jusque dans l'Islam, dont l'ambition est bien de parvenir à l'islamisation totale de l'humanité, afin de lui rendre ce qu'elle était dès les commencements dans les reins d'Adam [1]. L'Islam est congénital à l'humanité, selon la pensée musulmane. C'est donc un devoir de piété que de l'imposer à travers bien des moyens selon les époques, même les plus modernes, et dans un mouvement d'acculturation et de nivellement culturel.

Pour ce faire, l'Islam avait besoin d'une figure prophétique symbolique qui puisse regrouper toutes les aspirations politiques, religieuses, sociales, voire économiques et éthiques. C'est ainsi que surgit, certes comme une figure quasi-eschatologique voire apocalyptique selon les traditions messianistes, le personnage de *Muhammad*. Ainsi que nous avons essayé de le démontrer, il n'a pas grand-chose à voir avec le personnage historique des émigrés avec lesquels il

1. Voir p. 204, note 1.

fera l'*hijra* (Hégire). Le personnage historique, qui, durant sa vie, n'est jamais nommé sinon distingué comme le chef des hagarènes ou saracènes ou encore des émigrés, servira d'appui historique à la construction de la légende tardive du personnage. Cependant, certains traits du personnage historique, enjolivés et déformés, ressortent chez *Muhammad* et surtout parmi ceux qui lui succèderont à la tête de l'*Umma*. Le prophète de l'Islam devient emblématique, sert à justifier les décisions, les comportements de bien des califes qui seront les « arrangeurs » du Coran et les « collecteurs » de *hadîth*-s qui arrivent à-propos.

Cependant, tout n'est pas inventé dans le personnage de légende, mais aussi, selon les témoignages des contemporains du « chef » des saracènes, ces derniers « se vantent de dominer le monde entier en imitant leur chef continûment et sans retenue[1]... » Les descriptions (635) fournies par saint Sophrone de Jérusalem ou par d'autres chroniques de cette période révèlent les ambitions démesurées et accompagnées de violences de la part des émigrés. Sur leur passage, les chroniques notent « l'abomination de la désolation à nous prédite par le prophète[2] ». À la suite du proto-islam, l'Islam prolongera cette ambition des émigrés, non seulement de reconquérir la Terre de Jérusalem, mais aussi de partir à la conquête de la terre entière. Effectivement, le projet ne tarde pas à se mettre en place et les armées musulmanes soumettent très rapidement des régions limitrophes, faisant trembler les grands empires affaiblis. Les nouveaux conquérants mettent en place une nouvelle administration et en même temps répandent la nouvelle religion des califes, l'islam. Cet esprit de conquête, sous différents régimes et dynasties califales, perdure jusqu'au XXe siècle. La chute

1. Cité par A.-L. de Prémare dans *Les fondations*..., p. 155, cf. p. 40, note 1.

2. Dn 11, 31 et Mt 24, 15.

du califat en 1924 opère une mutation stratégique dans l'expansionnisme islamique, d'abord par le nationalisme arabo-musulman, puis, en cette fin du XXe siècle et début du troisième millénaire, par les mouvements migratoires, sur lesquels s'appuient les nouveaux centres internationaux de diffusion de l'islam.

Cette volonté de conquête violente, déjà évoquée, est sûrement à l'origine de la rupture au sein du mouvement judéonazaréen. Les Arabes de *Muhammad*, en vainqueurs après la prise de Jérusalem (638), prennent leurs distances vis-à-vis du mouvement, mais gardent leurs ambitions de conquête. C'est certainement dans cette période aussi que le messianisme du proto-islam change de nature. Il ne s'agit plus d'attendre le retour du Messie sur terre puisque même la prise de Jérusalem ne l'a pas obtenu. Désormais, l'effort (*jihâd*) « sur le chemin d'Allah » doit se poursuivre, mais selon l'idéologie nouvelle dans laquelle la *soumission* (*islâm*) est devenue religion[1] et part à la conquête du monde.

Alors, un nouveau paradigme se fait progressivement jour pour cette idéologie politico-religieuse qui part à la conquête du monde. Puisqu'il s'agit de soumettre les peuples et les nations de l'humanité et de les rassembler en une seule *Umma* ou « le parti de Dieu » (*hizb Allah*[2]), une nouvelle vision du monde apparaît. Elle efface les frontières, c'est le rêve califal d'un mondialisme avant l'heure. La seule ligne de démarcation, certes virtuelle et qui doit être sans cesse repoussée, est celle d'une partition du monde en deux sphères : celle du *dâr al-islâm* et celle du *dâr al-harb*.

---

1. L'islam-religion ne voit le jour qu'après 775, soit, au plus tôt, un siècle et demi après la mort présumée de celui qui sera considéré comme son fondateur.

2. Sourate 58, 22 « … ceux-là sont le parti d'Allah. Quant au parti d'Allah, il est celui de ceux qui réussissent. »

La « maison de l'islam », comme aujourd'hui on parle de « la maison Europe », mais sans limites géographiques [1], n'est autre qu'un ensemble humain, social, économique et religieux gouverné par l'Islam et selon ses lois édictées par le *Saint Coran* éternel. Selon ce nouveau « dogme » politico-religieux, l'Islam règne en maître, il peut tolérer certaines minorités religieuses comme juifs et chrétiens, les gens de l'Écrit, mais seulement comme protégés (*dhimmiyyîn*), soumis à l'impôt de capitation (*jizyat ra's*), et non comme citoyens à part entière. Leur reddition (*dhimma*) leur épargne le *jihâd*. Bien plus, et ceci est courant dans nombre de pays islamiques, ces minorités sont très limitées quant à leur liberté dans de nombreux domaines et de façon discriminatoire, et sont par ailleurs soumises aux lois islamiques, en particulier pénales, issues de la *charî'a*.

Si le *dâr al-islâm* est la vision idéale du monde, selon l'islam, pour vivre en paix, qu'en est-il de cette partie, qui résiste encore à une invasion massive et qui n'est pas régie par les lois de l'Islam ? C'est le cas d'un certain nombre de cultures et de civilisations, restées imperméables à une islamisation généralisée. Et dans ces régions du *dâr al-harb*, « la guerre est obligatoire aussi longtemps que ses habitants refusent de reconnaître la souveraineté de l'islam [2] ». Mais il existe, selon cette vision d'une partition du monde, une troisième catégorie intermédiaire, appelée le *dâr as-sulh*. Ces régions ou domaines soumis à « la trêve » bénéficient d'un temps de répit accommodé d'un traité de paix, lui-même soumis à des raisons et une réglementation précise [3], dont

---

1. C'est l'aspiration profonde de la Turquie en voulant adhérer à l'Union Européenne de faire éclater ses limites en l'ouvrant au *dâr al-islâm*.

2. Bat Ye'or, *Eurabia*, Éd. JCG, 2006, p. 29-30.

3. Ce que nous décrivons ici fait partie de toute une réflexion et d'une jurisprudence mise en place après la première période des conquêtes, en particulier en Égypte. Cf. A.-L. de Prémare, *les fondations...*, ch. 11 *Paix ou violence ?* p. 211 et s.

l'impôt de capitation. *Les infidèles* (il faut entendre les non musulmans) de ces régions ont un laps de dix années pour choisir l'islam, mais doivent déjà se plier à des ordonnances islamiques et surtout ne pas empêcher la diffusion de l'Islam, ce qui serait un *casus belli* et donc une reprise de la guerre et la relance du *jihâd*.

Si les juristes musulmans ont réglementé ces différents domaines, on s'aperçoit aujourd'hui que les puissances idéologiques, politiques et militaires dessinent d'autres déséquilibres qui obligent le monde de l'islam à de nouvelles adaptations, qui ont bien du mal à s'établir. Autant le XXe siècle s'est construit autour des blocs Est/Ouest, symbolisés par les États-Unis et l'Union soviétique, autant aujourd'hui, mais aux frontières plus floues, la polarisation se fait entre le monde occidental et son mode de fonctionnement globalisé dans le système mondial, et le terrorisme islamique insaisissable et polymorphe.

Cet héritage, cette partition du monde que nous venons d'évoquer viennent bien de la période judéonazaréenne, accentués avec le proto-islam et dont le chef des émigrés sera la figure symbolique et marquante. Ceux qui forgeront l'islam récupéreront cette figure emblématique, vraisemblablement celle du *caïd* bédouin, Abu Bakr, et lui donneront le nom de *Muhammad*, envoyé d'Allah, accrédité d'un Livre auquel les collecteurs des feuillets coraniques donneront le nom de *Coran*, créant ainsi l'histoire des origines de l'Islam et une nouvelle sémantique. On peut comprendre alors la difficulté, pour un musulman et un non musulman, de porter sur la réalité un même regard et d'avancer dans une intelligence commune. En effet, leurs approches sont, non seulement divergentes, mais, de surcroît, l'Histoire et les événements, les concepts, les mots, les choses n'ont pas, pour les uns et les autres, la même signification. C'est dire qu'il reste un travail immense à faire encore, non seulement quant aux origines de l'Islam et à l'exégèse du Coran, mais encore pour établir un socle commun d'outils et de sens, ce à quoi un Antoine Moussali [1] s'est largement employé durant sa vie, mais dont le travail reste encore insuffisamment connu. Et pourtant, ce travail multidisciplinaire devient de plus en plus urgent pour permettre une approche nouvelle et paisible de cette réalité complexe de l'Islam, sans quoi l'événementiel parasitera la recherche et le dialogue qui seront alors sans lendemain.

---

1. Antoine MOUSSALI, *Judaïsme, christianisme et islam*, Éd. de Paris, 2002.

Deuxième Partie

IV

Quel dialogue avec l'Islam ?

Aujourd'hui, comme peut-être jamais auparavant, le dialogue, et en particulier le dialogue interreligieux, demeure la seule issue qui puisse dégager l'humanité de l'enfer des tensions conflictuelles, de l'enfermement et du désespoir voué aux solutions extrêmes. Il est un choix courageux de survie avant d'assurer une vie durable et plus juste entre les hommes. Ce courage ne peut être que celui de la Vérité. Et celle-ci ne peut être que le socle commun, celui de la raison, pour fonder notre condition commune en humanité, entre les cultures et les civilisations. Sans ce retour à ces éléments essentiels qui forment l'héritage commun et historique de l'humanité, il semble impossible d'envisager la paix entre les hommes et les peuples. Et sans la paix et la justice, fruits de l'Amour et de la Vérité [1], la vie est elle-même compromise. Le dialogue est donc la seule chance de survie de l'humanité. Il est un choix de vie, un combat inévitable et salutaire pour les hommes de bonne volonté.

---

1. Ps 85, 11-12 ; Ep 4, 15 : « *La Vérité dans la Charité.* »

Mais quel est le sens du dialogue (*hiwâr*) dans l'islam et est-il inscrit comme une nécessité à la rencontre de l'autre ? D'aucuns soulèveront les difficultés de parler d'un dialogue islamo-chrétien, étant donné qu'il n'y a pas de magistère en islam. Mais c'est un Écrit, le Coran, qui s'impose comme un dogme incontournable de ce qui a été révélé aux prophètes. Parmi ceux-ci, *Muhammad* est reconnu comme la référence exemplaire par les musulmans, « le sceau des prophètes ». Qu'en est-il effectivement de l'autorité du Coran et de *Muhammad* dans le dialogue interreligieux, en particulier islamo-catholique ? S'il n'y a pas de magistère en islam, il ne manque pas d'écoles « théologiques » (*kalâm*) et juridiques (*fiqh*) qui sont autant de voies d'interprétation du donné coranique. Et comment, historiquement, l'interprétation (*ijtihâd*) plus libre et fondée sur une quête raisonnable, s'est-elle trouvée repoussée, puis interdite face à la suprématie d'écoles juridiques ? Même l'interprétation plus spirituelle du soufisme (*tasawwuf*), le mysticisme musulman [1], n'a pas trouvé grâce dans l'islam officiel, surtout sunnite, sinon de manière marginale et populaire, à travers les confréries (*tarîqa*), éloignées d'un islam aseptisé. Celles-ci font aujourd'hui souvent plus de place à l'ésotérisme, voire au charlatanisme des marabouts, parfois jusque dans les grands centres de la pensée islamique. Ici, nous touchons un domaine, qui échappe à notre propos immédiat, mais qui est loin d'être marginal, du lien qu'entretient un certain islam avec la sorcellerie et les gnoses. Ces multi-éléments, souvent très ésotériques, ont été assimilés et acculturés aux différentes traditions des cultures et civilisations qui ont rejoint le *dâr al-islâm*. C'est pourquoi certains n'hésitent pas à parler « des » islams, tant historiquement que culturellement, autrement dit d'un islam qui, paradoxalement, serait à

1. L'un des seuls *soufi-s* qui ait trouvé grâce en Islam, c'est Al-Ghazâli (1058-1111) qui délaissa la philosophie pour le soufisme.

géométrie variable. Politiquement, cette présentation convient mieux à l'Occident et lui laisse croire qu'il y aurait un Islam religieusement et politiquement correct, tandis que, selon des critères d'ailleurs très imprécis, l'autre Islam serait celui des traditionalistes et fanatiques qui refuseraient le progrès (!) et la modernité ! Ceci donnerait droit *de facto* aux États laïcs de trier entre bon et mauvais islam, acceptable ou non. Sur quels critères, historiques et fondamentaux, le dialogue peut-il se fonder dans un climat aussi superficiel et circonstanciel ? Et comment savoir à quel « islam » se rattache l'interlocuteur musulman ?

L'institutionnalisation républicaine de l'Islam [1] risque fort de nuire au dialogue et d'aggraver le communautarisme. Quant au terrorisme islamique, il n'est, dans ces situations, et en Occident, que l'appendice du fanatisme religieux que tout pouvoir politique pense pouvoir éradiquer, en donnant un statut légal à l'Islam. Cependant, le terrorisme islamique se revendique lui aussi de l'islam, sans être pour autant et généralement condamné par les prétendus autres islams. Paradoxalement, les démocraties occidentales feront bon accueil à l'islam qui s'intègre et qui pourtant se nourrit à la même source que l'islamisme [2]. Comment faire pour reconnaître le partenaire musulman du dialogue, sans tomber dans cet extrémisme, qui rejette globalement l'Islam ou qui accepte

---

1. C'est le cas du *Conseil Français du Culte Musulman* (CFCM), créé en 2003. En voulant maîtriser la présence musulmane en France, l'État ne risque-t-il pas de se faire le complice d'une ambiguïté, celle de la non-distinction en Islam du politique, du religieux et du droit ? L'institutionnalisation républicaine peut ainsi favoriser l'islamisation socio-institutionnelle.

2. Comme on parle du christian-isme ou du juda-ïsme, l'islam n'aurait-il pas droit à son « isme » ? C'est en 1697 que « Barthélémy d'Herbelot de Molainville, professeur au Collège de France, ajouta le suffixe "isme" au mot arabe islam pour en faire un nom désignant une religion. » A.-M. Delcambre, *Soufi ou mufti ?*, DDB, p. 141. Mais le mot aurait vieilli et, désormais, à la fin du XXe siècle, il prendra un sens politique.

tout sans distinction et dans la confusion? Car les sociétés occidentales créent un amalgame facile entre l'islamisme et le message religieux, particulièrement catholique, sur un certain nombre de questions d'anthropologie et d'éthique ou sociétales, considérées comme réactionnaires et aujourd'hui dépassées. Là encore, les institutions des États se font juges du religieusement correct et recevable. Bien des débats actuels au plan éthique, comme ceux qui touchent à l'islam radical, mettent souvent les institutions laïques dans un équilibre instable, ne pouvant se poser en juges de domaines qui ne relèvent pas de leur compétence. Pendant ce temps, l'islamisme fait le nid de l'islam en Occident, au détriment du catholicisme affaibli, marginalisé et rejeté par une société qui a perdu ses repères, mais qui paradoxalement reconnaît la réalité des courants actuels de l'Islam en Occident.

Toutes ces questions révèlent la complexité du dialogue multilatéral. C'est dire que le dialogue interreligieux ne peut à son tour faire l'impasse du contexte actuel du christianisme, de l'islam et du rapport des différentes religions entre elles dans la sphère du social et du politique. Cependant, il reste que des questions propres au dialogue interreligieux et spécifiquement islamo-catholique ne peuvent se réduire aux aléas du moment et des fragilités des visions politiques ou internationales. L'Église catholique a une mission et un devoir urgent de clarifier le cadre et la façon de mener un dialogue fort et exigeant aujourd'hui avec des personnes de l'islam, hommes et femmes de bonne volonté. Ce chemin du dialogue n'est pas facultatif ni un détail de l'histoire, mais il est à même d'apporter une espérance à l'humanité, en se mettant à l'écoute de Celui qui *« a parlé jadis aux Pères par les prophètes et en ces temps qui sont les derniers nous a parlé par le Fils… resplendissement de sa Gloire et effigie de sa substance, ce Fils qui soutient l'Univers par sa Parole toute puissante… »* (He 1, 1-3). Le nœud du dialogue ne serait-il pas la Parole, le *Logos*, *al-Kalima*?

Le rôle de la Parole

Dans le mot dialogue, il y a le mot *logos*, la parole qui est échangée entre (*dia*) deux ou plusieurs personnes. C'est bien pourquoi la parole prend alors une place importante et joue un rôle central dans l'échange. Et bien entendu, il ne peut s'agir que d'un échange de parole entre personnes de raison, ce qui fait la richesse même du *dia-logos* ; sinon, il disparaît dans un brouhaha confus ou des monologues inconciliables. En effet, dans le dialogue, c'est la parole (*logos*) qui est échangée, avec toute la charge dont le terme grec est porteur et que vont reprendre les auteurs du Nouveau Testament pour désigner le Christ comme étant le *Logos* créateur de Dieu le Père. Pour un chrétien, la Parole, le Christ-Dieu, est au cœur même du dialogue. Cette Parole est Lumière, Vie et Vérité ; elle *« éclaire tout homme, en venant en ce monde »* (Jn 1, 9). Or ce *Logos* est *« le resplendissement de la gloire de Dieu, icône de sa substance »* (He 1, 3 ; cf. Col 1, 15), celle du Dieu-Amour. Le Fils de Dieu est bien une personne, le *Logos* vivant du Père pour le monde, sa Parole d'amour[1]. La vision chrétienne du dialogue s'origine en Dieu, qui l'initie dans un dialogue historique de salut. Paul VI en saisira toute l'importance et l'enjeu au moment du concile Vatican II et publiera l'encyclique *Ecclesiam suam*[2]. Il écrit : « L'histoire du salut raconte précisément ce dialogue long et divers qui part de Dieu et noue avec l'homme une conversation variée et étonnante. » (n° 72) Sans cette primauté du *Logos* amour et vérité, le dialogue n'a guère d'avenir ; il se transforme seulement en échanges d'informations, de points de vue humains, c'est-à-dire horizontaux dans les meilleurs des cas. En fait, pour le judéo-christianisme, le dialogue s'inscrit,

---

1. « *Logos* désigne à la fois la raison et la parole – une raison qui est créatrice et capable de se communiquer, mais justement comme raison. » Discours de Benoît XVI aux représentants du monde des sciences, à Ratisbonne, le 12 septembre 2006. *D.C.* n° 2366 (15 oct. 2006).

2. Paul VI, *Ecclesiam suam*, 6 août 1964.

d'abord, dans la verticalité, en ce point focal qu'est le *« Logos fait chair qui a demeuré parmi nous »* (Jn 1, 14), ainsi peut-il, ensuite, rejoindre la dimension horizontale de notre humanité commune. C'est en Lui que les hommes trouvent les voies de la conciliation, de la compréhension, mais aussi leur véritable identité de créatures humaines, images de Dieu.

En arabe, dans le contexte du dialogue interreligieux, mais le plus souvent avec une grande réserve, on parle de *hiwâr*. Le terme lui-même n'est pas courant, même dans le langage ordinaire. Il ne se rencontre que trois fois dans le Coran (s. 18, 34 et 37 ; s. 58, 1), et sous sa forme verbale, et plutôt dans le sens de « converser ». La dernière acception (s. 58, 1) est tirée de la sourate *la dispute* (*al-mujâdala*[h]). Or, la racine de ce dernier mot est bien plus commune (vingt-cinq fois dans le Coran) que celle de *hawara*. Et, à la troisième forme de *jadala* (« rendre fort »), on trouve *jâdala* qui signifie « se quereller, se disputer ». Or, paradoxalement, c'est cette dernière acception que semble retenir le Coran pour le dialogue avec les Gens de l'Écrit :

> « Et ne disputez (ne discutez ; *lâ tujâdilû*) que de la meilleure façon avec les gens du Livre, sauf ceux d'entre eux qui sont injustes. Et dites : "Nous croyons en ce qu'on a fait descendre vers nous et descendre vers vous, tandis que notre Dieu et votre Dieu est unique, et nous, c'est à Lui que nous sommes soumis". » (s. 29, 46 ; cf. s. 16, 125 [1])

Pour l'islam, le point de référence n'est pas le *Logos*, mais le *Livre* descendu et récité, et aujourd'hui, il faut entendre le Coran. Voici donc déjà une première difficulté dans

---

1. Sourate 29, 46 évoque certainement les disputes religieuses, les controverses de genre apologétique (fréquentes entre le VIIIe et le XIe siècle, comme nous verrons plus loin) entre docteurs de la loi (Écritures) puisqu'il s'agit du *Livre* qui, selon la compréhension islamique, est descendu comme nous l'avons vu plus haut. Hamidullah traduit ce verset : « notre Dieu et votre Dieu est le même », comme pour faciliter le dialogue !

l'approche du dialogue, car ce n'est pas Dieu qui rassemble les hommes, mais c'est le Coran, à travers lequel est donnée la compréhension juste, ce qui, pour un musulman, constitue l'unique point de référence.

En religion, pas de contrainte ?

Le Livre (*kitâb*) n'est pas d'abord la Parole, mais le Coran (*qur'ân*) qui est donné pour une récitation plus que pour un enseignement. C'est dire, une fois encore, l'ambiguïté de considérer les Écritures juives et chrétiennes et le Livre « récité » (le Coran) comme issus d'une même source et s'emboîtant l'un dans l'autre comme une suite logique d'un accomplissement historique de la prophétie, que scellerait le dernier venu. Et pourquoi, d'ailleurs ?

Cette question en soulève plusieurs autres que nous aborderons par la suite. Mais revenons au dialogue et en particulier à cette partie du verset 256 de la sourate 2 de *la vache* : « Pas de contrainte en religion (*dîn*). » Ce passage est fréquemment cité par les musulmans comme une preuve de tolérance et d'ouverture pratiquées en islam. Un différend apparaît entre Benoît XVI qui cite ce verset dans son discours de Ratisbonne et les signataires d'une lettre ouverte au Pape[1] qui lui répondent quelques jours plus tard. Benoît XVI voit dans ce passage « l'une des plus anciennes sourates de la période initiale… où Mahomet était encore privé de pouvoir et menacé ». « C'est inexact », lui répondent les signataires de la lettre ouverte. « En fait, ce verset est reconnu comme appartenant à la période de la révélation coranique correspondant à l'ascendant politique

1. Cette lettre ouverte est publiée sous plusieurs versions en octobre 2006 et sous un nombre de signatures, variable selon les éditions en arabe, en anglais.

et militaire de la jeune communauté musulmane. “Pas de contrainte en religion” n'était pas un commandement adressé aux musulmans… mais un rappel… une fois qu'ils avaient atteint le pouvoir, qu'ils ne pouvaient pas forcer le cœur de l'autre à croire. “Pas de contrainte en religion” s'adresse à ceux qui sont en position de force, et non en état de faiblesse. » Pour ces derniers, ce verset est une déclaration de magnanimité envers les non musulmans, tandis que, pour le Pape, il rassure les musulmans.

L'islam se présente comme la religion du juste milieu[1] et de la tolérance et ce verset est là pour nous le rappeler, bien qu'il soit souvent difficile de les dater sans tomber dans des disputes de casuistique. Cependant, le contexte du verset et de la sourate semble plutôt évoquer la fragilité de l'*Umma* naissante qui doit se défendre et préserver sa foi et son culte. Benoît XVI, d'ailleurs, traduit *dîn* par « foi », dans le sens qu'il ne peut y avoir de contrainte en matière d'expression de la foi et donc du culte. Cette interprétation rejoint un sens premier du mot (*dîn*) tel que nous l'avons vu plus haut[2]. C'est, en effet, tardivement que ce terme dérive vers une nouvelle sémantique et prend le sens de religion. Autrement dit, l'islam ne contraint personne malgré sa prétention universelle. D'ailleurs, un autre verset vient dans l'esprit de tolérance islamique, à l'instar de *Muhammad* qui récite ces versets : « À vous votre religion (*dîn*), et à nous notre religion. » (cf. s. 109, 6 [3]) Cette empathie à tout confondre ou réduire démontre

1. S. 2, 143 : « Et aussi nous avons fait de vous une communauté *médiane* pour que vous soyez témoins devant les gens… »

2. Introduction du premier chapitre : *D'où vient l'islam ?*

3. Sourate 109 *al-Kâfirûn* (« *les réfractaires, ceux qui recouvrent* ») : « Dis : “Ô vous les réfractaires ! Je n'adore pas ce que vous adorez. Et vous n'êtes pas adorateurs de ce que j'adore. Je ne suis adorateur de ce que vous adorez. Et vous n'êtes pas adorateurs de ce que j'adore. À vous votre culte, et à moi mon culte.” » (s. 109, 1-6).

l'insignifiance du dialogue et la fragilité dans laquelle se trouve la partie musulmane. L'emploi souvent systématique de ces versets, et c'est le cas dans cette lettre ouverte, montre l'extrême difficulté d'un dialogue de raison pour dépasser les pugilats à coup de versets bibliques et coraniques, sans, en même temps d'ailleurs, vider les mots de leur sens. D'autant que la sourate 109 fait état d'une période tout à fait primitive du proto-islam et des dissensions au sein de la première *Umma*, entre émigrés et judéonazaréens ou proto-musulmans et juifs, en évoquant les recouvreurs (*kâfirûn*) dont nous avons parlé plus haut.

Mais la lecture actuelle est en décalage historique et va donc s'appliquer au contexte socioreligieux d'aujourd'hui, comme le démontre la lettre ouverte au pape Benoît XVI. Le culte est devenu religion et les réfractaires sont les infidèles, c'est-à-dire les chrétiens [1] et les juifs. À chacun sa religion, ce qui autorise l'Islam à imposer sa loi (*charî'a*) dans les régions où il domine et à tolérer sous la loi de la *dhimmitude*, c'est-à-dire sous bien des contraintes, une présence juive ou chrétienne. Les récents événements du Proche et Moyen-Orient en sont une douloureuse et tragique illustration, lorsque l'on voit des communautés chrétiennes violentées jusque dans les églises et dans leurs membres, assassinés, ou encore contraintes de fermer des lieux de culte et de s'exiler. Comment donc renouer les liens d'un dialogue réel et vrai seulement à partir de paroles, prétendument révélées et instrumentalisées, si la parole ne passe pas dans les actes ?

1. Les glissements sémantiques que nous avons déjà rencontrés sont ici manifestes et provoquent des contresens dans la lecture des textes. En effet, les chrétiens primitivement étaient désignés comme des « associateurs » (*mušrikûn*), aujourd'hui les traducteurs lisent *nasâra̱*, non plus comme Nazaréens, mais l'actualisent (cf. s. 5, 51) : « Ô les croyants ! Ne prenez pas pour alliés les Juifs (*yahûd*) et les Chrétiens (*nasâra̱*) ; ils sont alliés les uns des autres… » Or ceci est contredit historiquement.

Car il ne faut pas oublier cet autre verset coranique: « Combattez-[les]… jusqu'à ce qu'ils versent l'impôt de capitation (*al-jiziya*) de leurs propres mains et qu'eux se soient humiliés. » (s. 9, 29[1]) Cette mesure discriminatoire n'exerçait-elle pas une pression pour engranger de nouveaux convertis qui essayaient d'échapper aux contraintes socio-juridiques des conquérants islamiques? C'est, en effet, ce que laisse entendre la sourate 9, 6:

> « Si l'un des associateurs (*mušrikûn*) te demande protection, accorde-la lui, afin qu'il entende les paroles (*kalâm*[2]) d'Allah, puis fais-le parvenir à son lieu de sécurité, car c'est un peuple (celui des associateurs chrétiens) qui ne sait point! »

Les conditions du dialogue sont encore très loin d'être réunies, selon le Coran, ou même établies, selon les partenaires musulmans. Or, les signataires de la lettre ouverte invoquent cet esprit de tolérance en lisant et interprétant aujourd'hui le Coran. En fait, ne serions-nous pas dans deux perceptions ou connaissances théologiques différentes, voire opposées? Les images de Dieu, dans le christianisme et dans l'islam, ne peuvent se recouvrir. Ainsi, l'approche anthropologique dépend d'abord de la vision et de la connaissance de ce Dieu (*Allah*) auquel chrétiens et musulmans sont censés rendre un culte, un acte de religion.

---

1. La sourate 9, *le repentir* (*at-tawwâb*), est à situer dans un contexte tardif du proto-islam, plutôt palestinien, voire de la période ʻumayyade et de la conquête de l'Égypte. Voir le verset 33: « C'est Lui qui a envoyé son Messager avec la bonne direction et la religion de la vérité afin qu'elle triomphe sur toute autre religion… »

2. *Kalâm* est un pluriel irrégulier et imprécis de *kalima* (pluriel régulier: *kalimât* = « des mots »). Dans le Coran, *kalima*, citée 23 fois, a de multiples significations et ne désigne jamais la Personne du Verbe (*le Logos*), comme en saint Jean, alors que les chrétiens de langue arabe traduisent la Parole, le Verbe par *al-Kalima*.

Un dialogue surprenant !

Le dialogue ne date pas d'aujourd'hui, surtout en Orient, comme nous le verrons, même si l'on y est particulièrement sensible aujourd'hui en Occident. Cependant, les conditions du dialogue ont beaucoup évolué et les partenaires ont besoin d'en redéfinir le cadre. Cela est vrai, en particulier, pour nos amis musulmans qui n'ont pas eu les mêmes possibilités et moyens que les chrétiens, dans la confrontation avec une approche objective et rationnelle. Le passé a conduit à beaucoup de controverses, d'affrontements.

> « Même si, au cours des siècles, de nombreuses dissensions et inimitiés se sont manifestées entre les chrétiens et les musulmans, le saint Concile les exhorte tous à oublier le passé et à s'efforcer sincèrement à la compréhension mutuelle, ainsi qu'à protéger et à promouvoir ensemble, pour tous les hommes, la justice sociale, les valeurs morales, la paix et la liberté [1]. »

Les artisans du dialogue du côté chrétien ne manqueront pas au long des siècles depuis Jean de Damas (mort vers 754) au P. Jean-Mohammed Abd-El-Jalil [2] (1904-1979), en passant par Pierre le Vénérable (mort en 1156), abbé de Cluny, François d'Assise (mort en 1226) et Raymond Lulle (mort en 1315). La controverse et la polémique ont souvent prévalu, et cependant, ces rencontres ont permis parfois des avancées réelles. Après l'euphorie du concile Vatican II, le dialogue interreligieux a pris une nouvelle tournure avec le pape Jean-Paul II et les rencontres dans l'esprit d'Assise. Mais le chemin de la rencontre est encore long à venir, parsemé

---

1. Vatican II, *Nostra Aetate*, n° 3.

2. Né à Fez, au Maroc et de famille musulmane, Mohammed Abd-Al-Jalil se convertit et est baptisé en 1928, après avoir rencontré un autre musulman converti, Mgr Paul-Mehmet Mulla-Zadé (1881-1959), Turc de Crète. Très vite ensuite, il choisit de suivre la voie franciscaine.

de pièges, d'ambiguïtés, de déclarations réductrices et politiciennes. Benoît XVI, avec la rigueur du théologien qu'on lui connaît, son expérience européenne, sa connaissance de l'histoire et du développement des civilisations en Europe, tient à éviter le choc des civilisations ou même celui des religions, du christianisme et de l'islamisme. « Le dialogue interreligieux et interculturel entre chrétiens et musulmans ne peut se réduire à un choix passager. Il est une nécessité vitale… », disait Benoît XVI à Cologne, le 20 août 2005. Et il ajoutait, à l'adresse d'ambassadeurs de vingt et un pays à majorité musulmane, le 25 septembre 2006 :

> « Dans un monde marqué par le relativisme et excluant trop souvent la transcendance de l'universalité de la raison, nous avons impérativement besoin d'un dialogue authentique entre les religions et entre les cultures… sincère et respectueux, fondé sur une connaissance réciproque toujours plus vraie… [Celui-ci] est une nécessité pour bâtir ensemble le monde de paix… "Le respect et le dialogue – citant ici Jean-Paul II à Casablanca en 1985 – requièrent la réciprocité dans tous les domaines, surtout en ce qui concerne les libertés fondamentales et plus particulièrement la liberté religieuse" (n° 5) [1]. »

Le premier « dialogue islamo-chrétien » connu se déroule à Homs (Syrie) en 644, le dimanche 9 mai, entre le patriarche jacobite [2] (chaldéen) Jean Ier (631-649) et l'Émir Sa'îd ibn 'Amir, gouverneur militaire de la place entre 641 et 644. Ce dernier est considéré comme un compagnon du chef des émigrés, mort dix ou douze ans plus tôt. Mais le propos porte sur la Loi que suivent les émigrés (*muhâjirûn*). Pour donner plus de poids à son propos, le gouverneur est accompagné d'un juif, ou plutôt d'un personnage du

---

1. Benoît XVI, *Discours aux ambassadeurs des pays musulmans*, *D.C.* n° 2366 (15 oct. 2006).

2. Le Patriarche a lui-même relaté l'esprit et le contenu de cette rencontre conservés avec toutes les garanties d'authenticité, cité par E.-M. Gallez, dans *Le messie et son prophète*, t. 2, 3.1.4.2., p. 107.

courant judéonazaréen, connaisseur de la *Tôra*. Il espère bien ainsi pouvoir réfuter les arguments de son hôte à propos « du Christ, Fils de Dieu » et le voir « adhérer à la *Loi mahgrâ* » et par là au courant du proto-islam. En effet, les propos rapportés ne font allusion ni à *Muhammad* ni au Coran, mais à « la Tôra lue en fonction d'une "Loi mahgrâ [1]" ». Les bases de l'Islam ne sont donc pas encore effectives. Mais nous avons là, peut-être, le témoignage que la rupture n'est pas encore totalement consommée entre le courant arabe et l'aspiration judéonazaréenne et que cette période des années 640 est encore « préislamique ». D'autres sources montrent, selon le P. E.-M. Gallez, que le prophète qui doit précéder la venue du Messie est toujours une espérance proche, voire éminente, vers 640, mais à laquelle les Arabes émigrés mettront bientôt un terme, faute de réalisation. Nous savons que cela se terminera par des massacres que l'histoire recomposée imputera à *Muhammad*, à Médine, alors qu'ils sont le fait d'un messianisme arabe qui impose sa domination militaire et déjà politique.

Ce « dialogue », comme tant d'autres par la suite, tourne court et sera sans lendemain. La controverse n'a pas fait avancer les positions des partenaires ni ne les a ouverts à une meilleure compréhension réciproque.

Le rêve religieux mondialiste

Le patriarche Sophrone évoquait déjà, dans les années 630, les prétentions des hordes d'émigrés à « dominer le monde entier en imitant leur chef continûment et sans retenue ». Même s'il y a quelque emphase aux propos du

---

1. E.-M. Gallez, *op. cit.*, t. 2, p. 109. La *"Loi mahgrâ"* est celle des *muhâjirûn*.

patriarche, dans le contexte de l'époque et la suprématie des conquérants arabes, il n'y a guère de doute sur leurs desseins, encouragés par la terreur et l'insécurité qu'ils font régner, selon plusieurs chroniqueurs. Rien ne semble devoir résister à ces conquérants qui deviendront très rapidement des envahisseurs au-delà de leur propre zone d'influence. Le courant, pour se déployer et assurer le contrôle des terres conquises, va devoir se structurer plus profondément. C'est durant cette période que l'on va passer d'un mouvement conquérant à « l'idéologie religieuse » de type messianiste et apocalyptique, fortement « idéaliste », à l'Islam comme religion (*dîn*) et nouvelle « idéologie » qui s'érige en société, une *umma* qui devient une force politique[1], avec ses structures, celle d'un État (*dawla*) sans frontière et même trans-clanique qui ambitionne de régner sur le monde (*dunya*). Les trois « d » (*dîn*, *dawla*, *dunya*) sont constitutifs de l'Islam politico-religieux et d'un nouveau paradigme. La religion prévaut sur les deux autres dimensions, de manière déséquilibrée, voire pathologique. En effet, elle s'impose à la structure politique, qui saura l'utiliser à son profit comme « raison d'État ». C'est le cas du califat, forme embryonnaire d'un État mondial dans lequel la religion devient la constitution et la loi d'un État partisan et discriminant. Elle symbolise et justifie ainsi le *jihâd*, comme fer de lance pour la conquête du monde.

Dès lors, la religion utilise Dieu, et un Dieu exclusivement transcendant, et le transforme « en une idole dans laquelle l'homme adore sa propre volonté », affirme le cardinal Ratzinger[2]. Une telle manipulation de la

---

1. Vincent Aucante, *Benoît XVI et l'Islam*, Éd. Parole et Silence, 2008, p. 16, note 13 : « L'*umma* est aujourd'hui plus un concept synthétique qu'une réalité concrète, ou en tout cas la réalité que désignait la notion à l'origine a fortement changé. »

2. Conférence du cardinal J. Ratzinger, « À la recherche de la paix »,

religion rend difficile le dialogue, tant avec d'autres réalités socioculturelles qu'avec le judéo-christianisme. L'Islam se présente, d'ailleurs, comme l'accomplissement d'un processus historique, voire son aboutissement; il se voit comme la résolution universelle, seule capable de fédérer la diversité des peuples. Le panislamisme [1] est d'ailleurs passé du rêve à la réalité au cours de la deuxième moitié du XXe siècle. Les différents organismes transnationaux du monde musulman sont les seuls, après la chute du califat et l'avènement de la SDN, puis de l'ONU, à se fonder sur un caractère religieux et spécifiquement islamique. Ce rêve mondialiste d'une *Umma* islamique a depuis longtemps précédé celui de la globalisation que nous connaissons aujourd'hui et se pose même en concurrence, voire en opposition, avec les politiques mondialistes actuelles. Dans une telle vision du monde, on ne voit pas comment l'Islam ne serait pas convaincu de sa supériorité [2] et de sa destinée à soumettre l'ensemble des nations à ses propres règles dans *la maison islam*. Le dialogue, non seulement interreligieux, mais pluridimensionnel, risque de n'être alors qu'un moyen pour patienter dans l'attente de l'issue fatale et finale, et non dans une recherche commune de la Vérité.

Le devoir d'annonce (*da'wa*) fait d'ailleurs partie de cette politique de conquête du monde alors qu'il est interdit aux

---

donnée à Caen, juin 2004, publiée dans la revue *Communio*, t. 39, juillet-août 2004.

1. Le panarabisme, après la chute du califat (1924), fut comme une poussée laïque, souvent menée d'ailleurs par des chrétiens, qui, tout en gardant et fortifiant les liens internes à l'ensemble des pays arabes, tentait de les dégager du confessionnalisme et des replis communautaristes pour les ouvrir à la modernité… Il n'y réussit pas, mais il ouvrit paradoxalement la voie au panislamisme et à une certaine forme de régression.

2. Le milliard dépassé de musulmans dans le monde en fait le concurrent direct du catholicisme. Et l'argument est de poids, au moins démographique !

chrétiens dans les pays islamiques[1]. Tel le prolongement « pacifique » du *jihâd* particulièrement vigoureux et actif actuellement en Occident. Car il s'agit d'une part de rassembler les forces éparses de la communauté islamique dans une société laïque, d'autre part de raviver le zèle pour la cause mondiale de l'Islam, tant chez les jeunes des populations émigrées que chez les populations exogènes. Ces dernières, privées de repères, sont endoctrinées pour mener partout où cela se révèle urgent le combat « juste » de l'Islam, c'est-à-dire le *jihâd* sur la scène internationale.

Comment parler encore de dialogue dans ce contexte? Sinon de rencontres occasionnelles et sans conséquence pour l'avenir de la paix des peuples et pour les rapports interreligieux. Cependant, aujourd'hui, le religieux, le spirituel ont repris du lustre et instaurent un nouvel œcuménisme mondial des religions. Quel est d'ailleurs l'avenir de ce retour du religieux et de ces prétendus nouveaux modes de penser et d'exprimer le religieux?

Le retour du religieux

Après le temps des affrontements européens et de « la guerre froide » au XXe siècle, le XXIe siècle laisse apparaître

---

1. Il n'est que de noter aujourd'hui les lois et mesures coercitives dans bien des pays islamiques. Le principe de réciprocité est loin de jouer aujourd'hui entre la laïcité occidentale et les états islamiques. « Chrétiens et musulmans sont-ils assez honnêtes pour accepter "le devoir d'apostolat" des uns et des autres, qui soit "pur témoignage" de la grandeur de Dieu et de la dignité des hommes? », s'interroge le P. BORRMANS dans *Dialogue islamo-chrétien*, p. 31.

À propos du principe de réciprocité, lire dans la revue *Liberté Politique n° 44* (printemps 2009), *Quel dialogue avec l'islam?* L'intervention du P. Édouard DIVRY o.p., *Réciprocité religieuse : ni rétorsion, ni placidité.*

un nouveau défi, plus civilisationnel, avec l'Islam. Ce qui d'abord ne semblait qu'une problématique interreligieuse se révèle comme un choc culturel défiant l'équilibre interne de chaque nation ainsi que les relations internationales. Mais, plus que jamais, la dimension « religieuse » ou spirituelle de l'homme ressort avec force, dans un monde où la pensée positiviste, scientifique, technologique et consumériste a tout fait pour l'étouffer en la reléguant à l'âge prétendument obscurantiste de la religion ou dans la sphère malléable du privé. Les convulsions actuelles sont bien le signe d'un dialogue interrompu en l'homme lui-même et entre les hommes, et de plus avec Dieu. Le retour du religieux est certainement une réaction saine, mais sa multiplication en complique la réintégration sociale, au risque du repli communautariste et d'une nouvelle dévaluation du phénomène religieux, voire sa marginalisation ou son identification à un épiphénomène de croissance de société. Or, la force nouvelle et inattendue avec laquelle l'islam s'affiche, dans le contexte actuel, peut avoir pour effet, sous certaines conditions, de réveiller l'homme à sa dimension verticale et spirituelle.

Ce retour du religieux ouvre le champ libre à l'islam et lui facilite son intégration grâce au contexte de la pensée relativiste. Pour nos contemporains, le phénomène religieux est devenu très imprécis, et parler de religions et du dialogue entre elles n'a plus guère de consistance. D'un côté, beaucoup ont du mal à situer l'islam et, pour finir, le ramènent dans le cercle limité « des religions révélées », tandis que d'autres en feront un néo-paganisme de forme monothéiste. D'un autre côté, parler des religions revient souvent à tout réduire au phénomène religieux sans apporter les distinctions et les clarifications nécessaires. Or, l'Église, et déjà la Parole de Dieu, considèrent l'humanité sous le regard de Dieu qui révèle son plan d'amour et de salut pour tous les hommes, sans distinction. C'est donc à partir de la Révélation biblique que l'Église regarde les hommes des différentes religions et envisage un dialogue avec chacune d'entre elles. Mais elle ne peut porter un regard juste sur le phénomène religieux sans le situer aussi dans l'Histoire de l'Humanité et des interventions historiques de la Providence divine. Les religions traditionnelles tentent de répondre aux grandes interrogations de la vie et de l'histoire de groupes humains, tout en forgeant aussi des cultures, voire des civilisations. Le judéo-christianisme s'en distingue totalement, dans le sens que Dieu intervient, Lui-même, dans l'Histoire et rejoint l'Homme dans son attente, en se révélant comme un partenaire du dialogue qui culminera dans l'Alliance.

L'islam, mais d'abord le judéonazaréisme et son avatar, le proto-islam, s'inscrit dans les dérives postbibliques et postchrétiennes. Nous avons là une situation historique, très particulière, insuffisamment prise en considération, tant dans la connaissance de l'Islam historique que dans le dialogue. Les recherches et les publications récentes sur les origines de l'Islam devraient changer profondément son approche et mieux préciser le cadre du dialogue.

En effet, après quarante ans, l'Église catholique ne peut plus envisager le dialogue interreligieux, et en particulier avec l'islam, comme au lendemain du concile Vatican II. Le cadre du dialogue s'est affiné au fil des ans ; même si les principes généraux demeurent, le contexte général a évolué considérablement, mettant à mal les principes de base du dialogue. Le risque était alors de le réduire à une action, souvent marginale et sans grands effets, dans la vie concrète des sociétés, tout en demeurant dans une pensée confuse. L'enthousiasme des premières rencontres a rapidement laissé place à la perplexité et à l'aridité des questions de fond. En effet, il apparaît impossible d'engager un dialogue « théologique », donc interreligieux, entre chrétiens et musulmans, alors que tout semble opposer la foi chrétienne et la foi musulmane, tant sur la question de la révélation de Dieu que sur celle du Salut. On peut même dire que l'islam prend le contre-pied de la Révélation biblique sur ces questions essentielles.

Envisager une approche commune à partir des textes sacrés des deux religions, en l'occurrence la Bible et le Coran, paraît impossible dans l'état actuel de la connaissance réciproque des Écrits. Certains, plutôt que de partir de la réalité des textes, rêvent d'une matrice commune « préhistorique », voire adamique. Youssef Seddik[1] a une lecture du Coran très particulière, voire « darwinienne » : « L'Europe doit s'habituer, écrit-il, à l'idée que le texte fondateur (le Coran) de cette vision du monde qu'est l'islam est une œuvre à lire et non à prendre au mot… » Et d'ajouter : « Non pas simples emprunts, non pas un effet ponctuel d'acculturation, encore moins ce que certaines thèses ont cru deviner dans les références à un fonds biblique travaillé lui-même par l'hellénisme, mais comme le miroitement d'une très lointaine origine, comme si les deux cultures s'étaient regardées en complices et des deux côtés interdits du miroir. » Dans cette approche édulcorée, que reste-t-il au dialogue ?

Jean-Paul II aura l'audace d'ouvrir des voies nouvelles au dialogue. Lors de sa rencontre avec les jeunes musulmans marocains, à Casablanca (le 19 août 1985), puis lors des rencontres dans l'esprit d'Assise (1986), Jean-Paul II initie un nouvel élan au dialogue en lui imprimant un caractère beaucoup plus proche du témoignage évangélique et vital. Il invite tout un chacun à être ensemble, croyants et hommes de bonne volonté, et à prier « Dieu » pour la paix. En prenant l'initiative, le Pape pouvait faire sortir le dialogue

---

1. Cité par *Le Monde de la Bible* n° 149, p. 49 extrait de *Le Coran, autre lecture, autre traduction* de Youssef Seddik, Éditions Barzakh et de l'Aube, 2002.

interreligieux de sa somnolence et lui impulser une nouvelle dynamique. Ce volontarisme papal, tout aussi décidé dans l'œcuménisme que dans le dialogue interreligieux, a l'avantage de reprendre l'initiative au niveau des religions et de ne pas laisser les sociétés civiles ou les États imposer le cadre du dialogue interreligieux. Cette détermination du Pape permet d'apporter un peu plus de clarté dans la confusion du fait religieux, même si l'islam a plus de difficulté pour distinguer dans une juste séparation les domaines politique et religieux. Jean-Paul II tire ainsi le dialogue vers le haut, en particulier le dialogue islamo-chrétien, en l'invitant à sortir du confinement à « une raison du faire, reconnaît alors le cardinal J. Ratzinger, et à lutter pour sa perception du bien et du bon, du sacré et du saint[1] ».

De son côté, Benoît XVI, comme nous l'avons évoqué l'une ou l'autre fois, entraîne les partenaires du dialogue sur des voies, exigeantes mais essentielles, de raison et de justesse, en mettant les hommes d'abord face à Dieu pour regarder ensemble dans la même direction[2]. Il s'agit de passer du ressenti au réel, du discours religieux à la lumière venue d'En-haut (proclamation de la foi), celle de la Vérité, afin d'être éblouis ensemble par le *Logos*. Chemin ardu qui n'est pas celui de la pensée moderne, même dite des lumières.

Les nouveaux penseurs

Le dialogue islamo-chrétien a souvent été l'affaire de spécialistes. En effet, il fallait en préciser les contours et la

---

1. Conférence du Cardinal J. Ratzinger, *À la recherche de la paix*, déjà citée, p. 156, note 2.

2. Cal J. Ratzinger, *op. cit.* : « Le rapport entre la raison et la religion est d'une importance décisive et… la recherche du juste rapport entre elles est au cœur de nos efforts en matière de paix. »

compréhension du discours. Un long et âpre travail de sémantique, comme celui qu'a fait le père A. Moussali, a préparé les bases d'un dialogue en vérité. Malheureusement, ce travail n'est pas encore suffisamment reconnu et pris en compte pour avancer dans le dialogue. Il faut ici souligner le travail courageux de clarification que vient de donner le père François Jourdan « pour un dialogue authentique... Bien connaître les deux religions comme telles, telles qu'elles se comprennent et se formulent elles-mêmes dans leurs instances autorisées, et ne pas se contenter de connaître des gens qui les professent sans les représenter de façon compétente. Il faut donc être à la fois islamologue et théologien [1]. »

Dans un livre [2] qui rassemble plusieurs de ses interventions, le père Maurice Borrmans, impliqué dans le dialogue islamo-chrétien, fait bien ressortir, à la fois l'espérance d'une démarche d'un dialogue vrai et à la fois ses limites actuelles. Malheureusement, qualifier le dialogue est, pour certains penseurs musulmans, la marque d'une suspicion inacceptable, qui remet en cause les bases mêmes sur lesquelles celui-ci a tenté de se construire. En effet, selon le P. Moussali, « les musulmans, en général, ne se sentent pas, dans leur immense majorité, partie prenante de ces rencontres à part entière. Diverses raisons y contribuent, dont l'une des plus importantes se situe au niveau de la vision que le Coran donne au musulman du christianisme [3] ».

La crise, dans laquelle entre le dialogue, peut être salutaire, si les protagonistes acceptent de mieux en définir les contours, les attentes et le but. La démarche même du

---

1. Préface de Rémi Brague (p. 7) au livre de François Jourdan, *Dieu des chrétiens, Dieu des musulmans. Des repères pour comprendre*, Éd. L'Œuvre, 2008.

2. Maurice Borrmans, *Dialogue islamo-chrétien à temps et à contretemps*, Éd. Saint-Paul, 2002.

3. Antoine Moussali, *Judaïsme, christianisme et islam*, Éditions de Paris, 2000, réimpression 2002, p. 129.

dialogue doit se préciser pour sortir de discours confus et d'amalgames. Cela devrait aussi permettre une démarche plus humble en reconnaissant les limites conceptuelles et doctrinales du dialogue. Or, sans ces précautions et l'acceptation des limites auxquelles les uns et les autres sont confrontés, le dialogue islamo-chrétien ne pourra se déployer. Cela ne devrait pas empêcher d'écouter l'autre et de l'accueillir dans ce qu'il dit de lui-même, de Dieu, de sa foi et de son être au monde. L'acceptation paisible de nos différences, dans une quête toujours plus grande de la Vérité, devrait permettre et laisser espérer de nouvelles avancées.

Les avancées de la recherche, au plan de l'Histoire et de la lecture critique des Écrits, devraient conduire les protagonistes du dialogue, en prenant un chemin commun, à accepter que les mêmes moyens d'analyse les conduisent à une lecture objective et dépassionnée de la réalité historique de leur propre courant religieux. En grande partie, cette approche est faite et continue de se faire pour le christianisme, mais n'est pas encore acceptée globalement à l'intérieur de l'Islam en ce qui concerne sa propre histoire. Même si certains risquent l'aventure de rouvrir « les portes de l'interprétation » (l'*ijtihâd*[1]), celle-ci reste timide et se cherche encore, comme nous allons le voir. Certes, ce que nous avons présenté dans les chapitres précédents est beaucoup plus le fait de chercheurs non musulmans et occidentaux. Il devrait exister un dialogue des chercheurs, historiens et exégètes des deux côtés, qui devrait avancer, non de manière parallèle voire opposée, mais dans une commune stimulation féconde, à la recherche

1. « Aujourd'hui, il [l'*ijtihâd*] exprime une opinion qui n'engage que son auteur », affirme Abdelmajid Charfi dans *L'islam entre le message et l'histoire*, Éditions Albin Michel dans la collection *L'islam des lumières*, 2004, p. 12.

de la vérité historique des sources de l'islam comme du christianisme et d'un regard d'estime réciproque dans cette quête de vérité.

Aujourd'hui, le dialogue et l'avancée dans la recherche sont parfois parasités par de nouveaux discours, qui relèvent plus de l'actualité mouvante et trop souvent opportuniste de pensées ésotériques et gnostiques ou pseudo-scientifiques. Les nouveaux penseurs de l'islam, souvent poussés en avant par les médias et l'opportunisme politique, occultent le travail caché et humble de quêteurs de Vérité et de Paix.

Quelqu'un comme Tariq Ramadan, petit-fils d'Hassan al-Banna, entretient cette confusion et porte le conflit au niveau des débats d'idées, en maniant le double langage pour ceux du dedans (les musulmans) et ceux du dehors. Ce discours « nouveau » n'a pas manqué de séduire la vénérable université catholique de Notre-Dame, aux États-Unis, où il devait assurer dès septembre 2004, comme maître de conférence, des cours sur la pensée islamique et l'islam, si le visa ne lui avait pas été refusé par une administration tatillonne, peut-être plus soucieuse de sa véritable pensée trop apparentée à celle des courants islamistes.

Sans vis-à-vis, Ramadan s'impose comme le maître à penser de la nouvelle génération et de la façon la plus ambiguë, tandis que son frère, Hani, tient un discours moins feutré et beaucoup plus radical, appuyé sur une lecture fondamentaliste de la *Charî'a*. « On assiste ici à un "détournement de transcendance" : celle-ci, qui n'appartient qu'à Dieu, a été conférée à l'islam, promu au rang d'une réalité infaillible et impeccable, et à la *sharî'a* qui serait l'expression parfaite et définitive de la transcendance divine [1] », affirme le P. Borrmans à propos de la doctrine des

1. *Enquêtes sur l'islam*, collectif en hommage au P. Antoine Moussali, DDB, 2004 ; article du P. Maurice Borrmans, *L'islam contemporain et ses fondamentalistes radicaux*, p. 316.

frères Ramadan qui veulent réformer « la société moderne et matérialiste ».

Il est vrai que nous ne parlons pas au même niveau lorsque nous parlons de Dieu, chrétiens et musulmans, ni même lorsque nous évoquons les uns la Bible et les autres le Coran. Ce ne peut donc être un véritable dialogue, mais une information et une communication les uns aux autres de nos modes d'approche et de connaissance. Pour l'heure, nous ne pouvons guère aller au-delà. De plus, les musulmans ont une approche très inégale, non seulement du dialogue, mais surtout de leurs propres culture et religion.

En effet, le discours de T. Ramadan, par exemple, est autrement ambigu. Derrière des thèmes adaptés, une expression tout en nuances et la présentation moderne de l'orateur, se dissimule un représentant tout à fait convaincu de l'islam, un authentique « frère musulman », fidèle à son grand-père maternel, le fondateur du mouvement, assassiné[1] en 1949. Sous couvert d'une confrérie, le fondateur du mouvement voulait établir un État de droit musulman, avec la *Charî'a* pour loi et, si nécessaire, la contrainte et la violence. Plutôt étonnant, dans une collection « Les religions en dialogue », un éditeur a publié un ouvrage de T. Ramadan, qui présente, comme pensée novatrice d'un renouveau de l'islam, celle des plus extrémistes, *d'al-Afghani à Hassan al-Banna*, dont les héritiers d'aujourd'hui non seulement ont éliminé les prési-

1. Hassan al-Banna est assassiné le 12 février 1949. Tariq Ramadan, dans un débat avec Alain Gresh, publié sous le titre : *L'islam en questions*, déclare p. 76 : « L'assassinat d'Hassan al-Banna est l'œuvre concertée des Britanniques, des Français et des Américains. » La précision et la rigueur historique ne semblent pas troubler son propos, du moment que le message passe. Quant à la doctrine du fondateur du mouvement qui eut, ne l'oublions pas, des liens étroits avec les nazis, elle continue de nourrir et d'inspirer aujourd'hui les courants radicaux dans le monde musulman et aussi ceux, présents en Europe, comme l'UOIF ou le Centre islamique de Genève, fondé par Saïd Ramadan, père de Tariq, en vue d'islamiser l'Europe.

dents Sadate et Boudiaf, mais encore actuellement les chrétiens d'Égypte, d'Irak ou du Pakistan. De ceux-là, personne ne parle; ils sont quantité négligeable (des protégés sous tutelle de l'islam, *dhimmîs*[1]) et exclus du dialogue.

Dans le même ordre d'idée, Rachid Benzine, encouragé par certains chrétiens, partisans du dialogue, tente de faire accepter à l'Occident un islam novateur et moderne, et a créé une collection: « L'islam des lumières ». Or, cette approche nouvelle n'ouvre pas de voies inattendues au dialogue interreligieux, sinon en apparence, par le truchement de personnes séduites par le discours ampoulé de ces nouveaux penseurs ou prédicateurs très médiatisés. Elle révèle plutôt une génération formée à l'esprit pseudo-scientifique et rationaliste de notre époque et fait preuve d'une autosatisfaction qui tente de réduire la religion au domaine individuel et à la libre interprétation, ce que refuse un T. Ramadan, de son côté. Cela lui donne, du même coup, une position unique, celle d'un musulman authentique, dans la représentation musulmane sur la scène du dialogue.

La difficulté de situer « les nouveaux penseurs » musulmans[2] vient de ce qu'une partie d'entre eux sont des musulmans (de nom) occidentalisés et qui, en fait, sont entrés dans une forme de « libre-pensée » par rapport à l'islam. Ils représentent, d'une certaine manière, le siècle des lumières pour l'islam. Ils s'accommodent des modes de

1. C'est le regard que l'historienne Bat Ye'or porte sur « l'Europe qui s'est soumise à l'islam sans se battre » (dans *Le Point*, n° 1695, du 10 mars 2005). Et cette attitude conduira *« l'Eurabia: l'axe euro-arabe »* à la *dhimmitude*, qui « se poursuit encore aujourd'hui sous nos yeux… même en Turquie. Pourtant, cette histoire… n'est même pas étudiée dans les universités. »

2. Le terme *musulman* prête aujourd'hui à confusion car il recouvre des acceptions très diverses et des situations pour le moins très contrastées. Être *musulman* peut aussi bien s'appliquer au croyant de l'islam qu'au libre penseur de culture islamique, mais non-croyant et non-pratiquant.

penser et de vivre de l'Occident sécularisé, tout en gardant des références culturelles à l'islam. Leur lecture de l'islam se veut moderne, parce que non « essentialiste », façon de se démarquer de tout fondamentalisme. Abdelmajid Charfi ajoute : « … il n'y a pas un islam unique, ni dans le temps ni dans l'espace, en dépit des particularités qui unissent ses fidèles et qui les distinguent des fidèles des autres religions et des non-croyants[1] ». Rémi Brague déjoue ces artifices savants et fallacieux : « Rappelons en effet que tous les musulmans, au-delà de leurs différences… ont en commun un certain nombre de points que personne ne peut remettre en cause sans sortir de l'islam[2]. »

Cependant, une partie importante de ceux-ci, dont Tariq Ramadan est le représentant, affichent une démarche inverse à celle des précédents, qui se sont comme inculturés à une prétendue culture moderniste. D'ailleurs, ceux-ci s'affichent comme des intellectuels et représentent souvent, pour l'occidental, le musulman moderne, c'est-à-dire « athée ou agnostique », libre-penseur dans les domaines de la religion, de la pensée, des interdits et d'une morale jugée « archaïque ». Le plus souvent, ils font une lecture bien différente des juristes (*fuqahâ'* et *'ulamâ'*) qui auraient durci la lettre, pour une interprétation circonstancielle et opportuniste. Mais cet islam moderne et « éclairé » n'atteint pas les couches populaires et reste limité à des sphères d'intellectuels.

Ce sont, en fait, les fondamentalistes qui feront passer le message dans les banlieues, invoquant un retour à l'islam (idéal) des débuts. Entrer dans la modernité, selon eux,

---

1. Abdelmajid Charfi, *L'islam entre le message et l'histoire*, p. 19. Le titre du livre est assez suggestif d'un islam atemporel et donc au-dessus de l'histoire, dont le personnage de *Muhammad* et son message diffusent une mentalité mythique (cf. p. 35).

2. Rémi Brague, préface, dans *Dieu des chrétiens, Dieu des musulmans*, p. 10 et 11.

consiste non à relire l'islam, mais à islamiser cette modernité, autrement dit l'Occident.

Quant aux nouveaux penseurs, ils se débattent entre l'histoire et son évolution, et le Message qu'ils ont du mal à situer. Entre l'oral qui serait le message révélé et l'écrit qui en serait l'interprétation culturelle, le Coran subit un traitement de casuistique. On est encore loin d'une véritable exégèse scientifique du Livre, même si on a relégué au passé les approches apologétiques et fondamentalistes. Sous couvert de modernité, l'argumentation reste formelle, souvent « culturaliste » et très subjective.

En effet, les nouveaux penseurs ne considèrent pas le Coran, en général, comme un texte de référence, mais comme un témoignage culturel. Sa lecture devient souvent symbolique et le symbolisme un nouveau paradigme pour l'interprétation de la réalité islamique.

> « Afin d'éviter les impasses auxquelles conduit la confusion entre les réalités invisibles, abstraites, transcendantes, et les réalités humaines, tangibles et immanentes… il convient de ne pas perdre de vue le style utilisé par le Coran. Celui-ci repose sur le symbole, la figure, la métaphore, l'allusion, les sentences, afin que l'homme en assimile totalement le message et qu'il s'empresse de lui donner son assentiment. Il convient aussi de ne pas nous tromper sur les particularités du discours mythologique, en le prenant comme s'il appartenait au discours conceptuel et s'y accordait totalement. C'est ce qu'ont fait les commentateurs du texte coranique, quand ils ont cherché à détailler ce qui est résumé et à en expliquer le sens, à traduire les symboles en événements historiques concrets. Il convient, en particulier, d'avoir toujours devant les yeux, non pas les ordres et les interdits conjoncturels, qui prennent en compte les exigences liées au milieu, au temps, au lieu et aux circonstances de l'Appel [Message reçu et transmis par *Muhammad*], mais les buts et les intentions qui se cachent derrière eux[1]. »

---

1. A. Charfi, *op. cit.*, p. 61-62.

A. Charfi fait, ici, la démonstration de l'embarras dans lequel se trouvent ces « nouveaux penseurs » devant le texte coranique. Ils semblent pénétrer le sens caché, voire occulte, du Coran, accessible aux seuls initiés. L'approche du Coran et son exégèse par les nouveaux penseurs sont encore très éloignées de celles pratiquées pour les Écrits bibliques et ne peuvent faciliter, de ce point de vue, le dialogue.

Cette nouvelle approche du Coran et de l'Histoire veut avant tout accréditer un islam moderne, face à l'Occident. Or, elle en augmente la confusion et la complexité. Il y aurait, selon certains penseurs, un fonds commun à l'islam qui se résume dans la simplicité de son corpus dogmatique (le *tawhîd*), et des manifestations culturelles multiples « des islams » asiatique, africain, arabe, européen. Réduire l'islam à un phénomène purement culturel et le Coran à une interprétation ou une appréciation individuelle[1] supprime l'enjeu du dialogue interreligieux. En effet, ce dernier empêche le dialogue interculturel de se refermer sur le passé et de maintenir comme une part vivante, active et permanente la dimension spirituelle de l'homme dans l'évolution des cultures.

---

1. A. Charfi, dans *op. cit.*, p. 69 : « La conscience du musulman étant le premier et l'ultime arbitre en matière de réponse à l'orientation divine ». Et il achève son ouvrage par cette remarque plus individualiste qu'il n'y paraît (p. 216) par laquelle il reconnaît que « la modernité est occidentale par ses origines et universelle par son influence. Parmi les plus belles valeurs qu'elle ait engendrées – et le message de Muhammad en était porteur de façon éminente – figure le fait de considérer l'être humain comme une personne libre et responsable, et non comme un individu d'une collectivité parmi d'autres. » La modernité hérite, en fait, de la révélation judéo-chrétienne, mais s'érige en absolu. Et du coup, la personne humaine n'est plus le fondement de toute société et de toute culture, mais une de leurs composantes.

Dans de telles perspectives, l'islam ressemble fort à un code de vie[1] et de comportements individuels, tout en renvoyant de plus en plus à ce nivellement de la culture du *Nouvel Âge* vers le privé et le religieux à géométrie variable. L'*Umma* n'a plus de raison d'être, l'*homo islamicus* est né. L'individualisme et le relativisme sont les nouveaux paradigmes de la *spiritualité* mondialiste et de la culture envahissante.

Certes, les nouveaux penseurs de l'islam jouent, là, leur partition séduisante d'un Islam convenable et mis au goût du jour. Sont-ils pour autant les futurs partenaires du dialogue? Il n'est pas certain que ces nouveaux courants acceptent le dialogue interreligieux, alors que s'évanouissent les différences, au profit de la fusion des spiritualités et des religions dans un espace indistinct. L'islam, toujours aussi éloigné de ses sources historiques, devient l'une des variantes de l'expression symbolique du religieux et du fait islamique. Comme dans le passé, l'histoire et les sources islamiques sont manipulées en fonction des besoins et de la situation du moment.

Le dialogue du salut: défi pour l'Église!

Du côté chrétien, le dialogue prend tout son sens selon deux perspectives intrinsèquement liées: la première nous apprend que l'initiative du dialogue vient de Dieu,

---

1. Rémi Brague dans la préface à *Dieu des Chrétiens*... de Fr Joudan, p. 16-17: « L'essentiel dans le christianisme est donc la vie du Christ... Jésus n'est nullement le porteur d'un "message", comme on a sottement pris l'habitude de dire. Il *est* le message de Dieu aux hommes, ce que l'Évangile de Jean appelle le "Verbe" de Dieu. L'islam, à l'inverse, pense la révélation de Dieu comme la communication d'un message qui n'enseigne pas ce que Dieu est, mais ce qu'il veut. »

qui cherche à sauver l'Homme de sa propre rupture de relation afin de lui offrir le bonheur divin et de rétablir, par la grâce, l'ouverture de son cœur au dialogue intime. La seconde provient de la perception chrétienne selon laquelle le partage d'une même humanité engage tous les humains dans un nécessaire et vital dialogue au-delà de tout ce qui les différencie. Le Concile rappelle, dans un document où il sera aussi question du dialogue islamo-chrétien :

> « Tous les peuples forment, en effet, une seule communauté ; ils ont une seule origine, puisque Dieu a fait habiter toute la race humaine sur la face de la terre ; ils ont aussi une seule fin dernière, Dieu, dont la providence, les témoignages de bonté et les desseins de salut s'étendent à tous, jusqu'à ce que les élus soient réunis dans la cité sainte, que la gloire de Dieu illuminera et où tous les peuples marcheront à sa lumière[1]. »

Et à ce titre, « le dialogue interreligieux fait partie de la mission évangélisatrice de l'Église, affirme Jean-Paul II. Entendu comme méthode et comme moyen en vue d'une connaissance et d'un enrichissement réciproques, il ne s'oppose pas à la mission *ad gentes*… il en est une expression[2]. »

À ces perspectives, la vision chrétienne entend situer le dialogue dans sa dimension culturelle, mais également dans la relation interhumaine et dans celle qui unit les hommes à Dieu Lui-même, initiateur du dialogue. Cette attitude de foi donne, dès lors, au dialogue une dimension salvifique et reconnaît à Dieu toute cette part mystérieuse de l'œuvre de l'Esprit Saint qui travaille au cœur des hommes.

Selon cette vision positive de l'humanité, l'Église veut reconnaître que les religions, en général, et, en particulier, les religions naturelles peuvent comporter des *semina verbi*, ces semences éparses de vérité dans leurs doctrines et leurs

---

1. Vatican II, *Nostra Aetate*, n° 1.
2. Jean-Paul II, *Redemptoris Missio*, n° 55.

pratiques. Dans le même document *Nostra Aetate* (n° 2), le Concile affirme :

> « L'Église catholique ne rejette rien de ce qui est vrai et saint dans ces religions. Elle considère avec un respect sincère ces manières d'agir et de vivre, ces règles et ces doctrines qui, quoiqu'elles différent en beaucoup de ce qu'elle-même tient et propose, cependant apportent souvent un rayon de la vérité qui illumine tous les hommes. Toutefois, elle annonce, et elle est tenue d'annoncer sans cesse, le Christ qui est "la voie, la vérité et la vie" (Jn 14, 6), dans lequel les hommes doivent trouver la plénitude de la vie religieuse et dans lequel Dieu s'est réconcilié toutes choses. »

Il reste que la recherche de ces parcelles, ou « rayons de la Vérité qui illumine tous les hommes[1] », est une véritable quête spirituelle, tout aussi exigeante pour les uns que pour les autres. L'Église nous invite à une attention vigilante, afin de les mettre délicatement en valeur et d'aider l'interlocuteur à se laisser saisir par « la splendeur de la vérité », aussi minime que soit cette découverte. C'est par là que peut se construire un chemin fécond de dialogue et de rencontre, et dépasser les conventions formelles de celui-ci. C'est là une exigence de ce dernier qui fait entrer les uns et les autres dans une intelligence beaucoup plus profonde de ces « pierres d'attente », jalons providentiels posés par Dieu dans l'existence et l'histoire des hommes et à travers les religions.

Mais qu'en est-il en ce qui concerne l'Islam ? Historiquement, ce dernier est postchrétien. Si, par ses origines, il s'apparente à des mouvements messianistes, voire gnostiques, il a fini par prendre ses distances lorsque le proto-islam est devenu l'Islam. Il s'impose finalement comme la troisième, voire l'ultime Révélation, après la Révélation judéo-chrétienne. Dans ces conditions, il n'est

---

1. *Nostra Aetate*, n° 2, et JEAN-PAUL II dans *Redemptoris Missio*, n° 56.

plus possible de reconnaître à l'Islam un statut, comme celui des chemins de sagesse orientale ou des religions naturelles anciennes. L'islam défragmente les rayons de la Vérité, au point de déformer la Révélation biblique pour en donner une nouvelle lecture dans le Coran. L'islam est donc plus une dérive du christianisme, ce qui rend le dialogue avec lui quasiment impossible, sans un effort important de vérité qui passe par le chemin humble d'une relecture de l'Histoire.

Cependant, la rencontre d'hommes et de femmes de l'Islam peut conduire à reconnaître les chemins de l'Esprit Saint dans les cœurs et à travers les méandres de l'existence humaine et de son histoire. La bonne volonté, dans la quête de Dieu et de la Vérité, ouvre des chemins inespérés au dialogue.

C'est dans cette perspective que s'était engagé le frère Christian de Chergé, moine de Tibhirine, en Algérie. Certes, il s'agit d'une ligne de crête sur laquelle on ne s'aventure pas sans certaines précautions. Nous nous sommes connus au milieu des années soixante-dix, à une période où l'enthousiasme de la rencontre entre chrétiens et musulmans semblait promis à de nouveaux horizons. Le contexte d'une communauté monastique priante favorisait ce type d'échange. Alors que les communautés monastiques dans le monde, plus particulièrement celles présentes en Extrême-Orient, ont toujours recherché le dialogue avec l'Hindouisme ou le Bouddhisme et y ont été fortement encouragées par Rome, la communauté de la Trappe Notre-Dame de l'Atlas était un cas unique, dans le monde monastique, du dialogue islamo-chrétien. Le frère Christian avait d'abord voulu ce « tout à tous » dans son choix et son vœu de stabilité à la Trappe de Tibhirine qui le rendait solidaire des hommes et femmes d'Algérie, dont la grande majorité suivait le chemin de l'islam. La radicalité de la vie monastique ne pouvait que le rendre plus exigeant encore dans sa démarche et oser l'aventure extrême du dialogue, à la recherche de l'Esprit Saint dans les cœurs. C'est d'ailleurs ce qui mettra le plus de temps à être compris et intériorisé par l'ensemble de ses frères du monastère. Les circonstances du climat politique en Algérie et de la montée de l'intégrisme islamique, au début des années quatre-vingt-dix, vont pousser, pourrait-on dire et dans un sens opposé, à une radicalisation de l'amour chez les moines. Ils sont comparables à des sentinelles au front et à des guetteurs d'aurore. À partir de Noël 1993, bien que leur situation devienne de plus en plus risquée, ils demeurent les témoins d'un dialogue qui aboutit à leur martyre du 21 mai 1996, dans une offrande totale d'amour.

Frère Christian a produit de nombreux textes écrits [1], parfois osés, qui montrent l'exigence du dialogue où il cherche à s'approprier la pensée et la prière de l'autre en y décelant la substance des traces du Verbe qu'il reprenait dans sa prière et sa pensée, pour les tourner vers Dieu dans l'abîme de la Trinité et de sa Miséricorde. Nous touchons là à un dialogue qui est le chemin rare et exceptionnel et que l'on pourrait appeler celui des mystiques ou encore le dialogue spirituel. En effet, le groupe de dialogue, « Lien de la Paix » (*ribât es-salâm*), dans lequel se retrouvaient quelques chrétiens et musulmans d'Algérie, en particulier des membres de la confrérie 'Alawiya [2] de Médéa, considérés comme des *soufis*, cherchait essentiellement une voie

---

1. Dans *L'invincible espérance*, textes de fr. Christian de Chergé, recueillis et présentés par Bruno Chenu, Éditions Bayard/Centurion, 1997. « Le dialogue purement théologique, écrit le frère Christian, est sans issue. L'Esprit Saint peut aider à dépasser ce préalable dogmatique, par exemple en invitant à traduire en termes de foi "commune" les avancées d'un partage spirituel vécu comme une authentique rencontre "en Dieu" », p. 209.

2. La confrérie a été fondée en 1911 par le cheikh Sidi Ahmed al-'Alawî, à Mostaganem (Algérie). Et le cheikh Khaled Bentounès est aujourd'hui la figure la plus connue de la confrérie, tout au moins en France.

(*tarîqa*) de dialogue à travers celles de la prière et de « la vie mystique » et dans le cadre précis du monastère.

Cette voie reste assez exceptionnelle et unique, mais s'explique certainement aussi par le rayonnement de la charité des moines. Car leurs rencontres quotidiennes, surtout pour frère Luc, le médecin, mais aussi frère Jean-Pierre, le jardinier, témoignent des liens forts qui les unissaient à leur environnement musulman immédiat. Et, à terme, leur martyre constitue le point d'orgue d'un humble dialogue de la vie de prière et de labeur, qui ne peut trouver qu'en Dieu, et dans sa Charité, sa justification. Le testament de frère Christian en témoigne merveilleusement. L'aboutissement de ce dialogue, très souvent aride, mais tenu dans l'espérance jusque dans la mort, reste caché dans l'invisible et finalement relève de la seule Miséricorde divine.

Dialogue et évangélisation

Le dialogue interreligieux serait-il un chemin d'exception ? Devant tant de diversités et de difficultés, faut-il renoncer à la rencontre avec les musulmans ? En évitant les ambiguïtés et les confusions ou amalgames réducteurs, y a-t-il encore un chemin vrai et simple qui permette la rencontre de l'autre, en particulier musulman ? L'audace du dialogue islamo-chrétien ne peut s'arrêter à un échange d'informations, bien que ce niveau soit absolument nécessaire. Nous avons mieux perçu combien ce dialogue et les rencontres qu'il suscite ne peuvent s'élaborer dans l'approximation. Un très long travail, surtout du côté musulman, reste à faire pour préciser le cadre, le contexte du dialogue. Sans un travail sérieux sur les origines historiques de l'islam (c'est l'objet de la première partie de ce livre), sur les fondements de ses Écrits et traditions, il est impossible d'avancer dans un dialogue vrai. Le dialogue implique un travail d'approche pacifiée et des méthodologies comparables. Sans ces précautions préliminaires, et malgré la bonne volonté de part et d'autre, on ne peut parler de dialogue et encore moins de véritables progrès. Au contraire, nous courons le risque d'un découragement, voire d'une radicalisation des positions, et donc d'oppositions. Et l'Église ne peut laisser à d'autres instances, comme la société civile et politique, de s'imposer comme l'arbitre du dialogue interreligieux. Elle est experte en matière de dialogue, elle l'a démontré tout au long des siècles, et très clairement depuis le concile Vatican II. Malgré certaines périodes obscures de son histoire, cette volonté déterminée en faveur du dialogue traverse les siècles parce qu'elle s'enracine en Dieu Lui-même. En effet, en tant que réalité humaine et spirituelle, l'Église partage profondément, en ses membres, l'expérience humaine, et par sa foi en Dieu, Un et Trine, une expérience unique, celle de Jésus-Christ, « vrai homme et vrai Dieu », le Sauveur de tous les hommes.

Telle est bien l'assurance de l'Église, qui donne une espérance et une audace incomparables à ses fidèles, dans l'annonce de la Bonne Nouvelle, l'Évangile du Salut. Le dialogue entre les hommes et les cultures fait progresser de manière certaine l'accueil du Salut de Dieu dans les cœurs. C'est pourquoi le dialogue n'est pas un obstacle à l'évangélisation. Mais s'il se passe dans les conditions que nous avons évoquées plus haut, il dispose les cœurs et les intelligences à un accueil plus large et profond de la Vérité du Salut et ainsi à un accueil des réponses aux grandes questions des hommes. La foi et l'espérance, même embryonnaires, s'affermissent progressivement, tout en permettant à l'Esprit Saint de poursuivre son travail dans l'intimité des cœurs et des consciences.

En effet, l'interlocuteur chrétien du dialogue pourra dire sans crainte et avec délicatesse le contenu même de sa foi, tout au moins dans l'essentiel du kérygme. Le dialogue interreligieux, et donc islamo-chrétien, ne peut se résoudre à la « tolérance » ou à des échanges académiques, réduits à un dénominateur commun : Jésus = *'Îsa* = *rasûl* (envoyé) ou Jésus et *Muhammad*, « prophètes » à part égale, selon un concept devenu confus. Mais si chacun a cette liberté de dire paisiblement ce qu'il croit, alors s'ouvre une chance pour que la Vérité illumine l'intelligence et la foi des personnes en dialogue[1]. En effet, le dialogue interreligieux conduit les personnes au-delà d'elles-mêmes à contempler la Vérité, Dieu, tel qu'Il se révèle et se laisse reconnaître, cheminant invisiblement avec nous. « Il n'est de dialogue vrai que celui qui se déroule en vérité. Ce qui évitera bien des malentendus, des déceptions amères et des confusions regrettables, et amènera à l'acceptation de l'autre différent », affirme le P. Moussali[2].

L'expérience des disciples d'Emmaüs[3] illustre bien cette progression dans le dialogue à travers même des sentiments humains parfois contradictoires. Les disciples, tandis qu'ils s'éloignaient de Jérusalem, n'échangeaient que de mauvaises nouvelles, qui les attristaient et les conduisaient vers le plus profond découragement. Un inconnu, Jésus, *« Emmanuel-Dieu avec nous »*, les rejoint et, à partir de leur état d'abattement, reprend avec eux les *« derniers événements »* à la lumière de la Parole prophétique. « *Tandis qu'il nous parlait sur la route et nous expliquait les Écritures,* avoueront-ils, *notre cœur n'était-il pas tout brûlant ?* » (Lc 24,

---

1. La Congrégation pour l'Évangélisation des Peuples et le Conseil Pontifical pour le Dialogue interreligieux, *Dialogue et annonce* (19 mai 1991), *D.C.*, n° 2036 (20-10-1991), p. 888 : « Ils [les chrétiens] doivent toujours se rappeler que le dialogue… ne peut pas simplement remplacer l'annonce, mais reste orienté vers l'annonce… » (n° 82).

2. Antoine Moussali, *Judaïsme, christianisme et islam*, Éditions de Paris, 2002, p. 130.

3. Luc 24, 13-35.

32.) Un véritable dialogue conduit les cœurs pesants à cette dilatation. Le pas suivant est celui de la foi où Dieu se laisse inviter à nos partages et à nos agapes. À partir de ce seuil, le dialogue interreligieux est dépassé et s'ouvre alors un autre espace d'admirables échanges que produit l'œuvre de la grâce à travers les sacrements.

Le dialogue, aurore divine de la rencontre

Outre la connaissance de l'autre, de son patrimoine culturel et religieux, outre cette volonté d'aller au-devant de toute créature de Dieu avec douceur et en vérité, il est une attitude précieuse et indispensable au disciple du Christ. C'est celle de la prière, le premier dialogue de l'homme avec son Dieu. Le dialogue interreligieux et islamo-chrétien ne serait-il pas d'abord cela ? Et Dieu ne serait-il pas alors, en vérité, notre point de rencontre ?

Après avoir fait l'expérience de l'Esprit Saint, sans lequel tout envoi, toute rencontre comme toute mission risquent de se résumer à des « faits divers », en ce qui me concerne, j'ai mesuré l'urgence capitale de demeurer dans la prière. Au début de ma vie missionnaire, dans une oasis du sud algérien, lorsque je suis arrivé, je ne pus laisser dans l'ombre et un silence étouffant ma connaissance du Christ Jésus. Je pris, sur mes jours et mes nuits, de longs temps d'adoration, prosterné devant la Présence réelle du Ressuscité. Lui qui, au jour de sa Résurrection, se rendit présent à ses disciples, alors que toutes les portes étaient closes, pouvait aussi bien, de ce tabernacle caché dans notre humble demeure de cette cité saharienne, traverser les deux murs et la ruelle qui nous séparaient de la mosquée voisine. Durant près de trois mois, j'ai ainsi prié dans l'espérance que Jésus, la Personne-*Verbe* (*al-Kalima*[1]), l'unique Parole du Père qui a renoué le dialogue interrompu avec Dieu depuis la désobéissance d'Adam, ouvre les chemins de la lumière afin de Le faire vraiment connaître. C'est après la fête de la Nativité qu'un jeune, originaire de cette oasis, étudiant dans une ville du nord, me raconte l'incroyable découverte qu'il venait de faire. Entré en musulman convaincu, cette nuit de Noël, dans une église ouverte où des chrétiens priaient, il en ressort quelques minutes plus tard habité de deux certitudes dont il ne sait que faire : « Jésus-*'Îsa* est le Fils de Dieu et il est le Sauveur du monde. » Témoin de l'œuvre de révélation et de lumière, ce jeune m'entraînait beaucoup plus loin que dans un dialogue formel. La Vérité venait nous saisir pour que nous puissions à notre tour la saisir avec tout l'élan de nos cœurs éblouis, lui par sa découverte et moi par son expérience qui, une fois de plus, montrait que Dieu ne fait pas de distinction entre les hommes (cf. Ac 10, 34). Car son Verbe illumine tout homme en venant en ce monde (cf. Jn 1, 9).

Ma conviction profonde, confirmée par l'expérience, s'appuie sur la certitude que la prière persévérante et la supplication dans la rencontre des hommes et des femmes de l'islam sont le chemin privilégié du dialogue et de l'annonce. Dieu seul peut se révéler à qui Il veut et par les chemins qu'Il prépare. Lorsque nous sommes dans cette attente, l'Esprit de Dieu prépare alors ces rencontres inattendues et peut faire jaillir sa lumière, qui nous éclaire les uns et les autres. Il nous conduit, à partir de notre état, vers l'héritage commun qu'Il nous a préparé, dans sa Sagesse et son Amour.

---

1. *Al-Kalima* traduit en arabe *le Verbe* (*Logos*). Pour l'évangéliste Jean, Jésus est *la Parole*, la Personne du Verbe qui *« était auprès de Dieu et le Verbe était Dieu »* (Jn 1, 1), l'unique Parole vivante par qui tout a été fait. Le Coran parle de Jésus-*'Îsa* comme d'une parole (s. 3, 45) : « Les Anges dirent : "Ô Maryam, voilà qu'Allah t'annonce *une parole* venant de Lui : son nom sera *le Messie*, 'Îsa fils de Maryam"… »

Le dialogue interreligieux, dans ces conditions, ouvre le chemin de la Révélation, de la Lumière de l'Évangile du Salut. Le dialogue n'est pas une fin en soi, mais il prépare les cœurs au dialogue du salut et les ouvre à l'œuvre de la Grâce. Avant de partir pour l'Algérie, un religieux dominicain me fit part de ce que Marthe Robin[1] avait reçu du Seigneur : le temps était venu d'annoncer aux musulmans le Message du Salut en Christ. Arrivé sur place, je rencontrai deux moines coptes, envoyés par leur higoumène, abba Matta al-Maskine[2] qui avait reçu la même vision pour le monde musulman et il avait envoyé des moines deux par deux dans plusieurs pays islamiques. Quelque temps plus tard, je croisais un pasteur anglican néo-zélandais à qui le Seigneur avait demandé de quitter son pays pour annoncer l'Évangile en Algérie où le Seigneur avait un peuple préparé à l'accueillir.

Ce fut d'ailleurs, durant ces années soixante-dix, le début d'un temps nouveau de dialogue, à plusieurs voix, tant avec d'autres chrétiens, en particulier évangéliques, qu'avec des musulmans, dont certains, parmi eux, poursuivaient la route avec le Seigneur Jésus et son Église. L'avenir, malgré la montée de l'islamisme radical et violent, ne démentira pas ce chemin de lumière pour beaucoup d'Algériens qui l'emprunteront jusqu'à devenir aujourd'hui des disciples et des apôtres (envoyés) de *'Îsa*-Jésus.

---

1. Mystique française, fondatrice des Foyers de Charité, décédée en 1981.

2. Moine copte à l'origine d'un grand renouveau monastique et charismatique en Égypte, dans la vallée désertique du Wadi al-Natroun, où il relève avec d'autres moines le monastère de St-Macaire. Ce monastère connaîtra un très grand développement et un rayonnement intellectuel et spirituel important dont l'influence conduira beaucoup de musulmans à se tourner vers le Christ et même à rejoindre la vie monastique. Abba Matta al-Maskine est devenu l'higoumène du monastère en 1969 où il meurt le 8 juin 2006.

Le rôle des Églises orientales

Les surprises du dialogue nous conduisent bien au-delà de la rencontre entre croyants. Le chrétien a l'assurance que ce dialogue nous dévoilera ce Dieu, « Créateur et Père de tous les hommes[1] ». Or, le dialogue a une longue histoire en terre d'Islam ou sur des terres qu'il a conquises, même s'il n'était pas alors appelé de ce nom. Durant de longs siècles, en particulier en Orient, mais aussi en Occident, le voisinage, un destin commun ont vu s'établir des relations souvent fécondes entre chrétiens et musulmans, même si elles furent parfois houleuses et déchirantes.

Aujourd'hui, les conflits proche-orientaux, si l'on ajoute au conflit israélo-palestinien ceux d'Irak[2], du Pakistan,

---

1. JEAN-PAUL II, *Redemptoris Missio*, n° 12 : « "*Dieu riche en miséricorde* est Celui que Jésus-Christ nous a révélé comme Père : c'est Lui, son Fils, qui nous l'a manifesté et fait connaître en lui-même" (*DM n° 1*). C'est là ce que j'écrivais au début de l'encyclique *Dives in misericordia*, pour montrer que le Christ est la révélation et l'incarnation de la miséricorde du Père. Le salut consiste à croire et à accueillir le mystère du Père et de son amour, qui se manifeste et se donne en Jésus par l'Esprit. Ainsi s'accomplit le Règne de Dieu, préparé dès l'Ancienne Alliance, mis en œuvre par le Christ et dans le Christ, annoncé à toutes les nations par l'Église qui agit et prie pour sa réalisation parfaite et définitive. L'Ancien Testament atteste que Dieu a choisi et constitué un peuple pour révéler et mettre en œuvre son plan d'amour. Mais, en même temps, Dieu est créateur et père de tous les hommes, il prend soin de tous, à tous il étend sa bénédiction (cf. Gn 12, 3) et avec tous il a conclu une alliance (cf. Gn 9, 1-17). Israël fait l'expérience d'un Dieu personnel et sauveur (cf. Dt 4, 37 ; Dt 7, 6-8 ; Is 43, 1-7) dont il devient ainsi le témoin et le porte-parole au milieu des nations. Au cours de son histoire, Israël prend conscience que son élection a une portée universelle (cf., par ex., Is 2, 2-5 ; Is 25, 6-8 ; Is 60, 1-6 ; Jr 3, 17 ; Jr 16, 19). »

2. Je souhaite ici renvoyer au témoignage poignant de l'archevêque des Latins de Bagdad, Mgr J-B SLEIMAN, auteur de *Dans le piège irakien*, Éd. Presses de la Renaissance, 2006, un véritable *cri du cœur* et une analyse sans détour de la situation tragique des chrétiens irakiens.

d'Afghanistan, posent, de manière cruciale, la question du dialogue islamo-chrétien. Dans ce contexte tendu et souvent violent, soit les chrétiens ne figurent pas, soit ils apparaissent comme quantité négligeable. Les minorités chrétiennes locales sont souvent assimilées à des causes politiques et à l'Occident. Elles disparaissent dans la masse islamique ; elles sont souvent ignorées au plan social et politique, mais aussi noyées dans des conflits qui se radicalisent. Plus fondamentalement et de manière caricaturale, le Proche-Orient est le lieu de l'affrontement de deux civilisations, l'une orientale et musulmane et l'autre occidentale et chrétienne.

Or, l'abcès de fixation de cette situation de violence est l'État d'Israël. En effet, la décision des Nations-Unies d'ériger l'État hébreu et de lui donner une terre, au lendemain de la guerre de 1939-1945, voulait comme effacer le drame terrible de la Shoah, qui tourmentait la conscience des peuples « libres ». Mais un autre drame se profilait, celui d'un affrontement, qui n'a pas cessé depuis plus de soixante ans, entre Israël et les pays arabes. Les populations d'Israéliens et de Palestiniens se trouvent comme prises en otage d'une guerre dont les racines sont aussi religieuses. En effet, on réduit souvent le conflit à une guerre entre juifs et musulmans[1], en oubliant qu'aujourd'hui, les juifs se rassemblent sur la terre d'Israël, de toutes les nations où ils avaient été dispersés, et que les Arabes ne sont pas tous musulmans. Cependant, la reconquête de la Terre est aussi

---

1. Le premier congrès de rabbins et d'imams pour un dialogue judéo-musulman s'est tenu en Belgique du 3 au 6 janvier 2005 sous le patronage du Roi des Belges et du Roi Mohammed VI du Maroc. L'association *Hommes de parole* (www.hommesdeparole.org) en a été l'organisatrice. Le deuxième congrès fera de l'année 2007 (de *yom kippour*) à fin 2008, pour les 60 ans de l'érection de l'État hébreu, l'« année des initiatives de paix pour la réconciliation entre Israéliens et Palestiniens ».

importante pour les juifs que pour les musulmans, selon des espoirs et des idéologies par ailleurs divergentes. D'où ce conflit pour une même terre et des lieux stratégiques à forte signification religieuse.

Entre les deux protagonistes, de fortes minorités chrétiennes aux origines anciennes, surtout arabes, mais aussi juives, ont connu les aléas d'une histoire mouvementée au gré des flux ou reflux d'empires et de pouvoirs chrétiens (Byzantins), zoroastriens (Perses), islamiques (Omeyyades, Abbassides, Mongols, Ottomans).

Plus que jamais, ces minorités sont partout menacées dans leur survie, leur liberté et leur permanence, en raison d'un environnement islamique de plus en plus affiché et souvent agressif. L'exode des chrétiens, non seulement de Terre Sainte, mais de tous les pays arabes du Proche et du Moyen-Orient, y compris du Liban, ne cesse de s'accélérer. Les chrétiens orientaux sont souvent les grands oubliés des conflits actuels, malgré tous les efforts du Saint-Siège pour défendre et faire reconnaître leurs droits. L'identité de l'ensemble de ces pays se réclame de l'islam, et un islam qui s'est durci sur ces cinquante dernières années. Le Liban lui-même a supporté une guerre de quinze ans, dont les effets pervers sur la communauté chrétienne ne sont pas terminés.

Historiquement, les Églises chrétiennes ont collaboré avec toutes les formes de régimes en place et ont su même, vis-à-vis des autorités musulmanes au cours des siècles, être de précieux collaborateurs tant au niveau intellectuel, culturel et artistique que sur le plan économique [1]. L'érection de l'État d'Israël et la radicalisation islamique ont laissé de moins en

---

1. L'époque moderne a vu non seulement des postes ministériels importants occupés par des chrétiens comme Boutros Khalil en Égypte, Tariq Aziz dans l'Irak de Saddam Hussein, mais aussi le président libanais qui doit être, selon la constitution, un chrétien maronite, tandis que le Liban est le seul pays de la *Ligue arabe* à avoir un président chrétien.

moins de place aux chrétiens, les obligeant à fuir leur pays, à se déraciner du milieu où, depuis près de deux millénaires, leur vie, leurs rites, leur foi avaient pris la couleur de leur terre et de leur langue. L'arabisation a souvent conduit à l'abandon de la langue des origines (syriaque, chaldéen, etc.) et a induit des concepts et des comportements marqués par l'islam et la culture islamique, et confisqués par l'usage de la langue arabe[1]. L'exode de ces populations vers les pays occidentaux provoque un nouveau bouleversement culturel, et souvent, la seule manière de préserver leur culture, leur rite et leur langue est de reconstituer dans nos Églises d'Occident des communautés de rites orientaux.

Mais le risque consisterait à les laisser se replier sur elles-mêmes sans leur permettre de nous communiquer leurs richesses cultuelles, théologique et tout ce qui relève de ces chrétientés vivantes bien que minoritaires. De plus, si nos Églises d'Occident, particulièrement latines et romaines, n'ont pas plus de considération pour ces frères chrétiens d'Orient, au-delà de l'exotisme orientaliste, nous risquons de laisser passer la chance d'un profond renouveau pour les Églises d'Occident. En effet, elles sont les mieux placées pour mener un dialogue inculturé avec des populations musulmanes, qui parlent souvent leur langue, arabe, turc, kurde, chaldéen, iranien, etc. et qui vivent aussi le même dépaysement. Une réelle communion ecclésiale impliquerait de donner à ces communautés ecclésiales orientales la mission du dialogue interreligieux et de l'évangélisation des populations musulmanes de nos pays d'Occident. Ce dynamisme leur permettrait de mieux s'enraciner dans les pays d'accueil et surtout de pouvoir continuer d'exister dans leur différence culturelle

---

1. C'est pourquoi les chrétiens libanais disent parler « le libanais » et non l'arabe. Ils ont en effet gardé dans leur langue des expressions beaucoup plus marquées par une culture chrétienne d'origine syriaque.

chrétienne. Leur développement futur en dépend et le nôtre avec le leur ; car, alors, se créerait une synergie qui est celle de la communion et de la mission de l'Église. Sans cela, nous courons le risque d'un repli communautariste, cultuel et, à terme, d'une fossilisation des confessions chrétiennes, laissant le champ libre à l'Islam.

Jean-Paul II a, par le passé, exhorté des évêques de France à ne pas négliger l'opportunité qu'offre le phénomène de populations migrantes, pour les évangéliser dans un contexte parfois plus favorable que celui de leur pays d'origine. Et c'est bien souvent le cas des populations musulmanes qui n'ont pas la liberté de connaître d'autres cultures et religions dans leur propre pays et encore moins la possibilité de changer de religion. Certes, une telle démarche se heurte à un interdit islamique, passible de la peine de mort, qui maintient beaucoup de musulmans dans la peur.

Le Liban me semble être un pays unique, par sa longue expérience, perdurant jusqu'à aujourd'hui, d'un État fondé sur l'équilibre et l'harmonie des confessions religieuses, même si cet équilibre confessionnel date seulement de la Constitution de 1943. La vie commune dans un pays dont la population se partage entre chrétiens et musulmans pourrait être l'exemple possible d'un authentique respect mutuel. Il est vrai que la guerre (1975-1990) a fortement remis en question le pacte national. L'apport d'un Islam chiite iranien et de mouvements politiques et militaires radicaux et violents a accentué le déséquilibre. Mais la force, en particulier, de l'Église maronite et de sa jeunesse laisse espérer un nouvel élan pour le dialogue islamo-chrétien, vécu en vérité et en situation. Le test des années à venir et la communion ecclésiale des divers rites donneront ou non l'espoir d'une avancée dans le dialogue interreligieux, s'il n'est pas parasité par les médias et certains courants politiques. Le Liban peut être appelé à jouer un rôle primordial dans le dialogue interreligieux et islamo-chrétien jusqu'à établir un trait d'union entre le monde arabo-musulman et l'Occident chrétien [1].

Mon séjour au Liban, durant la guerre, dans les années quatre-vingts, m'a convaincu de l'appréciation juste qu'ont les chrétiens orientaux d'un dialogue en situation, parfois rude, avec le monde de l'Islam. Les évêques de tous rites confondus ont, en général, une approche réaliste du dialogue et regrettent souvent que ceux d'Occident idéalisent le dialogue islamo-chrétien, sans exiger l'équité du principe de réciprocité. En effet, l'ouverture, parfois inconsidérée, des Églises d'Occident pénalise celles d'Orient, confrontées plus immédiatement à vivre avec l'Islam. Il en fut de même, sous la période communiste, avec les Églises des pays soviétiques, considérées par celles d'Occident comme trop négatives envers le monde de l'athéisme. Le dialogue islamo-chrétien ne peut que conduire l'Église universelle à une plus grande unité et à user de la même manière des principes fondamentaux du dialogue. Certes, la vérité ne peut pas être relative à un contexte donné, même au plan pratique et pastoral. Si l'on veut trouver la juste position, il convient d'avoir une appréciation commune et réelle de l'Islam, de son histoire et de ses évolutions. Il est frappant de voir le rôle important que joue l'Église du Liban, en particulier le patriarcat maronite, dans le contexte multiconfessionnel, pour dégager les chemins de la paix. La force de la paix est toujours dans la vérité : « Seule la vérité nous sauvera ! », osait ce combattant de la liberté, le président Bachir Gemayel.

---

1. Ne serait-ce pas l'espérance portée par l'Assemblée spéciale pour le Moyen-Orient du Synode des évêques, au mois d'octobre 2010 ? Le thème de cette Assemblée est : « L'Église catholique au Moyen-Orient, communion et témoignage : "La multitude de ceux qui avaient cru n'était qu'un cœur et qu'une âme." (Ac 4, 32) ».

Conclusion

Tandis que les tensions ne cessent d'entamer les chances du dialogue islamo-chrétien, une nouvelle détermination se dessine dans l'Église catholique. À la suite de Jean-Paul II affichant résolument une opposition à la violence, faite au Nom de Dieu, lors du sommet interreligieux d'Assise pour la paix le 24 janvier 2002[1] après les attentats du 11 septembre 2001, Benoît XVI ne baisse pas la garde. Le dialogue islamo-chrétien ne peut se réduire à un contre-feu de nos peurs, de nos sentiments blessés ni même à une solidarité trans-religieuse, comme un front face à l'athéisme, au matérialisme, au consumérisme, à l'hédonisme… Le sort de l'humanité appelle une exigence plus profonde et résolue, fondée sur la Vérité qui éclaire la raison et la conscience. En effet, le pape Benoît XVI affirme :

> « La voix de Dieu se fait entendre moins clairement aujourd'hui… la raison elle-même en bien des cas devient sourde au divin. Toutefois, ce "vide" n'est pas celui du silence… La croyance religieuse présuppose la vérité. Quelqu'un qui croit est quelqu'un qui cherche la vérité et en vit… La vérité devrait être proposée à tous… [Elle] rend possible un consensus et permet au débat public de rester rationnel, honnête et solide,

---

1. Jean-Paul II déclare ce jour-là, in *D.C.* n° 2264, du 17/02/02, p. 168-170 : « On ne dissipe pas les ténèbres avec les armes ; on éloigne les ténèbres en allumant des sources de lumière… la haine ne peut être vaincue que par l'amour… Bâtir la paix dans l'ordre, dans la justice et dans la liberté requiert donc l'engagement prioritaire de la prière… [pour] ouvrir les cœurs à la vérité sur Lui [Dieu] et sur l'homme. Le but est unique et l'intention est la même, mais nous prierons selon des formes diverses, respectant les traditions religieuses de chacun… Nous voulons montrer au monde que l'élan sincère de la prière ne pousse pas à l'opposition et moins encore au mépris de l'autre, mais à un dialogue constructif, dans lequel chacun, sans verser en aucune manière dans le relativisme ni dans le syncrétisme, prend une conscience plus vive du devoir du témoignage et de l'annonce… Avancez vers l'avenir en tenant haute la flamme de la paix ! Le monde a besoin de sa lumière. »

elle ouvre enfin le chemin de la paix. Encourager la volonté d'obéir à la vérité permet en fait d'élargir notre conception de la raison et son champ d'application et rend possible le dialogue authentique entre cultures et religions, qu'il est si urgent de développer aujourd'hui [1]. »

La foi chrétienne ouvre à un dialogue de raison, du fait même du mystère de l'incarnation, du « *Logos* fait chair ». Ce réalisme si étonnant et éclairant du Mystère déjoue les pièges de la raison et ses fantasmes qui peuvent l'entraîner aussi bien dans des déviances spiritualistes que dans les dérives matérialistes et positivistes. Le dialogue catholique-musulman, tel que l'encourage Benoît XVI, veut accompagner les partenaires catholiques et musulmans dans une connaissance, en vérité, de Dieu qui se révèle et parle aux hommes. Ce dialogue invite les uns et les autres à entrer en relation plus profonde et vraie avec Dieu lui-même, laissant donc la porte ouverte à sa Lumière. Dieu ne peut manquer de se faire connaître à ceux qui le cherchent en vérité. Les uns et les autres ne peuvent renoncer à ces rencontres urgentes et indispensables pour l'amorce d'un dialogue à venir plus profond.

Mais la question de la révélation, c'est-à-dire Dieu qui se fait connaître Lui-même, ne peut être évitée, si l'on veut avancer dans le dialogue. Dieu a-t-Il la liberté de se révéler à l'homme? Et l'homme peut-il entrer alors en relation avec Dieu et le connaître? Or, nous avons vu que, pour les hommes de l'islam, c'est un point de vue assez flou, dépendant d'une vision fondamentaliste non seulement moniste, mais pélagienne [2] et d'un Dieu hors du champ de

---

1. Benoît XVI, *D.C.*, n° 2425 du 7 juin 2009, p. 563-564. Extraits du *Discours à la rencontre avec les organisations engagées dans le dialogue interreligieux*, Centre Notre-Dame de Jérusalem, 11 mai 2009 au cours du voyage du Saint-Père en Terre Sainte.

2. Les doctrines moniste et pélagienne sont réductrices du donné biblique

la connaissance. Cela peut effectivement constituer un sujet d'incompréhension et une limite au dialogue. En effet, dans l'islam, Dieu ne se révèle pas, mais il ordonne ses volontés à sa créature qui les reçoit comme un serviteur-esclave (*'abd*). Dans la Révélation judéo-chrétienne, Dieu se révèle Lui-même, d'abord par les prophètes à son peuple Israël, puis en Jésus de Nazareth à ceux qui croient en Lui et Le reconnaissent comme le Fils de Dieu. Or, cette Révélation les conduit, par l'Esprit Saint, à devenir *« fils dans le Fils »* et à s'écrier : *Abba*[1] ! D'un côté, celui du christianisme, nous voyons des fils appelés à être serviteurs ; de l'autre, celui de l'islam, des « esclaves » qui cherchent à dominer comme des maîtres. Le paradoxe de cette situation que stipulent les messages de l'Évangile et du Coran fait la démonstration de deux logiques opposées, celle de la toute-puissance, parfois arbitraire, pour l'islam[2] et celle de la Révélation chrétienne dans le Christ qui nous libère de l'esprit de domination (cf. Lc 22, 25-26) et qui, par sa mort en croix, *« supprime en sa chair le mur de la division… en sa personne il a tué la Haine »* (Ep 2, 14.16).

Le seul point de rencontre est donc notre humanité commune, créée par Dieu, qu'il faut accueillir des deux côtés, avec son passé, son histoire et ses différences socioculturelles et religieuses. Mais pour les protagonistes, cette démarche implique d'entrer dans une vision anthropologique commune lorsque l'homme est sorti des mains du Dieu Créateur, et

---

révélé et divergent de la doctrine orthodoxe de l'Église. Elles semblent avoir, indirectement, influencé la doctrine islamique, voire préislamique.

1. Rm 8, 14-15 et Ga 4, 1-6.

2. On peut voir une analogie avec le communisme : la dictature du peuple du marxisme-léninisme correspond à l'omniprésence de l'*Umma*. Le système idéologique et ses espoirs messianiques sont pour l'un et l'autre fondés sur l'utopie du pouvoir du peuple (qui n'est autre que celui de leur oligarchie réciproque) et la prétention à une vocation universelle et d'apporter à lui seul le salut.

dépourvue de tout *a priori* anhistorique et avec une vision théologique de l'Homme, image de Dieu, don gratuit de son amour. Il ne pourra pas y avoir de véritable anthropologie sans une vision de Dieu et réciproquement, car à l'instar de la Création, la créature humaine (homme et femme) parle de Dieu et plus encore est appelée à le dire. C'est donc bien d'intelligence et de raison que doit faire preuve le dialogue islamo-catholique, si l'on veut avancer et sortir de ces ornières qui situent les Livres Saints du christianisme et de l'islam sur un même pied, celui de la Révélation. Comment comparer ce qui n'est pas comparable ? Comment recevoir ce que ni les uns ni les autres ne peuvent accréditer à partir de leurs sources scripturaires respectives ? Mais si le dialogue s'engage comme l'a souhaité cette première rencontre islamo-catholique à Rome en novembre 2008, sur ce que chacun peut dire de l'amour de Dieu et du prochain, il est alors possible que les cœurs s'ouvrent plus largement, parce qu'est rejointe une aspiration profonde et vitale chez tout être humain raisonnable et ouvert à l'autre.

Plutôt que partir de bases qui, de toute évidence, ne peuvent se recouvrir, mais prennent le risque de bloquer les rencontres et de les parasiter, il vaut mieux envisager des domaines du dialogue qui font davantage appel à l'expérience fondamentale de l'existence humaine dans son rapport à Dieu. Les pièges ne manquent pas sur la route du dialogue, c'est pourquoi il appelle le sérieux et la volonté de rencontres en vérité. Or, la raison religieuse n'est pas toujours de raison, et constitue parfois un piège. L'examen rigoureux de ce qui fonde l'argumentation religieuse permettra aussi d'avancer et peut-être d'aboutir à un véritable dialogue de raison et de personnes de conviction et de foi.

Je souhaiterais souligner un thème déjà évoqué dans l'histoire des origines de l'Islam qui se trouve être central à l'espérance juive puis chrétienne, bien que de manière sensiblement différente. Il s'agit du messianisme. L'Islam s'est constitué d'abord autour de cette « idéologie » ébionite-nazaréenne. Puis elle s'est progressivement et historiquement transformée pour ne garder du messianisme qu'un aspect politique, périodiquement renouvelé par des courants fondamentalistes, voire extrémistes et terroristes. Ces accès de fièvre « messianiste » portent aujourd'hui les noms les plus divers et sont souvent hors contrôle même de pouvoirs islamiques, tout en les gangrenant. Le fanatisme peut même les conduire à des actes de violence « apocalyptique » comme le qualifient les médias contemporains. Le *jihâd*, la « guerre sainte », est l'expression concrète de ce messianisme guerrier. Dès lors, il n'est plus possible d'avoir un dialogue de raison puisque les mots, les événements perdent leur sens et sont même inversés. Ainsi, celui qui tue ou se tue au milieu d'une foule devient un « martyr » (*šahîd*) de l'islam. L'enfer ouvre au paradis ! On peut dire, d'un point de vue simplement humain, que nous avons là une preuve de l'existence du Mal pour en arriver à une telle perversion. Or, les croyants, y compris les musulmans, le nomment Diable (*Iblis* ou *Šaytan*) ou Satan (cf. Ap 12, 9).

Ce renversement de l'idéologie islamique du messianisme et son corollaire pervers de la violence *au nom d'Allah* devraient susciter du côté chrétien une manifestation forte de la dimension réelle du messianisme et de l'espérance eschatologique. L'affadissement de cette double dimension parmi les chrétiens a laissé place à des espoirs humains, sans Dieu ni devenir. En Occident, les injustices, les espoirs déçus ont conduit beaucoup au désespoir et à des courants nihilistes et souvent violents, à des idéologies pseudo-religieuses et sectaires renversant l'espérance d'un salut et renvoyant à ce que Jean-Paul II a appelé un « régnocentrisme ». L'islamisme et le terrorisme sont ni plus ni moins que le contre-pied du message évangélique, parce qu'ils rencontrent des sociétés, aujourd'hui, vides de Dieu et par là d'espérance. Trop de chrétiens ont cru que l'humanisme les dispenserait d'être témoins de l'Avenir, du Royaume de Dieu ; que le combat pour la justice pouvait se passer de celui de la Vérité. Or, l'espérance théologale ne peut être réduite à une dimension horizontale, sinon aplatie, atterrée et écrasée. Elle est d'abord une dimension verticale comme *« une ancre sûre autant que solide là où est entré Jésus »* (He 6, 19), c'est-à-dire au Ciel. La force de l'espérance eschatologique repose sur le fondement solide de la foi en la victoire de Jésus, le Messie. Elle est d'ailleurs *« la garantie des biens à venir et la preuve des réalités que l'on ne voit pas »* (He 11, 1). Vivifier l'espérance chrétienne et en témoigner assurera l'avenir du dialogue, le décrispera et l'extraira des ornières où il risque de s'embourber. Alors, il peut devenir possible de retrouver l'espérance messianique des prophètes, dont l'Église proclame qu'elle s'est réalisée en Jésus de Nazareth, le Messie d'Israël.

L'Islam vient d'un messianisme déçu, aujourd'hui caricaturé et instrumentalisé. J'évoquais plus haut comment l'Islam a dénaturé le messianisme biblique en le réinterprétant pour dominer le monde et établir, voire imposer, le *dâr al-islâm* ou le « règne de l'islam ». Ce détournement à son profit marque profondément la pensée islamique et oriente son agir, tout en altérant sa relation à ceux qui ne relèvent pas de cette « idéologie ».

De son côté, l'Église peut, grâce au dialogue, annoncer à l'Islam la joyeuse espérance de la réalisation complète et définitive du Messie, en Jésus-Christ. *« Et partant de* [l'enseignement-Thora] *de Moïse, parcourant tous les prophètes,* [Jésus] *leur interpréta dans toutes les Écritures ce qui le concernait »* (Lc 24, 27) Le Messie n'est plus à venir ; Jésus a tout accompli des Écritures, mais Il nous indique encore le terme de l'espérance et son plein accomplissement dans le Royaume de Dieu. Alors Jésus, le Messie, viendra en gloire, selon sa propre promesse, pour juger l'humanité, selon le pouvoir de sa miséricorde, et la vivifier dans la résurrection et la victoire définitive sur la Mort, *« le dernier ennemi vaincu »* (1 Co 15, 26).

Le dialogue islamo-catholique peut alors devenir le lieu d'un « parler-vrai », d'un échange en vérité et de foi, qui ouvre à la lumière et à la vie. En effet, les doctrines mortifères génèrent, pour tant d'hommes, la violence, les drames et les tragédies que nous connaissons. Elles sont l'œuvre de l'Auteur de la mort, *« homicide dès l'origine »* (Jn 8, 44), et de moyens humains pour imposer un pouvoir au mépris de l'homme, et parfois en l'imputant à Dieu Lui-même. C'est faire de Dieu un menteur, en laissant l'illusion de répondre à un ordre divin. Ici, tous ceux qui aspirent à connaître Dieu font face au *mysterium iniquitatis* qui traverse le cœur de l'homme et nos sociétés comme *« la lumière qui a brillé dans les ténèbres et les ténèbres ne l'ont pas comprise »* (Jn 1, 5). L'Église, *« colonne de la vérité »* (1 Tm 2, 15), promeut un dialogue qui est celui de la Vérité et de la Vie, de l'espérance que rien ne peut détruire *« car l'amour de Dieu a été répandu en nos cœurs par l'Esprit Saint qui nous a été donné »* (Rm 5, 5). L'initiateur de ce dialogue en est Dieu Lui-même qui *« conduit à la vérité tout entière »* (Jn 16, 13) et à la Vie en plénitude, dont Il dispose pour ses créatures, devenues enfants et héritiers dans et avec le Christ.

V

Quel statut théologique pour l'Islam ?

En terminant ces pages, je souhaiterais reprendre quelques éléments fondamentaux qui éclairent le rôle et la place du religieux et de la religion non seulement dans l'existence humaine, mais surtout pour l'avenir de l'humanité, en particulier son devenir eschatologique. Une meilleure perception du rôle et de la place des religions devrait aussi dégager le dialogue d'un certain formalisme et d'impasses dans lesquelles il risque toujours de s'enfoncer. Sans une réelle connaissance historique des origines des faits religieux et de leur avènement et développement, il est difficile d'entrer dans un dialogue authentique et fécond. Mais sans aussi une réelle et profonde approche théologique, le dialogue ressemble à un bateau sans gouvernail, qui peut à tout instant s'échouer sur les bancs de sable de nos illusions ou sur les récifs de nos prétentions. Fort heureusement, ces dernières années, plusieurs documents doctrinaux [1] de

1. Voir en annexe la Bibliographie : encycliques, textes de la Congrégation de la Doctrine et de la Foi, et de la Commission Théologique Internationale.

l'Église catholique sont venus éclairer une série de points sensibles et ajuster le dialogue dans le contexte général d'une perception théologique de la place des courants religieux et de l'annonce. Certes, la réflexion doit se poursuivre dans plusieurs domaines encore, afin de mieux comprendre le plan de Dieu sur l'humanité.

Arrêtons-nous un instant sur ce que l'actualité nous apporte pour enrichir le débat et l'ajuster à la réalité de ceux qui suivent une religion selon un certain esprit de religion. Le pèlerinage apostolique de Benoît XVI en Terre Sainte, en 2009, vient à propos éclairer ce domaine sensible et, espérons-le, sortir le débat de risques graves de confusion, même lorsqu'on parle de manière générale et sans mieux éclairer le débat à propos de la *théologie des religions*. Aujourd'hui, la tentation serait de niveler les religions, en négligeant leurs doctrines propres, et de les amener ainsi par le dialogue à créer ces temps nouveaux (un nouvel âge) du religieux indistinct, où seule l'étiquette changerait pour le produit proposé. Le Pape évoque, une fois de plus, devant un parterre de chrétiens et de musulmans, Dieu « en tant que raison créatrice qui ordonne et gouverne le monde. Et Dieu nous rend capables de participer à sa raison et donc d'accomplir, en accord avec elle, ce qui est bon [1] ». C'est un défi à relever, poursuit le Pape, car « la raison humaine est elle-même un don de Dieu… En fait, quand la raison humaine accepte humblement d'être purifiée par la foi, elle est loin d'en être affaiblie… [elle] est stimulée à poursuivre le noble but de servir le genre humain… en élargissant le débat public, plutôt qu'en le manipulant ou en le confinant ». Benoît XVI reconnaît, à Amman, ces initiatives

1. Benoît XVI, *D.C.*, n° 2425, du 7 juin 2009, p. 544-545, devant la Mosquée Al-Hussein Bin-Talal – Amman (Jordanie) le 9 mai 2009, *Discours aux Chefs religieux musulmans, aux Corps diplomatiques et Recteurs d'Universités jordaniennes.*

qui « conduisent clairement à une meilleure connaissance réciproque et… favorisent un respect grandissant à la fois pour ce que nous avons en commun et pour ce que nous comprenons différemment ». C'est pourquoi l'éducation, le service des hommes et la reconnaissance de la liberté religieuse peuvent développer un réel et vrai esprit de religion, dans le service et l'amour du Seigneur Tout-Puissant et de la personne humaine. Une fois encore, le Pape dénonce l'instrumentalisation des religions : « Ne convient-il pas de reconnaître aussi que c'est souvent la manipulation idéologique de la religion, parfois à des fins politiques, qui est le véritable catalyseur des tensions et des divisions et, parfois même, des violences dans la société ? »

En se gardant de la double tentation de la peur des religions et de leur nivellement, une approche cohérente, humble et vraie d'une théologie du fait religieux est donc bien une porte ouverte sur le dialogue, même si certains rêves inconsistants semblent heureusement s'évanouir. Il y a un réalisme du contenu de la foi, qui n'est pas malléable à volonté, parce qu'il tient d'abord de la Vérité, et non de la culture et de ses adaptations contextuelles et circonstancielles. Ce réalisme de la foi donne aussi force et vigueur au dialogue spirituel, perçu ces dernières années comme la seule route ouverte au dialogue, tant le domaine théologique semble inconciliable entre l'Église et l'Islam. Sans ces repères sûrs pour le chrétien, le dialogue reste hasardeux, enlisé dans les problèmes sociopolitiques ou enfermé dans d'occasionnelles rencontres à forte charge émotionnelle. Cet effort du côté chrétien, tout aussi nécessaire du côté musulman, est capital pour donner un nouveau souffle au dialogue.

Dans le prolongement de notre approche de l'Islam et de ses éléments constitutifs, nous devons vérifier et clarifier certaines allégations courantes. Comment, par exemple, un chrétien peut-il les situer dans une perception théologique du fait religieux ? Ne faut-il pas clairement aujourd'hui situer l'islam, non pas comme un chemin possible vers la pleine révélation et encore moins comme son aboutissement, mais comme une dérive postchrétienne, devenue le contre-pied de la Révélation judéo-chrétienne ? En ce cas, peut-il encore « constituer une authentique *"préparation évangélique"* (*LG* 16) [1] », comme certains le prétendent, déformant et abusant le propos du Concile et du Pape ? En conséquence, l'islam serait-il une autre voie de salut ? Qu'en est-il alors du prophétisme de *Muhammad* ? En effet, pour quelle raison la figure islamique de *Muhammad* a-t-elle été amenée à prendre une place telle qu'elle soit devenue l'objet d'une vénération sacrée ? Peut-on, alors, prétendre que l'islam soit l'achèvement, le scellement de la Révélation commencée avec Abraham (*Ibrâhîm*), le premier « soumis » (*muslim*) ? Et tout d'abord, que signifie l'affirmation musulmane, à « la conformité avec la foi d'Abraham », qui renvoie les chrétiens aux discussions, sur le sujet, avec saint Paul ? Autant de questions sur lesquelles nous devons continuer de réfléchir. Cependant, une telle approche eut été impossible sans, préalablement, un décryptage historique de l'Islam.

L'islam face au christianisme

L'islam, comme courant religieux, est, en fait, un événement postchrétien et s'inscrit, nous l'avons vu, dans la mouvance des courants de type messianiste, voire apocalyptique, des premiers siècles. C'est le nazaréisme (*judéonazaréisme*) qui se prolongera dans ce courant du proto-islam à la conquête de la Terre pour préparer le retour de *'Îsa*-Jésus, *al-Masîh*.

---

1. PAUL VI, *Evangelii Nuntiandi*, n° 53.

L'Islam historique, celui des califes, plus tardif, se distingue et même se différencie de ses racines originelles. La dimension politique, tout au moins dans le sunnisme, l'emporte sur la dimension religieuse. Cependant, cette dernière donne toute sa force à la première, en lui procurant la pérennité de la dimension religieuse et d'une intervention qui se veut divine et prophétique. Même si le fait religieux de l'islam actuel n'est plus exactement celui du proto-islam, il demeure en référence à un contenu de foi qui s'exprime principalement dans le témoignage du *tawhîd*, l'affirmation de l'unicité divine, principe originel auquel rien ne peut être associé sans le risque du péché grave de *širk* (association). Ce verset du Coran (s. 5, 73) le confirme : « Certes, c'est recouvrir [dissimuler] (*kafara*), ceux qui disent : "En vérité, Allah est le troisième d'une triade." Alors qu'il n'y a de divinité qu'une Divinité Unique[1] ! » De là découle l'essentiel de l'Islam comme phénomène politico-religieux. Dieu unique implique une unique *Umma*. Ce fidéisme moniste engendre le plus souvent, au plan politique et dans l'organisation de la cité, un pouvoir despotique, auquel l'ensemble des peuples et des cultures est appelé à se soumettre afin de ne former qu'une seule matrice pour une humanité vouée au culte d'*islâm*, d'une entière soumission à Allah. De cette façon, l'Islam raye les différences en réduisant tout à lui-même et à son dogme.

L'unité, recherchée inlassablement dans le christianisme, est le fruit de la communion dans la foi, l'espérance et la charité, comme l'exprime l'apôtre Paul aux Éphésiens (4, 4-6) :

---

1. Le *tawhîd* dans ce verset s'oppose d'abord à la « multiplicité » (l'associationnisme) en Dieu et par conséquent, pour les musulmans, à l'idée même du mystère de la Trinité ; d'où une affirmation massive du dogme de « l'unicité » le plus souvent par la négative : Dieu n'est pas avant d'être, et surtout pas homme (s. 112). Quand l'Église proclame la Trinité, elle affirme un seul Dieu, en trois Personnes distinctes (cf. 1 Tm 2, 5 ; 2 Co 8, 4c.6).

> *« Il n'y a qu'un Corps et qu'un Esprit, comme il n'y a qu'une espérance au terme de l'appel que vous avez reçu ; un seul Seigneur, une seule foi, un seul baptême ; un seul Dieu et Père de tous, qui est au-dessus de tous, par tous et en tous. »*

La communion des Personnes divines est déjà proclamée par la profession de foi d'Israël : *« Écoute, Israël : Adonaï notre Dieu est Un ! »* (Dt 6, 4.) Il est unique en divinité, dans l'unité des Personnes. Ainsi la proclamation commune de la foi rassemble-t-elle, dans le respect, la grande diversité des nations et des peuples en l'Église[1] Une et Sainte.

Unicité et unité, deux notions qui sont loin de se recouvrir et expriment des réalités bien différentes. L'unité, comme principe spirituel, conduit à la communion de personnes, aussi différentes que le sont non seulement les personnes humaines entre elles, mais aussi l'Homme et Dieu. L'unicité, dans l'islam, tend à gommer non seulement la différence, mais la personne dans son identité et son être unique. *Allah* est-Il une personne dans sa divine solitude et son isolement incommunicable et incompréhensible ? Est-Il semblable au Dieu de la Bible, révélé au Sinaï et aux prophètes, *« tendre et miséricordieux, lent à la colère, riche en bonté et fidélité »* (Ex 34, 6) ? Ou encore, est-Il le Dieu vivant et saint, l'Unique, *« celui que mon cœur aime »* (Ct 3 ; cf. Gn 22, 2 et Mt 3, 17), des mystiques chrétiens ? Si Dieu est unique, Il n'est pourtant pas le même dans la révélation judéo-chrétienne et en islam, ni dans leur expérience réciproque et ce qu'ils en expriment.

Pourtant, un croyant musulman invoque fréquemment le Nom du Tout-Puissant. Il ne commence pas une action sans

---

1. *Église* vient de *ekklésia* (en grec) qui signifie « convocation d'une *assemblée sainte* », c'est-à-dire un rassemblement qui se fait à l'appel du Seigneur. *La Septante* traduit ainsi le terme hébreu de *qahal*.

Il n'y a donc pas d'équivalence entre *Église* et *Umma*, sinon que l'un et l'autre terme sont des images féminines.

la faire au Nom d'Allah (*bi-smi llâh*). Chaque sourate (ou presque) du Coran s'ouvre souvent par ces noms sublimes : *er-rahmân, er-rahîm* (le Clément-Bon, le Miséricordieux). La beauté de la formule[1], si fréquemment reprise dans des actions religieuses, cultuelles ou profanes, peut surprendre quand elle s'applique à d'autres actions moralement contestables, ou pour le moins inattendues, comme dans les faits de guerre. Comment Dieu pourrait-il être mêlé à l'ambiguïté des choix humains, surtout contestables, et recouvrir de sa clémence ou de sa bonté miséricordieuse un acte de violence délibéré ? En islam, comme aussi dans toute religion primitive, le domaine du sacré n'est pas séparé du profane. Ceci est rassurant pour l'homme, qui pense alors conjurer la divinité ou se la concilier, en se mettant à l'abri derrière cette invocation. D'une certaine manière, l'invocation donne un pouvoir magique. L'homme ne s'ouvre pas d'abord à un acte d'adoration et donc d'abandon à Dieu, mais se pose comme un vis-à-vis, voire un manipulateur.

Dans bien des cas, l'invocation est une interjection lancée à Dieu, mis dans l'obligation d'être « Clément et Miséricordieux ». La formule tient davantage du stéréotype, du slogan et de la formule imprécatoire, que d'une affirmation de foi. La résonance, que ces deux termes peuvent avoir pour un musulman, un chrétien ou un juif, est très différente. En effet, pour le chrétien, selon les Écritures, « *Dieu est amour*[2] ». L'Être même de Dieu est amour, terme inacceptable et incompréhensible pour un musulman, sauf

---

1. *Bi-smi llah er-rahmân er-rahîm* (au nom d'Allah celui qui fait miséricorde, le miséricordieux) appartient certainement à une formule liturgique chrétienne des communautés de langue araméenne (et judéo-nazaréennes), reprise en arabe par le Coran et la culture islamique. Ces habitudes sociales et cultuelles islamiques n'en font pas pour autant des affirmations de foi, hors du contexte où elles furent conçues, même si cela est possible au plan individuel et dans le fond des cœurs.

2. 1 Jn 4, 8. Et l'encyclique de Benoît XVI, *Deus caritas est*.

chez certains *soufis* (mais de façon ambiguë) qui, parfois, l'ont payé de leur vie. En effet, le soufisme, sous sa forme gnostique, aspire plus à la fusion ou au dépassement intérieur qu'à l'union d'amour des mystiques chrétiens, tandis que, dans la mentalité musulmane, « l'amour » n'a d'autre référence que l'évocation de l'acte sexuel, comme dans nos mentalités modernes néo-païennes. Or, clémence et miséricorde sont justement ces manifestations de l'Amour de charité, du don radical et total de soi, c'est-à-dire de la perfection de l'Amour dont Dieu seul est la source originelle, selon la révélation biblique. Or, le Coran ignore l'amour de charité, et sa conception habituelle de l'amour est essentiellement physique, donc impropre à Dieu. Détachés de ce substrat, ces deux attributs divins perdent toute consistance qui aurait pu faire connaître par le pardon et la patience de Dieu ce que la Bible nous révèle : Dieu s'est approché de l'homme plus que l'homme n'a cherché à Le capturer et à L'apprivoiser. *« Le premier il nous aima. »* (1 Jn 4, 19) Une telle démarche en islam est impensable. Les plus beaux noms ne découvrent pas d'abord un sens théologique, quelque chose de l'Être divin, mais ils sont plus une litanie de qualificatifs attribués de manière intensive à Dieu. C'est le cas, le plus courant dans la pratique[1] et l'existence quotidienne dans le monde musulman, du cri : *Allâh^{u} akbar !* (*Allah est le plus grand* !) Dans ce cri, « l'islam se présente comme la religion de la verticalité absolue… [et] Dieu maître de tout, souverain maître du Bien et du Mal, dont il est l'auteur et le manipulateur[2] ». Il survient dans des conversations courantes, ou pour clore un débat

1. Bien d'autres interjections faisant référence à Dieu ponctuent les conversations et les actions quotidiennes, comme *al-hamd^{u} li-llâh* (louange à Allah), *subhân Allâh* (gloire à Allah), etc.

2. Antoine Moussali, « Islam et violence », dans *NRH*, n° 4, janvier-février 2003.

qui n'est pas en faveur de la partie musulmane. Il est surtout le cri lancé pour ouvrir l'appel à la prière, mais aussi celui que lancent les combattants de l'Islam [1] dans la bataille ou le kamikaze sur son objectif.

Dans la Bible, Dieu se révèle, se fait connaître et Il ne communique pas seulement ses ordonnances. Cette révélation, selon les Évangiles et les Apôtres, atteint son paroxysme dans la manifestation de Jésus-Christ. Jésus de Nazareth fait connaître Dieu, le Père (cf. Jn 1, 18), et manifeste, en sa personne et à travers tout son ministère public, l'amour divin incommensurable. En Jésus, l'humanité devient le lieu même de la révélation de Dieu et de son dessein d'amour. C'est justement tout ce que refuse l'islam, car Dieu ne peut pas se communiquer Lui-même, et certainement pas à sa créature. Comment alors l'islam pourrait-il être un achèvement de ce que Dieu a déjà donné par ses prophètes dans la première Alliance, puis de façon définitive en son Fils, Jésus, vrai Dieu et vrai homme, comme le confesse l'Église ? C'est non seulement une régression dans le processus de révélation, mais pire, unc anti-révélation, une négation du judéo-christianisme.

Le cadre anecdotique du Coran, par ses références bibliques, ne doit pas tromper le lecteur. L'Histoire, en effet, disparaît au profit de l'Islam qui jaillit d'un au-delà, comme *sui generis*, mais charriant comme des débris de l'histoire oubliée. Seule une confrontation avec la réalité historique pourrait peut-être ajuster le dialogue, mais cela ne suffira pas, si l'on ne passe pas à l'étape suivante, qui consiste à découvrir le sens de l'Histoire et donc de l'intervention divine dans son déroulement.

L'Islam se pose comme le point de départ originel d'un commencement avant l'Histoire. Le décret divin

---

1. Lire A.-L. de Prémare, *Les fondations de l'Islam*, p. 171 : « La nouvelle prière est essentiellement politique. »

insondable, inconnaissable, invérifiable, tel le big-bang, est annoncé, comme la volonté d'un arbitraire divin qui enferme dans les reins d'Adam [1] une humanité musulmane qui apparaîtra dans l'*Umma* islamique. Ce surgissement inattendu, imprévisible sera raccroché arbitrairement et artificiellement aux wagons de l'Histoire. Car le Pacte primordial (*mîthâq*) n'est pas une Alliance de Dieu avec l'homme, mais un acte unilatéral du seul Créateur envers sa créature, qui est ainsi prédéterminée. Alors, le lent processus de maturation d'une conscience de l'humanité, illuminée par la révélation et toute l'œuvre cachée de l'Esprit de Dieu, est réduit à l'anecdotique, à l'éphémère, par l'arbitraire du décret divin. À propos de la *Déclaration des Droits de l'Homme dans l'Islam*, parue en 1990, le P. Borrmans écrit : « Curieusement, l'article 10 affirme que "l'Islam est la religion naturelle de l'être humain" et que rien ne saurait justifier un "changement de religion" [2]. » L'islam serait-il alors le télescopage anhistorique d'un avant de l'Histoire et de son au-delà ? Un mythe réussi ?

Pourtant, comment nier plus de trois mille ans de judaïsme et près de deux mille ans de christianisme ? Et tant d'autres cultures humaines tout aussi anciennes et toujours vivantes ? Comme dans les idéologies et les totalitarismes, l'Islam se trouve aujourd'hui confronté à ses propres limites qui consistent à affronter le réel, en acceptant d'emprunter les voies du dialogue interreligieux et culturel. La voie de la raison devrait l'emporter sur celle de la violence et de

1. Sourate 7, 172 : « Et quand ton Seigneur tira une descendance des reins des fils d'Adam et les fit témoigner sur eux-mêmes : "Ne suis-je pas votre Seigneur ?" Ils répondirent : "Mais si, nous en témoignons..." » C'est le *Pacte* primordial (*al-mîthâq*) qui fait naître tout être humain déjà musulman !

2. Maurice Borrmans, *Dialogue islamo-chrétien, à temps et à contre temps*, Éd. Saint-Paul, 2002, p. 106.

l'irrationnel. On peut espérer que la sagesse prévaudra pour le bien et la paix entre les hommes, face à la menace suicidaire d'un choc civilisationnel et culturel.

La pierre d'achoppement

Pour l'islam, la révélation équivaut au *inzâl* (descente d'En-haut [1]) qui pourrait éventuellement évoquer la première révélation de la Thora (cf. Ex 31, 18 [2]) ou (et) la venue du Verbe divin en la personne de Jésus (cf. Lc 1, 35). Mais cette venue d'En-haut symbolise l'initiative première de Dieu qui renouvelle toute chose. Jésus, lui-même, annonce à Nicodème la naissance d'En-haut, d'eau et d'Esprit (cf. Jn 3, 3 et 5) pour pénétrer dans le Royaume de Dieu. Tout vient de Dieu et tout retourne à Lui. Mais s'agit-il du même mouvement dans l'islam et surtout est-il de même nature ?

D'une part, la Bible et la Révélation chrétienne parlent d'une descente de Dieu Lui-même et de son immersion, pourrait-on dire, dans l'Histoire et jusque dans l'humanité, avec l'incarnation du Verbe, ce que la théologie reconnaît dans le principe d'immanence. D'autre part, la théologie musulmane perçoit la descente du Coran comme un parachutage du Livre à réciter, par un intermédiaire angélique (*Jibrîl*) et l'Envoyé d'Allah, *Muhammad*. Ainsi,

---

1. La sourate (5, 44-48) de *la table servie* justifie ces différentes *descentes* de la *Tôra*, de l'*Injîl* et finalement : « Nous avons fait descendre le Livre [Coran] avec la vérité... ». Mais ni *Muhammad* ni le Coran ne sont nommés ! Il s'agit plutôt du *coran*-lectionnaire des nazaréens et non de celui que nous connaissons aujourd'hui.

2. Dans la Révélation judéo-chrétienne, c'est Dieu, Lui-même, qui descend à la rencontre de Moïse sur la montagne (Ex 19, 17-20) pour remettre les Tables de la Loi et qui, en Jésus, rejoint l'homme dans son histoire et même s'abaisse jusqu'à lui, en devenant « serviteur » (cf. Ph 2, 7).

l'islam espère-t-il garder sauve la transcendance divine en séparant Dieu et l'Homme, tandis que le christianisme affirme et la transcendance et l'immanence divines dans l'union hypostatique. L'islam ne peut concevoir effectivement l'aspect inconcevable du Mystère : « Dis : "Allah est unique… Il n'a jamais engendré et Il n'a pas non plus été engendré. Et nul n'est égal à Lui. » (s. 112, 1-4) Il récuse d'ailleurs ce qu'il pense être les affirmations chrétiennes : « Ô gens de l'Écrit, n'exagérez pas dans votre culte et ne dites sur Allah que la vérité. » (s. 4, 171) C'est le paradoxe de l'islam ; comme si Dieu s'était posé une limite à Lui-même en créant, en particulier, le genre humain. Il aurait ainsi atomisé l'homme sur une autre orbite que la sienne, en s'y interdisant à Lui-même l'accès et y tenant à distance sa créature. Dieu, le Tout-Puissant, limiterait sa puissance… s'interdisant de s'abaisser[1] au rang de sa créature. Ce qui est confessé d'un côté est nié de l'autre, en posant une incompatibilité de nature.

Le christianisme affirme autant la Toute-Puissance de Dieu et sa venue parmi les hommes, alors que l'islam, tout en proclamant le Tout-Puissant, l'isole dans la transcendance et ne peut concevoir « son abaissement » sans blasphémer. Et pourtant, le Coran affirme que Dieu est plus proche de l'homme que sa veine jugulaire (cf. s. 50, 16) ! La compréhension doctrinale ne pourra avancer en ce domaine que si l'Islam approfondit aussi certaines de ses propres notions philosophiques, qui aujourd'hui limitent son accès à la connaissance, voire à la rationalité et au don de la grâce.

La foi chrétienne, grâce aussi à l'outil philosophique, peut exprimer un seul Dieu en Trois Personnes et tout autant affirmer l'union et la distinction des natures divine et humaine en la personne du Christ Jésus. Saint Paul affirme : *« En Lui* [Jésus, le Christ] *habite corporellement toute la*

1. Cette *kénose* dont parle Paul dans l'hymne aux Philippiens (2, 6-8).

Plénitude de la Divinité. » (Col 2, 9) Mais ce qui fonde la foi que proclame l'Église, c'est cette révélation historique, *« un esprit de sagesse et de révélation »* (Ep 1, 17 [1]), qui se réalise, tout au long de l'histoire d'Israël, et avec l'apparition du Seigneur Jésus-Christ : *« Dieu est amour-agapé. »* (1 Jn 4, 8)

La perfection de la charité, de l'amour gratuit et donné, exprime l'Être même de Dieu et la nature des relations entre les Personnes divines qui se prolongent jusque dans la création, en particulier dans la créature humaine raisonnable. Toute la Révélation chrétienne tient en ce mouvement de Dieu *« qui a tant aimé le monde qu'Il a donné son Fils, son unique »* (Jn 3, 16) et lui accorde, par sa grâce, cette capacité de participer à ce mouvement même de l'amour divin. Si Dieu descend jusqu'à l'homme, c'est pour l'élever jusqu'à Lui, dans et par le mouvement indicible de son Amour. Ainsi, l'Amour de Dieu donne un prix inestimable à la créature humaine, appelée à la « divinisation », selon l'œuvre de la grâce.

C'est ici que se trouve la « pierre d'achoppement ». Comment l'homme peut-il rejoindre Dieu et goûter, par sa grâce, à son immense bonté ? Jésus de Nazareth révèle en sa personne et à travers tout ce qu'il accomplit qu'il est vraiment « le Saint de Dieu… le fils de Dieu… Dieu lui-même ». L'inconcevable franchit le pas, dévoile l'amour divin qui s'approche de l'homme, afin que celui-ci n'ait plus peur de s'approcher de Dieu. C'est la puissance de l'Amour révélé et manifesté qui permet de concevoir un tel avenir, une si belle transformation pour l'humanité.

À l'évidence, la personne même de celui que les chrétiens nomment Jésus, fils de Marie de Nazareth, constitue

1. Le Seigneur Jésus souligne que la proclamation de foi de l'Apôtre Pierre (Mt 16, 17), qui le reconnaît comme *« le Christ, le Fils du Dieu vivant »*, est une révélation qui vient *« non de la chair et du sang, mais de mon Père qui est dans les cieux »*.

fondamentalement la pierre sur laquelle bute la raison humaine sans la lumière de la foi. L'échange rencontre là une ligne de fracture qui, dans le dialogue, sépare chrétiens et musulmans, sans qu'il soit possible qu'ils parviennent à se comprendre. Ici, la raison bute contre ses propres limites, *a fortiori* l'imaginaire religieux, si le don de la grâce de Dieu n'y pourvoit. Mais nous touchons ici à un tout autre domaine inconnu de l'islam, celui du surnaturel ; et ce malgré ses références à l'histoire biblique.

Bien plus, l'islam, comme nous l'avons vu, sépare le monde humain créé de celui de Dieu. Il ne peut y avoir une relation entre Dieu et sa créature dont la destinée est fixée d'avance par le Créateur. Ce jeu de séparation/fusion, rejet/attirance construit un « monde » binaire en islam dont les pôles s'attirent et se repoussent sans cesse. Cela est vrai non seulement entre *Allah* et l'*Umma*, mais entre l'homme et la femme, la demeure de l'islam et celle de la guerre, le musulman et le mécréant, le croyant et le *dhimmi*, le licite et l'illicite, le Paradis et l'Enfer… L'homme est comme pris en étau entre ces deux pôles et sans issue possible, dans un « "système de pensée clos", selon la formulation de D. et M.-T. Urvoy, qui entrave l'usage de la raison et du libre arbitre[1] », et donc sans espérance. Reste cette nostalgie d'une période idyllique, d'un Paradis perdu, celui d'un état originel de « soumission » qui devient religion exclusive, seule voie de salut. L'*islam*-soumission, en regard du judéo-christianisme, se présente comme une eschatologie non seulement inversée, mais renversée. C'est le retour à une perspective fusionnelle du modèle divin de l'unicité qui justifie, nous l'avons dit, l'absolu de l'*Umma*, cette matrice protectrice qui donne l'illusion d'une unité indistincte et indifférenciée. Tout ce qui lui est extérieur devient alors une

---

1. Annie Laurent, *La Nef*, n° 207, septembre 2009, conclusion d'une enquête sur l'islam, *La nécessité d'être réaliste*, p. 14.

menace et, par opposition au « Bien absolu » de l'Islam, un mal à extirper, à détruire. Ce refus de la différence, c'est le « refus de l'autre » (ou de l'« Autre »). Les conséquences, lorsque cette vision est poussée à l'extrême, conduisent à l'idolâtrie et deviennent dramatiques dans les rapports des hommes entre eux et pour l'avenir de l'humanité.

On peut comprendre alors que l'islam ait une perception du mystère [1] totalement étrangère à la foi chrétienne. Il est même dans l'impossibilité de le concevoir et de pouvoir l'accepter. Le P. Moussali écrit : « Entre le christianisme et l'islam s'élève un mur, celui de l'Incarnation. » « L'islam, poursuit le P. Moussali, est un retour au monothéisme pur et dur... Dire cela n'est pas médire de l'islam, mais le présenter tel qu'il entend se présenter à travers son message on ne peut plus clair (*mubîn*) du Coran [2]. »

Voilà qui peut expliquer l'incompréhension fondamentale du Mystère de la personne de Jésus, identifié à *'Îsa*, dans le Coran. Il n'est donc pas le même pour les chrétiens d'une part et pour les musulmans d'autre part. Celui que nous proclamons le Fils de Dieu, le Coran affirme qu'il n'est pas Dieu (cf. s. 5, 116-117 [3]). Il est, certes, une parole (*kalima*) de Dieu, « envoyée en Maryam » (cf. s. 3, 45 ; 4, 171) et un messager (*rasûl*) dont le nom annoncé est *al-Masîh* [4] (s. 3, 45),

1. *Mystère* se traduit en arabe coranique par *al-ghaîb*, ce qui signifie *l'étrange*. St Paul donne l'intelligence chrétienne du *mystère* : *« C'est le Christ, en qui se trouvent cachés tous les trésors de la sagesse et de la connaissance »* (Col 2, 3).

2. A. Moussali, *Judaïsme, christianisme et islam*, Éd. de Paris, 2000, réimpression 2002, p. 223 et 427.

3. Et de plus, le Coran met sur les lèvres de Jésus-*'Îsa* : « ... Et je fus témoin contre eux aussi longtemps que je fus parmi eux. » (s. 5, 117).

4. Les différents titres accordés à *'Îsa* dans le Coran n'ont aucune portée symbolique ni une signification prophétique. Ils sont tous des qualificatifs mal accordés autant à *'Îsa* qu'au Jésus de l'Évangile. Ils sont des « surnoms » sans signification. S'ils ne sont pas dissemblables de ceux de l'Évangile et

« un esprit venant de Lui » (s. 4, 171), « l'un de ceux qui sont proches d'Allah » (s. 3, 45). *'Îsa* n'est qu'un « serviteur-adorateur » (s. 43, 59). S'il est né sans l'intervention d'un homme, mais d'une mère vierge [1], il n'est cependant pas mort crucifié (s. 4, 156-159) comme l'attestent les Évangiles. Allah l'a soustrait à ce supplice et l'a élevé ; de plus, le Coran ne parle pas de sa résurrection ! Mais il affirme plutôt : « Quand Allah dit : "Ô 'Îsa, certes Je vais mettre fin à ta vie terrestre, t'élever vers Moi, te débarrasser de ceux qui n'ont pas cru et mettre jusqu'au Jour de la Résurrection ceux qui te suivent, au-dessus de ceux qui ne croient pas." » (s. 3, 55)

Cette figure étonnante, dont plusieurs traits renvoient à ce que disent les Évangiles, reste énigmatique. Le Jésus du Coran, comme sa mère, semble appartenir à un autre récit que celui de la tradition évangélique et apostolique. De nombreuses études tentent de retrouver chez ces deux personnages, *'Îsa* et *Maryam*, les traces évangéliques de Jésus et de sa Mère la Vierge Marie. Les manipulations tardives du Coran s'éloignent très nettement des sources judéonazaréennes et surtout évangéliques. Celles-ci subiront des retraitements importants qui défigurent l'original évangélique, principalement le Visage de Jésus. Cependant, dans le cœur des croyants de l'islam, il s'agit bien des personnages historiques. Ainsi, la piété musulmane envers Marie et *'Îsa*-Jésus peut surprendre les chrétiens, en

---

de leur enracinement biblique, ils ne leur sont pourtant ni comparables ni semblables.

1. Sourate *al-'Imrân* (3, 42) : « Ô Maryam, certes Allah t'a élue et purifiée ; et il t'a élue au-dessus de toutes les femmes des siècles. » Et sourate *Maryam* (19, 20) : « Elle dit : "Comment aurai-je un fils quand aucun homme ne m'a touchée, et que je ne suis pas prostituée ?" » Et dans sourate *al-anbiya* (les prophètes 21, 91) : « Et celle qui avait préservée sa chasteté ! Nous insufflâmes en elle un souffle venant de Nous et fîmes d'elle ainsi que de son fils un signe pour les siècles. »

particulier dans un certain nombre de sanctuaires [1] mariaux chrétiens. Cette piété populaire, tout à fait respectable, ne s'appuie pourtant pas sur les fondements islamiques et coraniques traditionnels ni sur le Message évangélique. Surgit alors la question de savoir comment guider un esprit de piété dans de telles conditions sans qu'il ne s'égare dans des formes de culte idolâtrique ?

En effet, si nous restons au niveau du donné coranique, l'islam est persuadé que le *'Îsa̱* du Coran est l'authentique. C'est pourquoi il reprend les chrétiens et corrige leurs soi-disant égarements. Le Coran décrit un nouveau personnage. Ce dernier annonce que ceux qui croient, chrétiens et musulmans, seront avec lui dans l'attente de la Résurrection. Les coïncidences avec la Révélation évangélique ne sont qu'apparentes, et le message coranique n'éclaire pas la foi pour l'affermir et l'approfondir, mais jette le doute. Il en découle un important malentendu à propos de la personne de Jésus-*'Îsa̱* qui n'est pas le même ni pour les uns ni pour les autres. Le message et le témoignage apostolique sont gommés par les récits coraniques qui obstruent littéralement l'accès à la foi. Il est donc difficile d'établir un dialogue, puisque, d'une part, les chrétiens voient en Jésus la clé de lecture de l'Histoire humaine jusqu'en son devenir, ce qui fait de Lui le seul Sauveur de l'humanité, et puisque, d'autre part, l'islam parle d'un Jésus, *envoyé*, dans la lignée des prophètes, dont le prototype rétroactif est *Muhammad*. Le *'Îsa̱* du Coran est islamisé. Il ne rejoint que de manière anecdotique le Jésus de l'Histoire, manifesté dans les Évangiles canoniques, et nie ce qu'ils révèlent de Lui comme Envoyé du Père. *'Îsa̱*-Jésus

1. Au Liban, après la guerre, le sanctuaire marial de Harissa est devenu très fréquenté par des femmes voilées qui viennent d'Iran, d'Irak et des pays islamiques de la région pour prier *Maryam*. Le Patriarcat maronite a mis en œuvre une pastorale particulière et adaptée pour accueillir et guider ces pèlerins musulmans.

n'est donc pas une « pierre d'attente », dans l'islam, pour les musulmans, mais plutôt *« une pierre d'achoppement... un rocher qui fait tomber »* (1 P 2, 8), à l'exception de ceux qui se confient en Lui (cf. Rm 9, 33).

Faute de connaître Jésus, le Christ, l'islam n'a, en conséquence, aucune vision du Salut et de l'avènement du Royaume de Dieu. Il fonde, au mieux, une théocratie dont les ordonnances s'accomplissent dans l'*Umma* et parmi ceux qui se soumettent. L'islam a réduit le messianisme à une espérance terrestre, avec tout ce que cela comporte d'ambiguïté et de risque de dérives incontrôlées et violentes.

Pourtant, un verset du Coran sonne étrangement parmi toutes les négations de la foi chrétienne qu'il n'a cessé d'assener et embarrasse les commentateurs : « Dis : "Si le Miséricordieux avait un enfant, alors je serai le premier des adorateurs." » (s. 43, 81) Après avoir nié catégoriquement la génération en Dieu, le Coran ici fait pourtant référence à la racine *walada* qui indique la génération selon les hommes, dans l'acte de « faire un enfant ». Mais pourtant, Allah « comment aurait-Il un enfant, quand il n'a pas de compagne ? » (s. 6,101). Dans ce verset de la sourate 43, le Coran indique cependant comme possible la génération en Dieu miséricordieux ! Mais il est pris dans le paradoxe du refus du Mystère et de l'étrangeté d'un homme né d'une vierge.

Nous sommes loin de l'expression théologique qu'affineront progressivement les conciles au cours de l'histoire de l'Église qui affirme que Jésus « est engendré du Père, et non pas créé, Dieu, né de Dieu ». Pourtant, cette profession de foi était courante lorsque l'Islam s'impose à la fin du VIIe siècle. Mais l'islam n'est pas une hérésie du VIIe siècle qui viendrait s'ajouter à toutes celles qui déjà ont fragilisé la foi et divisé l'Église. Il est l'aboutissement d'un courant des premiers siècles qui, déjà, niait la divinité du

Christ Verbe, mais conservait la dynamique messianiste, vidée de sa substance, en en faisant le fer de lance d'un nouveau pouvoir politique.

Il ne peut donc y avoir de compromis entre le christianisme et l'islam. Autant l'un admet la séparation et la distinction des domaines religieux et politique, autant l'autre les confond, assurant au pouvoir politique la sacralisation du religieux. Le risque, inhérent à l'humanité dans ses aspirations religieuses laissées à leurs seules capacités, est la réduction, voire l'instrumentalisation, d'une eschatologie révélée et donnée par Dieu Lui-même. Qu'en est-il, alors, du rôle de l'eschatologie dans le christianisme et dans l'islam ?

Quelle eschatologie ?

En Islam, le religieux est aussi un fait sociopolitique et pas seulement une expression de la foi. Celle-ci est d'ailleurs réduite à sa plus simple intelligence et expression. Autant la recherche théologique s'est toujours développée dans l'histoire du christianisme, autant, dans l'Islam, elle s'est contentée de commentaires répétitifs. Les affirmations de la foi islamique, considérant Allah comme « l'impénétrable » (*samad*), rejettent, sans aucune justification ni historique ni théologique, « les Mystères » de la foi chrétienne, en particulier celui de La Trinité et celui de Jésus, le Fils de Dieu fait homme, mort et ressuscité, tel que l'annonce l'Apôtre Pierre dans les *Actes* : *« Dieu a fait Christ et Seigneur ce Jésus que vous avez crucifié. »* (Ac 2, 36)

Le concile Vatican II, dans la Déclaration concernant quelques religions non chrétiennes[1], dont l'islam (*Nostra*

1. Le concile Vatican II aurait peut-être dû prendre la précaution, dans la Déclaration *Nostra Aetate*, de mieux distinguer les différentes religions.

Aetate § 3), ne se positionne pas d'abord face à *l'islam* comme religion, mais porte un regard bienveillant sur les hommes professant cette religion, les *musulmans.* « L'Église regarde avec estime les musulmans qui adorent le *Dieu Un,* vivant et subsistant, miséricordieux et tout-puissant, créateur du ciel et de la terre, qui a parlé aux hommes. » Cette déclaration très positive envers l'islam ne semble pas mesurer encore l'ambiguïté de la terminologie utilisée.

En effet, la Constitution *Lumen Gentium* (§ 16) assure que « le destin de salut enveloppe également ceux qui reconnaissent le Créateur, en tout premier lieu les musulmans qui professent avoir la foi d'Abraham, *adorent avec nous* le Dieu unique miséricordieux, futur juge des hommes au dernier jour [1] ». *Dieu unique,* certes, mais nous n'adorons pas le même Dieu et encore moins ensemble ! Dans l'enthousiasme et le désir louable de favoriser un nouveau climat de relations avec les croyants de l'islam, les Pères conciliaires n'ont-ils pas forcé le trait ? Ainsi la Déclaration (*NA*), qui vient, chronologiquement, après la Constitution sur l'Église (*LG*), ne parle plus d'un *Dieu unique* mais UN. Dès lors, le Concile semble donner un contenu de foi au *témoignage* (*aš-šahâda*) qu'accomplit tout musulman au moment de la prière par exemple, mais qu'il n'a pas. C'est, peut-être, « christianiser » un peu vite l'énoncé islamique. Certes, les *plus beaux noms divins* qualifient Allah. « Mais aucun de ces quatre-vingt-dix-neuf noms n'exprime l'essence même de Dieu. Des

Pour des raisons diplomatiques et politiques, le judaïsme s'est d'ailleurs retrouvé dans ce document, alors qu'il avait été prévu, initialement, d'être présenté dans le Décret sur l'œcuménisme (*UR*) ; puis sont citées les grandes religions d'Asie, y compris l'islam. Le risque de confusion entre religions traditionnelles et postchrétiennes, comme l'islam, et entre celles révélées (judéo-christianisme) et celles non révélées, devenait critique.

1. Nous soulignons dans ces citations conciliaires les points ambigus en les mettant en *italique*.

attributs peuvent faire partie de l'essence (*dât*), tel que *Créateur*, *Tout-Puissant*, *Miséricordieux*, mais aucun n'est attribut ontologique. Tous sont des attributs *descriptifs* de Dieu [1]. »

La soumission (*al-islâm*) est d'abord la reconnaissance d'un ordre établi, d'un pouvoir, d'une autorité, avant tout dominatrice. Le Christ, lui, est venu accomplir la Loi, comme un serviteur (cf. Is 42-53 ; Ph 2, 6-11) ; cependant, il en est le maître (cf. Mt 12, 1-8). Toute sa vie et sa personne révèlent que l'amour est premier, parce que « *le premier il nous aima* » (1 Jn 4, 19). En Jésus-Christ, Dieu se fait le serviteur de l'homme afin de le gagner par amour et non par contrainte. C'est donc l'amour d'une personne, Jésus, le Christ, et non l'observance d'une loi qui sauve et sanctifie, perfectionnant la créature jusqu'à la ressemblance (cf. 1 Jn 3, 2). C'est pourquoi le Christ est plus qu'un prophète, envoyé par Dieu aux hommes ; sa venue dévoile [2], révèle que « *le temps est accompli et* [que] *le Royaume de Dieu est tout proche* » (Mc 1, 15).

Muhammad, selon la conception musulmane, est d'abord un envoyé dont le rôle « prophétique » est seulement de rappeler ce que la créature aurait oublié de Dieu et de sa loi. Ainsi que nous l'avons déjà perçu, « le prophète de l'islam » est une reconstitution tardive du personnage historique. La sublimation posthume de *Muhammad* hésite entre la banalité de la réalité historique et la sacralisation de la légende. Il n'y a ici ni prophétie ni révélation, comparable à la révélation biblique. Saint Paul est chargé, écrit-il six siècles plus tôt, de proclamer aux païens « *l'insondable richesse du Christ et de mettre en pleine lumière la dispensation du Mystère, tenu caché depuis les siècles en Dieu* » (Ep 3, 8-9). L'islam est un rappel ; le christianisme est une annonce, celle de la personne du Christ Jésus.

---

1. Antoine MOUSSALI, *La croix et le croissant*, Éd. de Paris, 1998, p. 16.
2. *L'apocalypse* signifie justement le *dévoilement*.

Or, c'est bien cette proximité du Royaume de Dieu que ne peut reconnaître ni accepter l'islam. Pour lui, l'homme demeure dans cette sujétion vis-à-vis de Dieu, qui lui interdit de l'approcher, voire d'entrer dans une relation d'amour qui transformerait et transfigurerait la soumission en communion. Le but (*l'eschaton*) n'est pas, selon l'islam, que *« Dieu soit tout en tous »* (1 Co 15, 28) et que l'homme jouisse de *« l'amour du Christ qui surpasse toute connaissance. Alors vous entrerez par votre plénitude dans toute la Plénitude de Dieu »* (Ep 3, 19). L'islam est d'abord un rappel du pacte primitif et des exigences de la loi. L'horizon pour les musulmans n'est pas l'espérance théologale que Benoît XVI nomme la « grande espérance », mais ces « petites espérances » de nos vies en des jours meilleurs, à hauteur d'homme.

Si Dieu n'est pas l'Amour de charité qui appelle l'homme à son bonheur, l'espérance eschatologique est réduite à la vision horizontale, soit dans une fuite en avant illusoire, voire délirante, soit par la loi qui peut devenir tyrannique, arbitraire et déshumanisante. Le Salut de Dieu n'est pas une option pour l'homme, mais son unique chance, une chance qui est le don gratuit de sa Grâce. Ignorant le Mystère du Christ Jésus, l'islam ne peut concevoir une théologie de la grâce et donc de la Rédemption.

Pourtant, de son côté, l'homme, abandonné à lui-même, recherche ses propres alternatives de salut, même religieuses. N'est-ce pas d'ailleurs les multi-propositions du Nouvel Âge ? Cependant, l'islam ne se réduit pas à une proposition parmi tant d'autres, sinon dans la pensée moderne et relativiste de l'islam dit des lumières, mais s'impose en lieu et place du judéo-christianisme et comme l'aboutissement de celui-ci, ou plutôt comme le rétablissement antéhistorique du pacte primitif et de la vision islamique du salut. Cette négation de fait et dogmatique de l'histoire du Salut balaye d'un coup la Révélation biblique et apostolique, sans compter les autres traditions religieuses et culturelles qui accompagnent l'histoire de l'humanité. L'islam-soumission devient la seule option possible pour l'humanité, appelée à ce retour à la matrice originelle et garantie par quelques survivances de références bibliques. Ne serions-nous pas en présence d'une eschatologie renversée ? C'est bien ce que laisse entendre le Message coranique et islamique, comme nous l'écrivions déjà plus haut.

L'islam n'a pas d'autre alternative que le rêve pour révélation plutôt que la réalité historique comme lieu où Dieu vient se révéler à l'homme. En effet « l'eschatologie islamique », si l'on peut encore parler ainsi, ne suppose pas les mêmes données que l'eschatologie chrétienne. Certes, la foi musulmane proclame la résurrection et la vie future, le jugement, le paradis et l'enfer. Le Coran, comme les traditions musulmanes, présentent *'Îsa-le Messie* comme celui qui doit revenir un temps sur terre pour juger l'humanité, mais aussi pour proclamer l'islam et devenir musulman ; après quoi il doit mourir. En tout cela, il n'est question ni d'un salut que Dieu opère, ni de réalités futures incorruptibles et immortelles. Les jouissances paradisiaques qu'évoquent le Coran et les traditions musulmanes font plus penser à des projections imaginaires, voire fantasmatiques de la vie terrestre, qu'à la joie indicible de l'Esprit Saint, dont témoignent déjà les saints dans leur existence mortelle. L'eschatologie islamique est, au mieux, une sublimation de la vie terrestre, mais certainement pas le moteur d'une espérance théologale.

Autant, dans le christianisme, l'eschatologie relève d'une réalité de foi, s'appuyant sur la mort et la résurrection de Jésus-Christ qui doit revenir en gloire « pour juger les vivants et les morts », selon le Credo de l'Église, autant, en islam, tout ressemble fort à une construction imaginaire, dans laquelle l'espérance est remplacée par le rêve ou la nostalgie de temps idylliques ou d'un paradis perdu.

> « Le rêve, écrit le père von Balthasar, n'est plus seulement la projection des idées hors de l'âme, mais la suppression de tout sens, l'exténuation de l'être, un creux, un miroir brisé, une dissolution intérieure non seulement de la substance, mais aussi de toute forme où elle puisse s'exprimer. Il existe un idéalisme (philosophique) de l'absence de Dieu, qui traduit de façon parfaite la perte de l'être dans le péché. »
> Et il ajoute : « La réalité fondamentale où vient se briser le rêve du péché, ce n'est pas l'image sensible de Satan, mais bien la Croix taillée à coups de hache et dressée au-dessus de l'abîme[1]. »

Mais seuls les saints, illuminés par le Saint-Esprit, peuvent en juger.

Sur quoi repose donc l'attente eschatologique des musulmans quand, aujourd'hui, les courants les plus durs prétendent à une domination terrestre universelle de l'Islam, souvent par des voies de violence ? L'incompréhension devient paroxystique dans l'apologie du « martyre » pour la cause de l'islam, où le comble de la justice consiste à répandre la terreur et la mort en se faisant exploser dans un lieu public. Faute d'une vision de foi, telle que l'Église ose la proclamer et ce, à partir du grand mystère de la foi du Christ crucifié, il est impossible de justifier le martyre et certainement pas sa contrefaçon dans un détournement diabolique. Un martyr (*šahîd*) donne sa vie librement pour les autres, car *« il n'y a pas de plus grand amour que de donner sa vie pour ses amis »*, affirme Jésus (Jn 15, 13).

---

1. Hans Urs von Balthasar, *Le chrétien Bernanos*, Parole et Silence, 1954, 508 p.

Le jour du jugement

L'islam, tout comme la foi chrétienne, affirme qu'au dernier *Jour*, Dieu jugera le monde et en particulier les hommes. Nous pourrions nous arrêter quelque peu sur un point particulier de l'eschatologie que l'Église nomme les fins dernières. Y aurait-il là un espoir possible et ultime de rencontre et peut-être de convergence ? Mais comment l'islam envisage-t-il ce *Jour* de Dieu et le Jugement divin ?

Le Coran témoigne dans la sourate (*aš-Šûra̱, la Consultation*) de la foi de la communauté nazaréenne qu'il fait sienne : « C'est ainsi que Nous t'avons révélé un lectionnaire (*qur'ân*) arabe, afin que tu avertisses la Mère des bourgades (*Umm al-qura̱*) et ses alentours et que tu avertisses du jour du rassemblement (*yaûm al-jami'*). » (s. 42, 7 [1]) Et ce « Jour du rassemblement » est aussi celui du Jugement [2] « qui ne fait aucun doute ; un groupe au Paradis et un groupe dans la fournaise ardente ». Le contexte est bien celui du jugement de Dieu (v. 8-9) : « Si Allah avait voulu, Il aurait fait une seule communauté. Mais Il fait entrer qui Il

---

1. *Umm al-qura̱*, voir p. 70, note 1. Les traductions veulent habituellement voir dans ce passage La Mecque (cf. la traduction du Coran de M[d] Hamidullah) ; or, au mieux s'agit-il de Yathrib et plus sûrement de Jérusalem. Le contexte de ce verset affiche son ancienneté qu'un musulman d'aujourd'hui ne comprend plus de la même façon. Parler d'un *coran arabe* fait tout simplement référence au lectionnaire-*qery'n* des nazaréens, traduit en arabe par Waraqa ; cf. le 2e chapitre, *Le statut du Coran.*

2. Le *Jugement* renvoie ici au terme *dîn*, interprété souvent de façons très diverses, selon la pensée islamique contemporaine. Mais on peut retrouver certaines acceptions primitives au 1er chapitre, *D'où vient l'islam ?*

La sourate de *l'ouverture* (*al-fâtiha*) le proclame à chaque prière musulmane : « Au nom de Celui qui fait miséricorde, le Miséricordieux ; louange à Allah, le Maître des siècles, Celui qui fait miséricorde, le Miséricordieux, Roi du jour du *jugement* (*dîn*)… » Il s'agit bien d'un sens originel, même si, aujourd'hui, les versets suivants ont subi de nouvelles interprétations et ne sont plus lus dans le contexte des origines.

veut dans Sa miséricorde. Et les injustes n'auront ni maître ni secoureur… c'est Lui qui redonne la vie aux morts… » En effet, c'est à Jérusalem, sur la montagne de Sion, que doivent se rassembler toutes les nations, selon les prophéties bibliques (cf. Is 40, 9-11 ; 62 ; Jr 3, 17 ; 8,22 ; Jl 2, 1-11 ; 4, 15-21 ; Za 12-14). Car lorsque le Messie viendra en son Temple, ceux qui auront cru en lui parmi les morts, et l'auront attendu, ressusciteront. Ainsi, tant du côté du judaïsme que du côté de l'Islam actuel, cette assurance, qui était d'abord celle des judéonazaréens, prend aujourd'hui un tour très concret. Juifs et musulmans se font enterrer à Jérusalem, sur le passage que doit emprunter le Messie, annoncé par les prophètes (cf. So 3, 9-18 ; Za 9, 9-10), manifestant une espérance de la venue de ce Jour que Dieu seul connaît (cf. Mt 24, 36).

Ce Jour est annoncé par le Coran comme celui « de la Résurrection, point de doute là-dessus » (s. 4, 87). Certains accents de la sourate *la Résurrection* (75) font penser aux accents d'apocalypse des prophètes[1] quand la lune disparaît et que le soleil s'obscurcit, Jour redoutable « terrible et catastrophique » (s. 76, 10). Cependant, les versets suivants annoncent la rétribution divine sous diverses formes de délices, y compris la présence d'éphèbes « éternellement jeunes » (v. 19) et « des (belles) aux seins arrondis, d'une égale jeunesse, et coupes débordantes » (s. 78, 33-34) ou encore « des *houris*, aux yeux grands et beaux… » (s. 56, 22). Certes, le Paradis et ses récompenses (sensuelles), en

1. 2P 3, 10-13 : *« Il viendra, le Jour du Seigneur, comme un voleur ; en ce Jour, les cieux se dissiperont avec fracas, les éléments embrasés se dissoudront, la terre avec ses œuvres qu'elle renferme sera consumée… Que ne devez-vous pas être par une sainte conduite et par les prières, attendant et hâtant l'avènement du Jour de Dieu… Ce sont des cieux nouveaux et une terre nouvelle que nous attendons selon la promesse, où la justice habitera. »* (Cf. aussi Jl 3, 4-5).

nourritures exquises et désormais accessibles sans interdits, ainsi que jouissances sexuelles, s'ils peuvent, chez les croyants, aiguiser le désir de Dieu, promettent essentiellement une jouissance terrestre et des sens, parvenue à son paroxysme et sans limite.

La résurrection et le jugement, selon l'islam, ne sont donc pas de même nature que ce qu'annoncent les Écritures bibliques et surtout le Nouveau Testament. En effet, le Coran annonce une récompense pour ceux qui auront cru en *Allah*, et le feu éternel à ceux qui auront refusé de croire[1] ou qui auront recouvert, dissimulé ou falsifié. Dès le IVe siècle, saint Jérôme dénonçait, chez les ébionites, cette vision imaginée du Royaume à venir que le Coran conservera à partir de son héritage nazaréen.

> « Le messianisme [de type islamique], écrit E.-M. Gallez, ne prône pas la débauche (même si, dans les faits, il peut y conduire parfois) ; à la manière des discours militants, il est moraliste et prêche un Royaume idéal terrestre futur, auquel les joies du présent doivent être sacrifiées. Avec une différence : ici, le militant peut espérer une belle place au Paradis des jouissances mi-célestes, mi-terrestres[2]. »

La foi dans le Jour du jugement, encore mal dégrossie dans l'islam, est peut-être un point d'ancrage possible pour un dialogue théologique. Certes, sans la foi au Christ ressuscité qui doit venir dans sa Gloire « juger les vivants et les morts et son Règne n'aura pas de fin » (Credo de Nicée-Constantinople[3]), il paraît difficile d'établir une vision

---

1. Il s'agit des dogmes du credo islamique : *l'unicité*, *at-tawhîd*, qui implique la pratique du témoignage, *aš-šahâda*, ou la proclamation de la foi, ainsi que la pratique des quatre autres piliers de l'islam ; la foi islamique affirme encore *la résurrection et le jugement*, *le paradis et l'enfer*, *les anges et les prophètes*.

2. E.-M. Gallez, *Le messie et son prophète*, t. 1, p. 268.

3. Cf. Dn 7, 13-14 : *« Voici, venant sur les nuées du ciel, comme un*

commune à l'Église et à l'*Umma* islamique. Cependant, selon l'islam, c'est bien *'Îsa*-Jésus, le Messie, qui est attendu, et sa venue ouvrira le Jour de la Résurrection et celui du Jugement pour le Ciel ou l'Enfer. Jésus, Lui-même, annonce, selon les Évangiles, ce jour du rassemblement qu'il a voulu dès cette terre… *« mais vous n'avez pas voulu ! Voici que votre maison (d'adoration)* [le Temple] *va être désertée pour vous. Oui, je vous le dis, vous ne me verrez plus, jusqu'à ce qu'arrive le* jour *où vous direz : "Béni soit celui qui vient au nom du Seigneur !" »* (Lc 13, 34-35.) Pourtant, sa mort, paradoxalement, mais réellement selon la foi apostolique, réalise ce rassemblement : *« Jésus allait mourir non pas pour la nation seulement, mais encore afin de rassembler dans l'unité les enfants de Dieu dispersés. »* (Jn 11, 51-52)

Ce « Jour » de Dieu et du Jugement est comme un paradoxe dans la vision musulmane actuelle[1]. L'islam est tiraillé entre le jour de la Résurrection à venir et du Jugement, et le jour du triomphe de la soumission-*islâm*, comme un retour au paradis perdu, à l'état primitif de l'islam originel. Quel est, alors, l'*eschaton* pour l'islam dans ce tiraillement interne ? Et à quelle vie ouvre la résurrection ? Si ce n'est pas « la résurrection de la chair et la vie éternelle »,

---

Fils d'homme À lui fut conféré empire, honneur et royaume, et tous les peuples, nations et langues le servirent. Son empire est un empire éternel qui ne passera point, et son royaume ne sera point détruit. »

Les Évangiles et l'Apocalypse affirment que Jésus est Seigneur « assis à la droite du Père » et qui doit venir en gloire pour le Jugement définitif qui ouvre l'accès au Royaume pour les élus et à la Vie éternelle.

1. Nous ne pouvons pas ici, dans ce bref exposé, apporter des justifications que seule une étude historique et exégétique du Coran pourrait nous fournir. La lecture actuelle de plusieurs passages du Coran gomme le sens premier de la lecture *nazaréenne* et de celle des *muhajirûn*. Il reste donc un immense travail à accomplir pour mieux comprendre le Coran et, par là, ouvrir le dialogue islamo-chrétien et la compréhension de l'islam à une intelligence plus précise et historiquement mieux contextualisée.

indissociablement liées, selon la foi de l'Église, vers quel monde et pour quelle vie, la résurrection ouvre-t-elle, selon le Coran et la foi islamique ? La foi surnaturelle qui ouvre à la Vie éternelle et à la résurrection n'est-elle pas troquée, dans l'islam, avec la nostalgie du paradis perdu ?

Il paraît difficile que l'islam arrive à dégager une véritable eschatologie, une théologie de l'histoire, alors même qu'il ne parvient pas à intégrer l'Histoire, comme lieu même de la Révélation. N'y a-t-il pas eu, avec l'apparition de l'Islam, et même aux dépens du courant nazaréen, un nouveau glissement de l'espérance vers un horizon tout humain, même sublimé ?

La Révélation, chemin de communion ou de séparation ?

La mort du Christ, véritable témoignage d'amour, est un scandale insupportable, une folie incompréhensible pour ceux qui ne croient pas en Lui. *« Mais pour ceux qui se sauvent, pour nous,* [elle] *est puissance de Dieu… sagesse de Dieu »*, affirme saint Paul (1 Co 1, 18.24). C'est la sagesse d'amour que reconnaîtront les saints, les mystiques, les martyrs chrétiens. « Mourir d'amour pour vivre d'amour », chante Thérèse de Lisieux. Le Christ entre dans la mort, ni par dépit ni par révolte, mais pour la vaincre par l'Amour. Car l'ennemi est la mort que Dieu n'a pas créée (cf. Sg 1, 13-15) et le péché qui la provoque. *« Mais le don gratuit de Dieu c'est la Vie éternelle. »* (Rm 6, 23). En effet, le Christ a dépouillé la mort de son dard venimeux et la puissance des enfers par sa résurrection d'entre les morts dont l'Église témoigne depuis les temps apostoliques.

Ce qui constitue l'Église et son témoignage au jour de la Pentecôte, c'est bien cette force pour annoncer que le

Christ est ressuscité et qu'il vient, en gloire, pour rassembler l'humanité dans le Royaume du Père. L'Église est, en effet, fascinée par le Royaume à venir, dont elle est déjà comme l'anticipation dans le cours de l'Histoire. Elle est le signe de cette réalité future, eschatologique et le moyen ordinaire et visible pour aller à la rencontre du Christ. Elle manifeste « le déjà là » et « le pas encore ». Elle annonce la réalisation plénière et irréversible de la pleine communion d'amour de l'humanité rachetée en Dieu-Trinité.

Quant à l'*Umma*, elle ramène l'humanité à des origines perdues dans son inconscient, vers un paradis perdu, un idéal fantasmé, terriblement humain. L'islam ne peut offrir une vision de l'à-venir eschatologique, puisque sa foi ne l'exprime ni ne le proclame. Mais il est un retour à un passé imaginé, hors du temps, par le « pacte initial », même s'il s'agit d'une justification tardive. Il est curieusement comme un complexe vers la fusion indistincte des origines, une matrice primordiale, avant que Dieu n'opère cette séparation nécessaire pour que les êtres créés viennent à l'existence. Dès lors, l'*Umma* ne témoigne pas d'une croissance de l'humanité vers une plus grande communion, mais d'une régression, voire d'une dégénérescence. Le P. A. Moussali écrit :

> « Comment ne pas signaler, là aussi, l'absence, en arabe, d'un mot qui traduise adéquatement le terme de *communion* dans sa signification imagée de "commune-union" en même temps que de prise en charge mutuelle (*cum-munus*). On parlera bien de *charika*. Et *charika* fait penser à *compagnie*. Elle connote l'idée d'association commerciale[1]. »

Deux visions de Dieu, de l'humanité et de l'Histoire s'affrontent inexorablement. Sans un retour à la raison, à une véritable anthropologie et à une théologie fondée sur la

1. Antoine Moussali, *La croix et le croissant*, Éd. de Paris, 1998, p. 15.

Révélation, en particulier la résurrection et la Vie éternelle, le dialogue semble impossible, réduit à des oppositions idéologiques stériles. Autant le christianisme offre une espérance, fondée sur les promesses de Dieu qui se fait proche de l'homme et lui parle ; autant la vision islamique enferme l'homme dans un vis-à-vis sans ouverture possible sur le Royaume de Dieu, sinon une idéalisation du paradis perdu ou rêvé. Et surtout, elle replie l'espoir de l'homme sur un paradis, un messianisme terrestre : l'hégémonie de l'Islam. Sans un recours à l'histoire, les hommes de l'islam tombent dans l'arbitraire d'une volonté « divine » à laquelle ils n'ont pas d'autre choix que de se soumettre désespérément. On ne peut pas dire, une fois de plus, que nous aurions là une *pierre d'attente*, mais plutôt une inversion de l'espérance eschatologique, par détournement du sens symbolique des fins dernières et de l'éternité bienheureuse, au bénéfice de l'Islam.

La soumission, devenue *islâm*, perd, du même coup, sa signification première. L'Islam-religion en vient alors à se confondre avec le Royaume, réalisé sur terre. Et les figures symboliques, comme celles d'Abraham ou même de Jésus, n'évoquent plus la force de la foi qui se réalise dans le service humble de la volonté et des desseins de Dieu. Mais ces personnages bibliques sont confisqués et islamisés, pour devenir des emblèmes, justifiant la religion islamique. Ils perdent leur signification prophétique et symbolique de la Révélation biblique qui est détournée au profit de la nouvelle idéologie religieuse et de sa construction légendaire.

Bien souvent d'ailleurs, les pays musulmans font commencer l'Histoire avec l'apparition de l'Islam des califes. Or, tout ce qui ne concorde pas avec sa propre lecture est repoussé dans la période ténébreuse de l'ignorance (*jâhilîya*) et de l'idolâtrie, comme dans une pré-conscience de l'humanité. Paradoxalement, l'islam, qui se présente en continuité de la Révélation faite à Abraham, aux enfants d'Israël et aux prophètes dont *'Īsa*-Jésus, relit « l'histoire sainte » en l'islamisant à partir de son propre donné dogmatique tardif, aux VIIIe-IXe siècles.

Comment donc envisager une histoire commune du Salut et une vision de l'éternité ? Selon Jean-Paul II :

> « Jésus-Christ est la route principale de l'Église. Lui-même est notre route vers "la maison du Père" (Jn 14, 1), et il est aussi la route pour tout homme... "L'Église qui, en raison de sa charge et de sa compétence, ne se confond d'aucune manière avec la communauté politique et n'est liée à aucun système politique, est à la fois le signe et la sauvegarde du caractère transcendant de la personne humaine" (*GS* 76)... Il s'agit donc ici de l'homme dans toute sa vérité, dans sa pleine dimension. Il ne s'agit pas de l'homme "abstrait", mais réel, de l'homme "concret", "historique". Il s'agit de chaque homme, parce que chacun a été inclus dans le mystère de la Rédemption, et Jésus-Christ s'est uni à chacun, pour toujours, à travers ce mystère... cet homme est la première route que l'Église doit parcourir en accomplissant sa mission [1]. »

En conséquence, l'Église est assurée non seulement que Jésus est *« le chemin, la vérité et la vie »* (Jn 14, 6) pour aller à Dieu, vers la maison de son Père et le nôtre, mais elle est aussi convaincue d'être « la route de l'homme et de tout homme ». L'Église est bien ce rassemblement de l'humanité, pour constituer, dans l'unité (cf. Ep 4, 4), le Corps du Christ. Au long des siècles, elle apparaît comme l'appel vibrant de Dieu au Salut et à recevoir l'héritage de la Vie éternelle. L'Église est donc bien « le sacrement universel du salut » sur l'initiative divine, signe du Royaume invisible et moyen efficace d'y parvenir dans la communion avec le seul Saint.

L'*Umma*, dans le contexte des VIIe-VIIIe siècles, est une nouvelle réalité sociale et religieuse, trans-clanique, appelée

---

1. JEAN-PAUL II, *Redemptor Hominis*, n° 13-14.

à s'étendre à toute l'humanité. Certes, le Coran affirme (s. 3, 110) : « Vous êtes la meilleure communauté (*umma*) qui ait été suscitée [par *Allah*] pour les hommes. » Cette affirmation infondée n'apporte aucun sens nouveau ni véritable, et ne laisse pas entrevoir le salut éternel. Au mieux, est-elle rassurante pour les fidèles de l'Islam et leur apporte-t-elle une certaine fierté par rapport aux autres courants religieux. Dans tout cela, il n'est en rien question d'un choix de Dieu, d'une *élection divine*.

L'*Umma*, malgré sa prétention à l'universalité, n'ouvre pas à un au-delà de l'expérience humaine ni à un dévoilement de l'invisible, mais établit une emprise sur les peuples, les cultures et les nations, en les rassemblant en une seule *matrie*, celle des *soumis* à Allah (*muslimûn*). Le califat y réussira partiellement pour une longue période, de plus d'un millénaire. Mais sa chute en 1924 ouvre l'ère d'éclatement des nationalismes, sans parvenir jusqu'ici à réaliser concrètement ce rêve d'une humanité islamisée. Le but de l'*Umma* est terrestre et non eschatologique. « La *Umma* elle-même, écrit A. Moussali, que l'on traduit volontiers par *communion*, est plutôt le rassemblement fusionnel des croyants dans le giron de l'unicité matricielle[1]. » Aussi, aujourd'hui, il ne lui est plus possible de se réaliser sans tomber dans des formes extrémistes, voire terroristes, du pouvoir « au nom d'Allah ». Ou bien elle risque de s'évader dans un islam virtuel ou dans un prêt-à-porter spiritualisé du Nouvel Âge, mais étranger aux masses musulmanes. L'islamisation n'est qu'une pseudo-communion, comportant le risque constant d'éclatements et de conflits, habituel dans toutes les formes de pouvoirs forts et arbitraires.

---

1. Antoine Moussali, *La croix et le croissant*, p. 15.

Conclusion : comment et où situer l'islam ?

Comment la théologie catholique, après ce survol de la réalité religieuse de l'islam comparée à la Révélation judéo-chrétienne, peut-elle situer la religion musulmane et son rapport à l'histoire du Salut ? Christianisme et islam, sont-ils d'ailleurs comparables ? Quelles sont leurs ressemblances, mais aussi leurs dissemblances ?

Il convient de rappeler les deux, sinon les trois phases du développement de l'islam historique. D'abord le proto-islam qui court des années 610 jusqu'après le grand schisme (657), avec le rejet de 'Ali, présenté comme le gendre de l'Envoyé d'Allah. Puis, avec la dynastie des califes 'umayyades (660-661), vont s'ouvrir la seconde phase et la constitution progressive de l'Islam et de sa légende, par une reconstruction de l'histoire préislamique et l'effacement presque total de l'histoire du proto-islam. Enfin, l'Islam contemporain tend à ne garder de l'histoire que cette phase reconstituée, ignorant et occultant la période judéonazaréenne et proto-islamique. Or, les travaux de recherche mettent à jour, aujourd'hui, des éléments importants de cette période, pour comprendre l'enracinement historique de ce qui deviendra plus tard l'Islam. Ce que l'Islam tient, en particulier à travers le Livre du Coran, de l'histoire biblique et très partiellement de l'avènement de Jésus[1], est aujourd'hui relu et interprété au

1. Le Coran continue d'évoquer un seul *Injîl* qui n'est autre que l'*Évangile aux Hébreux* ou *aux Nazaréens*, mais dont il ignore totalement le contenu. Ainsi, le musulman contemporain ne peut comprendre que le Nouveau Testament rassemble « quatre évangiles », puisque *'Îsa*-Jésus n'était porteur que d'un seul Livre, l'*Injîl* des ébionites et des judéonazaréens, comme *Muhammad* l'est du Coran. Il faut ajouter que le Coran ignore totalement les autres écrits canoniques du N.T. et n'y fait aucune allusion, sinon, probablement, à certains apocryphes. En cela, l'Islam hérite directement du judéonazaréisme qui ne comportait dans son lectionnaire que deux livres, celui de la *Tôra* (le Pentateuque) et l'*Injîl*.

filtre de l'idéologie islamique qui se constitue entre les VIIe et Xe siècles. Ainsi, l'Islam contemporain se voit comme un jaillissement soudain, un rappel de la volonté divine, mais sans rattachement à l'Histoire, sinon de manière artificielle et abusive.

Les évocations bibliques sont elles-mêmes retraitées, relues et islamisées. D'ailleurs, le Coran se réfère à la *Tôra* et à l'*Injîl* sans jamais les citer vraiment. C'est pourquoi l'examen du Coran ne permet ni de le mettre en relation avec le donné révélé biblique, ni de le considérer comme une nouvelle source d'inspiration comparable à celle des prophètes. Le lien entre le Coran et la Bible a tellement été retravaillé qu'il est devenu artificiel et anecdotique. Les ressemblances ne sont le plus souvent qu'apparentes, et l'étude du texte coranique ne fait, le plus souvent, que manifester les désaccords avec la Révélation biblique.

C'est pourquoi il est difficile pour la théologie chrétienne de comprendre et de situer l'Islam, quand celui-ci donne lui-même sa propre compréhension de l'Histoire, du rapport de l'Homme avec Dieu et se présente comme la réalisation ultime de la volonté divine. La théologie chrétienne ne peut s'élaborer qu'à partir de la Révélation, faite au cours de l'histoire et définitivement accomplie en Jésus-Christ. La mise en lumière de la phase historique du proto-islam permet de le situer dans l'ensemble de l'histoire sainte du Salut. En effet, il est clair que cette période révèle un courant religieux de type messianiste, déjà partiellement amputé de la visée eschatologique biblique et réduit à une dimension humaine et politique, parfois violente et certainement conquérante.

La constitution de l'Islam historique des califes se coupe de ses racines historiques, en particulier judéonazaréennes, pour accentuer sa dimension politique universaliste. La dimension religieuse va se réorganiser autour du projet politique et de la nécessité d'un pouvoir central fort, justifiant le « dogme » de l'unicité. Le *tawhîd*, en même temps qu'il se présente, tardivement d'ailleurs, dans l'appel à la prière, comme un énoncé négatif[1] de la « foi islamique », assure la cohésion de l'*Umma* et renforce le bras politique. En effet, il dénonce d'abord, historiquement, « la dérive trinitaire » comme un polythéisme déguisé et refuse à Dieu « sa venue parmi les hommes ». Fondamentalement, à un niveau théologique, peut-on dire, l'Islam, aujourd'hui, se présente comme un antichristianisme, un refus trinitaire, voire une anti-révélation biblique.

Les origines postchrétiennes de l'Islam et son positionnement irrationnel face à l'histoire et au donné biblique rendent illusoire la recherche de *semina verbi* (semences évangéliques) tant dans le Coran que la tradition (*sunna*). On ne peut en dire autant dans le cœur et la conscience des hommes et des femmes de l'islam auxquels, seul, l'Esprit Saint peut apporter des lumières que nous ne pouvons sonder, sinon chez ceux qui vont jusqu'à « l'illumination » et confessent la foi de l'Église en Jésus, Seigneur et Sauveur. Les donnés scripturaires de l'islam ne peuvent, en tout état de cause, être considérés comme « une préparation évangélique » et encore moins comme un dépassement de la Révélation.

Le positionnement de la pensée islamique pose plus de questions qu'il n'apporte de réponses satisfaisantes et rationnelles. En effet, quel rapport entre le temps et l'éternité ? Et que représentent l'un et l'autre dans la pensée musulmane ? Le P. A. Moussali a apporté, sur ces points, des

1. Le témoignage (*šahâda*), « Pas de divinité sinon *Allah*... » (cf. p. 73, note 4, chapitre 1), n'affirme rien de Dieu (*Al-lah* = la divinité), à l'inverse, par exemple, de ce que proclame Salomon dans sa prière, en 1 R 8, 23 et s. Le contenu du *tawhîd* (l'unicité) n'exprime rien sur Dieu et donc n'affirme positivement aucun énoncé de foi, sinon la négation formelle de la foi chrétienne en la Sainte Trinité, qui revient de façon récurrente dans le Coran.

éclairages importants dans son livre: *Judaïsme, christianisme et islam*. Qu'en est-il d'ailleurs, face au devenir de l'homme dans l'autre vie et l'éternité, de sa liberté et de l'agir divin? L'islam ne serait-il pas un nouveau déterminisme, à la fois rassurant et troublant?

Certes, l'Église reconnaît « avec estime les Musulmans, qui adorent le Dieu Un, vivant et subsistant, miséricordieux et tout-puissant, créateur du ciel et de la terre… Ils cherchent à se soumettre de toute leur âme aux décrets de Dieu, même s'ils sont cachés, comme s'est soumis à Dieu Abraham, auquel la foi islamique se réfère volontiers » (*NA* n° 3). Ou encore: « Le dessein de salut enveloppe également ceux qui reconnaissent le Créateur, en tout premier lieu les musulmans qui professent avoir la foi d'Abraham. » (*LG* n° 16) L'Église reconnaît aux musulmans l'adoration du Dieu unique, le seul vrai Dieu, créateur du ciel et de la terre. Cette adoration, qui se veut rattachée à « la foi d'Abraham », porte sur un Dieu qui a choisi les musulmans au-dessus des autres hommes, parce qu'ils sont la meilleure communauté, selon le Coran. N'y a-t-il pas là comme une auto-adoration de la Communauté elle-même, un effet miroir, une sorte d'adoration-boomerang qui revient sur ceux qui se prosternent? Subjectivement, peut-on considérer cette démarche d'adoration comme un lieu de vérité et, peut-être, de révélation? Certes, il ne peut s'agir ici de sonder les cœurs, que seul le Saint-Esprit connaît. Objectivement, pour l'observateur extérieur et le théologien chrétien, la foi islamique en Dieu en reste à une expression tout à fait primaire et de principe qui ne s'appuie sur aucune révélation de l'Être adoré et adorable, de fait inconnaissable, et qui, aujourd'hui, ignore non seulement ses origines judéonazaréennes, mais ses racines bibliques. Encore une fois, le Livre du Coran n'ouvre pas à la Révélation possible du dessein de Salut de Dieu. Malgré les apparences, aucune « pierre d'attente » ne s'y rencontre tant la Révélation biblique y est manipulée et mise en contradiction avec Elle-même[1]. Et ce qui reste de ses traces dans le Coran est lu au filtre de l'islamité.

En effet, la Constitution sur l'Église, déjà citée, poursuit :

> « Tout ce qui, chez eux (les non-chrétiens), peut se trouver de bon et de vrai, l'Église le considère comme une préparation évangélique et comme un don de Celui qui illumine tout homme pour que, finalement, il ait la vie. Bien souvent, malheureusement, les hommes, trompés par le Malin, se sont égarés dans leurs raisonnements, ils ont échangé la vérité de Dieu contre le mensonge, en servant la créature de préférence au Créateur (cf. Rm 1, 25). » (*LG* n° 16)

On ne peut pas omettre cette terrible réalité que dénonce déjà saint Paul aux Romains et qui s'est si souvent vérifiée au long des siècles. C'est bien pourquoi l'Église est appelée à être « la lumière du Christ » au milieu des nations *« pour illuminer ceux qui demeurent dans les ténèbres et l'ombre de la mort »* (Lc 1, 79).

L'expression actuelle de la foi musulmane, en opposition déclarée au dogme chrétien, ne constitue pas une préparation à un développement de la foi. En effet, l'islam s'approprie abusivement l'héritage biblique en le déformant. C'est pourquoi il est risqué de vouloir ranger le judaïsme, le christianisme et l'islam sous la même appellation de religions monothéistes comme si le monothéisme était leur dénominateur commun et définissait un nouveau

1. *Le christianisme et les religions*, Document de la commission théologique internationale, oct. 1996, *D.C.*, n° 2157, 6 avril 1997, § 88, p. 326 : « L'affirmation de la possibilité de l'existence d'éléments salvifiques dans les religions n'implique pas en elle-même un jugement sur la présence de ces éléments dans chacune de ces religions concrètes… Les religions ne peuvent être porteuses de la vérité salvatrice que dans la mesure où elles conduisent les hommes à l'amour véritable. »

paradigme pratique, mais artificiel, pour classer les religions dans l'Histoire. Seule une théologie de l'Histoire, et des phénomènes religieux qui l'ont parcourue, pourra aider à sortir de la confusion actuelle et des réductions qu'elle engendre.

Le plan de Salut n'est pas maniable au gré des émergences de courants religieux, fût-ce l'islam. Il exige une intelligence de la foi et un accueil de l'œuvre divine. En effet, le projet de Dieu n'est pas minimaliste, mais c'est Lui qui tient tout dans sa main et conduit toute chose au gré de sa volonté. Aussi, la déclaration [1] *Dominus Iesus* peut-elle affirmer :

> « On doit donc *tenir fermement* la distinction entre la *foi théologale* et la *croyance* dans les autres religions. Alors que la foi est l'accueil dans la grâce de la vérité révélée, qui "permet de pénétrer le mystère, dont elle favorise une compréhension cohérente", la croyance dans les autres religions est cet ensemble d'expériences et de réflexions, trésors humains de sagesse et de religiosité, que l'homme dans sa recherche de la vérité a pensé et vécu, pour ses relations avec le Divin et l'Absolu. Cette distinction n'est pas toujours présente dans la réflexion actuelle, ce qui provoque souvent l'identification entre la foi théologale, qui est l'accueil de la vérité révélée par le Dieu Un et Trine, et la croyance dans les autres religions, qui est une expérience religieuse encore à la recherche de la vérité absolue, et encore privée de l'assentiment à Dieu qui se révèle. C'est là l'un des motifs qui tendent à réduire, voire à annuler, les différences entre le christianisme et les autres religions. » (*DI* n° 7)

La Révélation du plan du Salut est uniquement l'œuvre de Dieu, définitivement révélée dans le Christ, le *Logos* qui est la Vérité et à laquelle rien ne peut être ajouté ni même retranché. Aucun autre prophète ou envoyé, fût-

1. Congrégation de la Doctrine et de la Foi, *Dominus Iesus*, 6 août 2000, *D.C.*, n° 2233, p. 814.

ce *Muhammad*, ou apôtre, dit Paul, ne peut, de sa propre initiative, annoncer un autre Évangile que *« celui que vous avez reçu »* (Ga 1, 9). Le Seigneur Jésus est le seul Nom par lequel nous soyons sauvés (cf. Ac 4, 12) et il n'y a pas d'autres voies de salut. Le Nom même de Jésus en hébreu (*Yĕšû'a*) signifie *« Lui sauve »* (cf. Mt 1, 21). Or, les chrétiens de langue arabe l'ont transcrit ainsi : *Yasû'*.

> « Édulcorer son nom, écrit A. Moussali, c'était porter atteinte à l'identité humano-divine de Jésus. 'Isa ne signifiant plus "Dieu sauve", il n'est plus possible désormais de le considérer autrement que comme un prophète parmi d'autres. Un grand prophète, si l'on veut, mais rien d'autre [1]. »

« Le mystère du Christ, en effet, a une unité intrinsèque, de l'élection éternelle en Dieu jusqu'à la parousie. » (*DI* n° 11) *« Il nous a fait connaître le mystère de sa volonté*, écrit saint Paul, *qu'Il avait formé en lui* [le Christ] *par avance pour le réaliser quand les temps seraient accomplis : ramener toutes choses sous un seul Chef, le Christ. »* (Ep 1, 9-10) C'est donc dans le Christ aussi que les hommes et les femmes de l'islam seront rassemblés, et c'est à Lui qu'ils obéiront en tant que croyants. Quand et comment cela se réalisera-t-il ? C'est, là, la sagesse de Dieu qui *« veut sauver tous les hommes et que tous parviennent à la connaissance de la vérité »* (1 Tm 2, 4).

Mais cette vision du plan du Salut est portée au cœur de l'Église du Christ qui a la responsabilité d'œuvrer à sa réalisation dans le cours de l'histoire. Le dialogue et l'annonce [2] concourent à sa réalisation historique auprès des

---

1. A. Moussali, *Judaïsme, christianisme et islam*, nouvelle impression, 2002, p. 221.

2. Jean-Paul II, *Redemptoris Missio* n° 55 : « Le dialogue interreligieux fait partie de la mission évangélisatrice de l'Église… Il ne s'oppose pas à la mission *ad gentes*, au contraire il lui est spécialement lié et il en est une expression. Car cette mission a pour destinataires les hommes qui

peuples et des cultures, en particulier auprès des hommes religieux qui cherchent Dieu comme à tâtons.

> « Dieu a voulu que l'Église par lui fondée fût l'instrument du salut de toute l'humanité. Cette vérité de foi n'enlève rien à la considération respectueuse et sincère de l'Église pour les religions du monde, mais, en même temps, elle exclut radicalement la mentalité indifférentiste "imprégnée d'un relativisme religieux qui porte à considérer que 'toutes les religions se valent'" (*RM* n° 36). » (*DI* n° 22)

Ainsi, la première mission de l'Église et des disciples du Christ, aujourd'hui encore et jusqu'à ce qu'Il vienne, est-elle d'annoncer le Mystère d'amour et de salut, réalisé dans le Christ Jésus. Je terminerai en citant longuement Paul VI dans son exhortation *Evangelii Nuntiandi* :

> « Il n'y aura jamais d'évangélisation possible sans l'action de l'Esprit Saint… Il est l'âme de cette Église… Nous vivons dans l'Église un moment privilégié de l'Esprit… On peut dire que l'Esprit Saint est l'agent principal de l'évangélisation : c'est lui qui pousse chacun à annoncer l'Évangile et c'est lui qui dans le tréfonds des consciences fait accepter et

---

ne connaissent pas le Christ ni son Évangile et qui, en grande majorité, appartiennent à d'autres religions. Dieu appelle à lui toutes les nations dans le Christ, il veut leur communiquer la plénitude de sa révélation et de son amour, il ne manque pas non plus de manifester sa présence de beaucoup de manières, non seulement aux individus mais encore aux peuples, par leurs richesses spirituelles dont les religions sont une expression principale et essentielle, bien qu'elles comportent "des lacunes, des insuffisances et des erreurs"… J'ai écrit récemment aux évêques d'Asie : "Bien que l'Église reconnaisse volontiers tout ce qui est vrai et saint dans les traditions religieuses du bouddhisme, de l'hindouisme et de l'islam, comme un reflet de la vérité qui éclaire tous les hommes, cela ne diminue pas son devoir et sa détermination de proclamer sans hésitation Jésus Christ qui est "la Voie, la Vérité et la Vie"… Le dialogue doit être conduit et mis en œuvre dans la conviction que *l'Église est la voie ordinaire du salut* et qu'*elle seule* possède la plénitude des moyens du salut. »

comprendre la Parole du salut... lui seul suscite la nouvelle création, l'humanité nouvelle à laquelle l'évangélisation doit aboutir... L'Évangile dont nous avons la charge est aussi parole de vérité... Une vérité qui rend libres (Jn 8, 32) et qui seule donne la paix du cœur, c'est ce que les gens viennent chercher lorsque nous leur annonçons la Bonne Nouvelle. Vérité sur Dieu, vérité sur l'homme et sa mystérieuse destinée, vérité sur le monde... L'œuvre de l'évangélisation suppose, dans l'évangélisateur, un amour fraternel toujours grandissant envers ceux qu'il évangélise... Le premier [signe d'amour] est le respect de la situation religieuse et spirituelle des personnes qu'on évangélise... On entend dire trop souvent, sous diverses formes : imposer une vérité, fût-elle celle de l'Évangile, imposer une voie, fût-elle celle du salut, ne peut être qu'une violence à la liberté religieuse. Du reste, ajoute-t-on, pourquoi annoncer l'Évangile puisque tout le monde est sauvé par la droiture du cœur ? L'on sait bien d'ailleurs que le monde et l'histoire sont remplis de *"semences du Verbe"* : n'est-ce pas une illusion de prétendre porter l'Évangile là où il est déjà dans ces semences que le Seigneur lui-même y a jetées ?... Ce serait certes une erreur d'imposer quoi que ce soit à la conscience de nos frères. Mais c'est tout autre chose de proposer à cette conscience la vérité évangélique et le salut en Jésus-Christ en pleine clarté et dans le respect absolu des options libres qu'elle fera... loin d'être un attentat à la liberté religieuse, c'est un hommage à cette liberté... Cette façon respectueuse de proposer le Christ et son Royaume, plus qu'un droit, est un devoir de l'évangélisateur... [Certes,] les hommes pourront se sauver aussi par d'autres chemins, grâce à la miséricorde de Dieu, même si nous ne leur annonçons pas l'Évangile ; mais nous, pouvons-nous nous sauver si par négligence, par peur, par honte – ce que saint Paul appelait *"rougir de l'Évangile"* (Rm 1, 16) – ou par suite d'idées fausses, nous omettons de l'annoncer[1] ? »

1. Paul VI, *Evangelii Nuntiandi*, citations prises entre les n° 75 à 80.

L'Islam : risques et défis
Le gué du Yabboq

Au terme de ces pages, j'espère avoir contribué à une meilleure compréhension de l'Islam. Longtemps, islamologues et orientalistes nous l'ont présenté selon « la vulgate » de l'histoire officielle de l'Islam (la *sîra*), osant à peine quelques interrogations ou légères critiques. Pouvait-il en être autrement ?

Par ailleurs, j'espère avoir contribué à retrouver les traces historiques des origines de cet Atlantide préislamique, semblable à un continent qui aurait sombré dans les oubliettes de l'Histoire. Ceci n'a été possible que grâce au long travail de recherche d'éminents universitaires et chercheurs dont certains d'entre eux m'ont particulièrement éclairé par leurs publications récentes. C'est ce fruit de leurs travaux que j'ai essayé de recueillir et de présenter dans ces pages. Cependant, ce gigantesque travail de recherche n'en est encore qu'à ses débuts. Un long chemin reste encore à défricher.

Pour comprendre l'Islam d'aujourd'hui et oser un dialogue avec le monde musulman contemporain, apparemment très varié, nous ne pouvions nous contenter de faire l'impasse de plusieurs siècles, durant lesquels ses origines ont été manipulées pour disparaître sous une reconstitution factice et au service de l'idéologie du moment. Les recherches actuelles ébranlent le dogmatisme historique depuis les *sîra-s* jusqu'à leurs répétiteurs contemporains. À force de pugnacité et d'efforts cachés, les chercheurs nous présentent aujourd'hui des éléments d'un puzzle, en grande partie reconstitué, de l'histoire enfouie des origines de ce qui deviendra plus tard la religion musulmane, appelé *al-islâm*.

Mais l'islam contemporain n'est pas non plus celui du IXe ou XIVe siècle et encore moins celui de ces courants d'hérésies judéo-chrétiennes des premiers siècles qui ont contribué à le constituer. En effet, la doctrine et la réflexion, dans le monde musulman, se sont figées vers les Xe-XIe siècles.

Cependant, l'humanité entière, pays islamiques inclus, a connu récemment une évolution scientifique, technologique et industrielle, une transformation des échanges multilatéraux et une globalisation telles que l'Islam des califes ne pouvait les concevoir. Or, de ceci, la société tout entière est affectée. Le décalage entre l'Islam tel qu'il s'est constitué entre les VIIe et IXe siècles et la vie actuelle sur la planète, devenue un grand village, est considérable. Beaucoup prétendent, tandis que les populations migrent, se déplacent et font bouger les frontières culturelles, entremêlant les civilisations, que le monde islamique sera contraint de s'adapter s'il ne veut pas mourir, ou se voir confiner « dans les garages ». Or, il n'en est rien. L'adaptation a beaucoup de mal à se réaliser globalement. Les revendications à la différence, à l'exception culturelle, juridique, religieuse sont de plus en plus fréquentes et problématiques dans les sociétés aux racines chrétiennes, comme en Europe ou en Amérique du nord. Ce qui s'est construit, sur plusieurs siècles, de façon assez uniforme au plan culturel et entre des mondes relativement hermétiques, comme les pays de tradition chrétienne et ceux du *dâr al-islâm*, se trouve contraint à des chocs culturels, voire civilisationnels. Faire de nos pays des espaces multiculturels n'est pas concevable, sans risques graves pour l'avenir de nos sociétés, ce qu'illustrent des affrontements violents et incontrôlés, du repli communautariste et, par là, de sociétés fractionnées. Le défi d'une civilisation de l'Amour ne doit pas nous égarer dans une nouvelle utopie. L'enjeu est trop important.

Cette nouvelle civilisation ne peut être un Nouvel Âge ecclésial et confus, dans un contexte de relativisme religieux. Ce que nous attendons, selon l'Apôtre Paul, n'est pas l'accomplissement d'un messianisme terrestre, mais *« pour nous, notre cité se trouve dans les cieux, d'où nous attendons ardemment, comme Sauveur, le Seigneur Jésus-Christ, qui transformera notre corps de misère pour le conformer à son corps de gloire »* (Ph 3, 20-21). Dans cette perspective eschatologique, nos derniers papes nous appellent à établir, dès cette terre, des relations et un dialogue entre les hommes, porteurs d'aspirations profondes de paix, de justice et de vérité. C'est pourquoi ils ont insisté sur un dialogue de raison, qui réponde aux attentes vraies et profondes de tout homme et au plan d'amour de Dieu pour celui-ci, particulièrement révélé dans le judéo-christianisme. De fait, leurs initiatives des rencontres interreligieuses dans l'esprit d'Assise ou les récentes rencontres islamo-catholiques, suscitent, non seulement l'intérêt pour les religions du monde et en particulier pour l'islam, mais également l'émulation, afin de travailler à une ère nouvelle. Ainsi est-il plus aisé de reconnaître que Dieu, « Père de tous les hommes [1] », n'est pas étranger à l'histoire de l'humanité, Lui

---

1. Concile Vatican II, *Dignitatis Humanae, Déclaration sur la liberté religieuse*, n° 15 : « Il est manifeste qu'aujourd'hui, l'homme souhaite pouvoir librement professer la religion, en privé et en public ; bien plus, que la liberté religieuse est maintenant proclamée dans la plupart des Constitutions comme un droit civil et qu'elle est solennellement reconnue par

« qui dans le Christ se réconciliait le monde » (2 Co 5, 19) dans la perspective d'un devenir commun.

Après le déploiement des religions sur des siècles et une brève tentative de sécularisation, voici le retour du religieux, qui, à son tour, marque toutes les limites d'un rêve universaliste. Déçue dans ses espoirs, l'humanité cherchera-t-elle alors le visage de Dieu et du vrai Dieu qui se fait connaître ? Cette révélation n'est pas seulement une réponse aux attentes et aux questions des hommes de toutes cultures et religions, mais aussi la force d'une conviction que *« Dieu a tant aimé le monde qu'Il a envoyé son Fils unique afin que quiconque croit en Lui ne se perde pas, mais ait la vie éternelle »* (Jn 3, 16). Ce ne sont pas des rites et des pratiques qui feront l'unité et la paix entre les hommes, entre chrétiens et musulmans, mais une même foi en Dieu. Si Dieu n'est pas Amour, il est inutile de poursuivre notre quête et ces pages ne présentent aucun intérêt, car cela signifierait que la Vérité n'existe pas, que tout est relatif et que l'espérance n'est qu'un rêve évanoui.

Mais si, comme le proclame l'Église, Dieu est Amour en Lui-même et pour sa créature, nous pouvons croire que Dieu a l'unique dessein de rassembler ses enfants dispersés et qu'Il a l'unique intention de construire l'humanité sur la foi en cet amour qui sauve et donne la vraie Vie et le bonheur. Seule cette force d'un amour divin peut attirer l'homme de son errance vers la Lumière ; seul cet amour

---

des documents internationaux. Mais il est des régimes où, bien que la liberté de culte religieux soit reconnue dans la Constitution, les pouvoirs publics eux-mêmes s'efforcent de détourner les citoyens de professer la religion et de rendre la vie des communautés religieuses difficile et précaire… Fasse Dieu, Père de tous les hommes, que la famille humaine, à la faveur d'un régime assuré de liberté religieuse dans la société, par la grâce du Christ et la puissance de l'Esprit Saint, parvienne à la sublime et éternelle *"liberté de la gloire des fils de Dieu"* (Rm 8, 21). »

peut faire naître un amour vrai, sans méfiance, de l'autre et envers l'autre. C'est là tout le défi que l'Église doit relever, dans son dialogue avec les musulmans, qu'elle regarde avec estime et dans la bienveillance même du Père des lumières.

L'amour et l'amitié puiseront leur force dans une quête inlassable de la vérité, au-delà des raidissements dogmatiques, des tensions et affrontements historiques. Pour cela, chrétiens et musulmans n'ont pas à chercher un terrain neutre pour le dialogue, même sous les auspices de la laïcité, ni à réduire leurs incompréhensions, mais il leur faut oser, tout comme le patriarche Jacob, affronter Dieu pour entrer dans la bénédiction. C'est seulement après cette nuit de combat que Jacob (Gn 32, 23 et s) passa le torrent du Yabboq pour aller à la rencontre de son frère Ésaü ; mais *« il boitait de la hanche »*. Sans ce *jîhad* (effort) intérieur, cette imploration tenace jusqu'à l'aurore, la bénédiction qui chasse la peur de l'autre ne peut être donnée. Comme Jacob, *« fort contre Dieu »* (*Israël*), les fils de la Promesse, revêtus de la bénédiction divine, pourront alors s'avancer humblement et avec assurance vers le peuple d'Édom [1]…

Le défi pour l'Église est de risquer ce dialogue en vérité avec l'islam, afin de permettre aux uns et aux autres d'apprendre humblement à se découvrir, à se comprendre et à s'apprécier. L'avenir, pour les uns comme pour les autres, c'est de s'orienter vers le Royaume de Dieu. Car, à terme, l'humanité, lors *« de l'Apparition (Venue) de la gloire de notre grand Dieu et Sauveur, le Christ Jésus »* (Tt 2, 13), sera confrontée, non d'abord à ses œuvres, mais à la Vérité du Jugement de Dieu et de sa Miséricorde.

---

1. Édom est le peuple d'Ésaü selon la Genèse (25, 30 ; 36, 1) et le nom de son propre fils (36, 9). Ésaü semble d'ailleurs être à l'origine du nom de *'Îsa*, dans le Coran. Étrange coïncidence ! J'ai donné une étude sur cette origine étymologique dans un livre, aujourd'hui, épuisé : *L'islam en question*, EDB, 1988.

Il ne faudrait pas perdre de vue cette perspective, même si nous avons à mener ensemble une recherche de vérité historique, des combats communs pour la justice et la paix. Certes, beaucoup d'efforts restent encore à faire, en particulier celui d'oser humblement l'étude scientifique et la confrontation des Écritures réciproques dans une quête de la Vérité révélée. Une même énergie peut être déployée dans une recherche commune et une promotion du Bien véritable pour tout homme et toute femme, dans le respect et la liberté, de la culture de la Vie sous toutes ses formes.

Le chemin du dialogue et de la vérité est encore long, mais il est significatif si chacun, chrétien et musulman, ose la rencontre de l'autre, rétablissant la vérité d'une histoire tumultueuse, oubliant le chemin parcouru et tendu vers l'à-venir du Dieu Un et unique. Dieu, Un et Trine, ne manquera pas alors de dévoiler son Visage et tous le verront tel qu'Il est :

> *« Ils n'auront plus à instruire chacun son prochain, chacun son frère, en disant : "Connais l'Éternel !" Car tous me connaîtront, des plus petits jusqu'aux plus grands. »* (Jr 31, 34)

BIBLIOGRAPHIE

Bible et Coran :

Bible de Jérusalem.

Saint Coran, et traduction de HAMIDULLAH Muhammad.

Ouvrages de références cités (recherches actuelles) :

ARNALDEZ Roger, *Le Coran. Guide de lecture*, Religions et culture, Paris, 1983.

AZZI Joseph, *Le prêtre et le prophète : aux sources du Coran*, traduit par Salina Morsy et édité par Maisonneuve & Larose, 2001.

CRONE Patricia, *Meccan trade and the rise of Islam*, Oxford, Basil Blackwell, 1987.

CRONE Patricia et COOK Michael, *Hagarism...*, Cambridge University Press, 1977.

DELCAMBRE Anne-Marie, dans *Enquête sur l'Islam*, collectif en hommage au P. A. Moussali, Ed. DDB, 2004.

GALLEZ P. Édouard-Marie, *Le Messie et son prophète, aux origines de l'islam*, deux tomes, Éditions de Paris, 2005, et consulter le site www.lemesieetsonprophete.com

Landron Bénédicte, *Attitudes nestoriennes vis-à-vis de l'Islam*, Paris, Cariscript, 1994.

Moussali P. Antoine, *Judaïsme, christiannisme et islam*, Éd. de Paris, 2002.

Prémare Alfred-Louis de, *Les fondations de l'islam*, Éd. du Seuil, 2002; *Aux origines du Coran*, Éd. Téraèdre, 2004.

Autres ouvrages cités:

Blachère Régis, *Le problème de Mahomet*, Paris, PUF, 1952.

Delcambre Anne-Marie, *L'Islam*, Éditions la Découverte, 2001 ; *Soufi ou mufti ? Quel avenir pour l'islam ?* DDB, 2007.

Rodinson Maxime, *Mahomet*, Paris, nouvelle édition 1967.

Auteurs anciens:

Eusèbe de Césarée, *Histoire Ecclésiastique*.

Ibn hishâm, *As-Sîra an-nabawyya*, vol. 1, Dâr al-jîl, Beyrouth, 1975, édition en arabe.

Schönborn Cal Christoph von, *Sophrone de Jérusalem. Vie monastique et confession dogmatique*, Paris, Beauchesne, 1972.

Ouvrages généraux sur l'Islam et le dialogue:

Aucante Vincent, *Benoît XVI et l'Islam*, Éd. Parole et Silence, 2008.

Bat ye'or, *Eurabia*, Ed. JCG, 2006.

Borrmans P. Maurice, *Dialogue islamo-chrétien à temps et à contretemps*, Éd. Saint-Paul, 2002.

Charfi Abdelmajid, *L'islam entre le message et l'histoire*, Éditions Albin Michel, dans la collection *L'islam des lumières*, 2004.

Danielou Jean et Marrou Henri, *Nouvelle Histoire de l'Église*, tome I, Éd. du Seuil, 1963.

Divry P. Édouard, « Réciprocité religieuse : ni rétorsion, ni placidité », in *Liberté Politique, Quel dialogue avec l'islam ?* N° 44.

Etienne Bruno, *Islam, les questions qui fâchent*, Bayard, 2003.

Jourdan P. François, *Dieu des chrétiens, Dieu des musulmans*, p. 33, Éd. L'œuvre, 2008.

Moussali P. Antoine, *La croix et le croissant*, Éd. de Paris, 1998 ; *Musulmans, juifs et chrétiens au feu de la foi*, Éd. de Paris, 2002.

Ratzinger Cardinal Joseph, « À la recherche de la paix », dans la revue *Communio*, juin 2004.

Documents d'Église :

• Encycliques et documents pontificaux :

Paul vi, *Ecclesiam Suam*, (*ES*), 1964 ; *Evangelii Nuntiandi*, (*EN*), 1975.

Jean-Paul ii, *Redemptor Hominis*, (*RH*), 1979 ; *Redemptoris Missio*, (*RM*), 1990 ; *Novo Millennio Ineunte*, (*NMI*), 6 janvier 2001.

Benoît xvi, *Deus caritas est*, 25 décembre 2005 ; Interventions : Ratisbonne (12 septembre 2006), *D.C.*, n° 2366, 15 oct. 2006 ; Extraits des *Discours* de Benoît XVI lors de son voyage en Orient, mai 2009, *D.C.*, n° 2425, du 7 juin 2009.

Vatican ii, Documents conciliaires cités: *Dignitatis Humanae*, (*DH*), *Déclaration sur la liberté religieuse*; *Gaudium et Spes*, (*GS*); *Lumen Gentium*, (*LG*); *Nostra Aetate*, (*NA*).

• Congrégation de la Doctrine et de la Foi:

Dominus Iesus, 6 août 2000, *D.C.*, n° 2233, 1 oct. 2000.

Note doctrinale sur certains aspects de l'Évangélisation, 3 décembre 2007. D.C., n° 2394, 20 janvier 2008.

• Congrégation pour l'Évangélisation des Peuples et Conseil Pontifical pour le Dialogue interreligieux:

Dialogue et annonce, Instruction sur l'annonce de l'Évangile de Jésus-Christ et sur le dialogue interreligieux, 19 mai 1991, *D.C.*, n° 2036, oct. 1991.

• Commission Théologique Internationale:

Le Christianisme et les religions, Éd. Centurion/Cerf, 1997.

Bibliographies complémentaires:

Brague Rémi, *Au moyen du Moyen Âge: Philosophies médiévales en chrétienté, judaïsme et islam*, Éditions de La Transparence, 2006; *Du Dieu des chrétiens et d'un ou deux autres*, Flammarion, 2008.

Chergé fr Christian de, *L'invincible espérance*, textes recueillis et présentés par Bruno Chenu, Éditions Bayard/Centurion, 1997.

Delcambre Anne-Marie, *Mahomet*, Desclée de Brouwer, 1999 ; *L'Islam des interdits*, Desclée de Brouwer, 2008.

Delpard Raphaël, *La persécution des Chrétiens, aujourd'hui, dans le monde*, Éd. Michel Lafon, 2009.

Guitton René, *Ces Chrétiens qu'on assassine*, Flammarion, 2009.

Laurent Annie, *Les chrétiens d'Orient, vont-ils disparaître ?* Éd. Salvator, 2008.

Sleiman Mgr Jean-Baptiste, *Dans le piège irakien*, Ed. Presses de la Renaissance, 2006.

Urs Von Balthasar P. Hans, *Le chrétien Bernanos*, Parole et Silence, 1954.

Urvoy Dominique et Marie-Thérèse, *Abécédaire du christianisme et de l'islam*, Éditions de Paris, 2008.

Table des matières

Cet ouvrage a été imprimé
en juillet 2011 par

CPi
FIRMIN-DIDOT

27650 Mesnil-sur-l'Estrée
N° d'impression : 106752
Dépôt légal : décembre 2010

Imprimé en France

Composition et mise en pages réalisées par
Compo 66 - 66100 - Perpignan
028/2011